人力资源管理模式与创新研究

张进进　方海兰　封彦霞　著

吉林科学技术出版社

图书在版编目（CIP）数据

人力资源管理模式与创新研究 / 张进进，方海兰，封彦霞著. -- 长春 ：吉林科学技术出版社，2024.6.

ISBN 978-7-5744-1567-6

Ⅰ.F243

中国国家版本馆 CIP 数据核字第 2024L2E229 号

人力资源管理模式与创新研究

著　　　张进进　方海兰　封彦霞
出 版 人　宛　霞
责任编辑　刘　畅
封面设计　南昌德昭文化传媒有限公司
制　　版　南昌德昭文化传媒有限公司
幅面尺寸　185mm×260mm
开　　本　16
字　　数　280 千字
印　　张　13
印　　数　1~1500 册
版　　次　2024年6月第1版
印　　次　2024年12月第1次印刷

出　　版　吉林科学技术出版社
发　　行　吉林科学技术出版社
地　　址　长春市福祉大路5788 号出版大厦A 座
邮　　编　130118
发行部电话/传真　　0431-81629529 81629530 81629531
　　　　　　　　　　　81629532 81629533 81629534
储运部电话　0431-86059116
编辑部电话　0431-81629510
印　　刷　三河市嵩川印刷有限公司

书　　号　ISBN 978-7-5744-1567-6
定　　价　75.00元

前　言

　　人力资源管理奉行"以人为本"的理念，树立人才资源是生产力第一资源的理念，资本、技术、信息、知识和各种生产要素都要通过人的配置实行优化组合，产生乘数效应。建立科学先进的人力资源管理开发机制，尊重人、理解人、培育人，真正把员工当作企业的主人，充分发挥员工的积极性和创造力，在企业可持续发展中发挥重要作用。从战略高度出发，培养知识型员工对实现可持续发展意义重大。企业要把培养知识型员工作为现代人力资源管理开发的基本任务，落实各项培训措施，提高员工的综合素质，进而促进企业的可持续发展。

　　本书是一本关于人力资源管理模式与创新方面研究的书籍，首先对人力资源管理进行简要概述，介绍人力资源管理与战略规划，再对人力资源管理的相关问题进行梳理和分析，包括人力资源管理系统构建、员工的培训与开发、医院人力资源管理、医院薪酬与绩效管理、医院人才招聘与科学配置，最后在人力资源管理模式发展与创新、人力资源管理的创新发展方面提出了一些建议，旨在摸索出一条适合人力资源管理模式与创新的科学道路，帮助其工作者在应用中少走弯路，运用科学方法，提高效率。对人力资源管理的发展创新有一定的借鉴意义。

　　本书参考了大量的相关文献资料，借鉴并引用了诸多专家、学者和教师的研究成果，其主要来源已在参考文献中列出，如有个别遗漏，恳请作者谅解并及时和我们联系。本书写作得到很多专家学者的支持和帮助，在此深表谢意。由于能力有限，时间仓促，虽极力丰富本书内容，力求著作的完美无瑕，虽经多次修改，仍难免有不妥与遗漏之处，恳请专家和读者指正。

目　录

第一章 人力资源管理概述

第一节 人力资源概述

一、资源与人力资源

（一）资源

资源是一个经济学名词，其是为了创造物质财富而投入到生产过程中的一切要素的总和。资源包含的要素非常丰富，通常来说，可以分为自然资源和社会资源两大类，社会资源又包括资本、信息和人力资源等。关于各种资源的具体说明如下。

1. 自然资源

自然资源是指自然中存在的未经人类加工的可用于生产活动的自然物，比如山川、土地、森林、矿藏。

2. 资本资源

资本资源也是自然物，只是它是经过人类加工而来的，如人类用于生产活动的资金、机器、厂房、设备等均属于资本资源。资本并不会被人类直接消费，它只是人类用来创造新的产品与价值的工具。

3.信息资源

描述生产活动及与其有关的一切活动的事物的符号集合就是信息资源。相对于其他资源来说，信息资源具备独特性，这种独特性主要体现在它具有共享性。

（二）人力资源

人力资源是指人类社会所拥有的一切可以利用的人的劳动能力（包括体力、智力）的总和，是指一定范围内具有为社会创造物质和精神财富、从事体力劳动和智力劳动的人的总称。企业人力资源是指企业所拥有的全部人员（包括与企业目标相关的其他人）的各种能力的总和。值得一提的是，很多管理学家都将人力资源视为一种无形资产。人力资源有宏观与微观意义上的概念，这两大意义上的概念主要存在划分和计量单位的差异：以国家或地区为单位，人力资源的概念具有宏观意义；以部门和企事业单位为单位，人力资源的概念则是微观意义上的。

二、人力资源的特征

人力资源作为资源的一种，具有资源普遍性的特点，相对于其他资源，人力资源更具有诸多的独特性。

（一）能动性

人是具有社会意识的，并能够根据自己的意识，积极主动、有目的、有意识地认识与改造世界，并且在认识与改造世界的过程中处于主体地位，这决定了人力资源的能动性，也正是这种能动性使人力资源与其他资源具有了根本性的不同。

人力资源的能动性特征主要体现自我强化、自我选择和积极性三个方面。自我强化是指人们具有学习的能力，能够通过学习获得知识和技能水平的提高，进而实现自身素质的发展。自我选择是指人具有选择的意识，能够根据自我需要和实际选择职业，通过市场的调节，人类主动与各种物质资源相结合。积极性是指人力资源能够积极劳动，通过积极的劳动不断挖掘自身的潜力，发挥自身的价值。

人力资源的能动性表明，人力资源与其他资源不同，并不像其他许多资源一样在被开发时完全被动，而是具有能动性，因此人力资源的开发水平受到其能动性的影响，即具有"可激励性"，因而要充分发挥人力资源的价值，就要重视人力资源的能动性，采用各种措施，通过激励不断调动人力资源的积极性。

（二）智力性

人力资源具有智力性特征。人与动物都依靠自然界提供的各种资源生存，但动物只是靠本能来顺应自然，人则是在改造自然。人类正是靠着智力从自然界中获得各种生产生活资料，并将其作为自己的手段和工具，持续扩大自身的能力，从而创造更多更丰富的生活生产资料，满足自身和社会的发展。由于智力的存在，人力资源具有无限的可能性，而且这种智力也是具有连续性的，通过智力的不断开发和增强，人力资源的劳动能力也得到增强。

（三）社会性

人生活在一定的社会中，受到社会中各种因素的影响，自然具有了社会性的特征。不同的民族、不同的组织存在于在不同的地域中，形成了不同的文化和社会习惯，不同民族和组织的人，受到所处时空的社会、文化、时代的影响，形成了不同的差异，这种种的差异造成了人力资源质量的不同。来自不同地域的人带有各自的文化和价值取向，体现了不同的社会性，在生活生产以及交往过程中表现出来。对于企业来说，要重视人力资源的社会性，因而要在人力资源管理中，做好团队建设，将不同人力资源的社会性统一到企业中来，妥善处理好人力资源社会性的差异甚至矛盾，以及利益的协调，为企业和社会的进步打好基础。

（四）时效性

人力资源的前提是人的存在，存在的人是有生命力的，因此人力资源也是有生命力的，同样的，人的生命是有限的，人力资源也具有了时效性的特征。也就是说，人力资源的形成、开发和利用都会受到时间的限制。人是生命有机体，其发育成长以及发展都是有着一定的规律和周期的。发育成长期、成年期、老年期是人的生命周期的三大阶段。在这三大阶段中，只有成年期的人才能算现实的人力资源，因为这样一阶段的人的体力和脑力都已发展到较高的程度，能够胜任一定的劳动，创造应有价值；而处于发育成长期和老年期的人，前者发育还不够成熟，体力和脑力不足，后者则是体力和脑力衰退，劳动能力丧失，因此都无法创造价值，因此都不能称为人力资源。人力资源具备时效性，这就要求企业把握好人力资源受时间限制的特点，在遵循人的成长规律的基础上，适时及时地开发和利用，发挥人力资源的最大价值和作用。

（五）两重性

人在生产的同时也进行着消费，因此人既是生产者，也是消费者。

人力资源也具有这种两重性，它既能够创造财富和价值，也需要进行投资。对人力资源的投资决定着人力资源的质量，这种投资包括教育投资、卫生健康投资以及人力资源的迁移投资。人类几乎所有的知识和技能都是出生以后通过接受教育获得的，其劳动能力也是在后天形成并不断提高的，要获得知识、技能和劳动能力，必须付出一定的时间和金钱。人类要积极劳动，必须有健康的身体做保障，这就离不开对卫生健康的投资。人力资源具有能动性，会按照自己的需要，选择适合自己的职业，因此也需要人力资源迁移的投资。要想获取人力资源，要想提高人力资源质量，进行投资是必需的，只有进行投资才能获取收益。人力资源的投资也遵循投入产出的规律，而且人力资源的投资具有高增值性。因此，在人力资源管理中，要重视对人力资源的投资，不断提高人力资源的质量，发挥人力资源的更大价值，为社会创造更多的效益。

（六）再生性

资源有可再生资源与不可再生资源之分，作为资源中最重要的人力资源则具有再生性。人力资源的再生性通过两个方面得以实现。一是人口的再生产，二是劳动力的再生产。人口不断繁衍，人力资源也就不断再生产，这就是人口的再生产。而劳动力的再生产是指人在从事劳动以后，经过一定的休息和能力补充，劳动力会得到恢复，同时，人也可以通过接受教育、培训获得新的劳动能力或技能。在开发和利用人力资源的过程中，要正确认识人力资源的再生性，确保再生过程的顺利实现，并要区分人力资源再生性与可再生资源再生性，重视人类意识与人类活动对人力资源再生性的影响。

（七）持续性

人力资源具有持续性，这种持续性指的是开发的持续性。许多自然资源在经过开发形成产品之后就没有办法再进行开发了，而人力资源则不同。人力资源的使用是一种开发的过程，人力资源质量的提升同样是一种开发的过程，从这一层面上讲，人力资源可以经过多次开发。只要是现实的人力资源，都可以通过不断的学习更新知识、提高技能，只要他的职业生涯尚未结束，就都是可以进行持续开发的。目前，全世界都在倡导终身学习，其前提就是人力资源的开发持续性。因此，企业要注重对人力资源的教育培训，不断提高其德才水平。特别是在科技发展日新月异的新时代，更需要及时地更新完善人力资源的知识，才能顺应时代发展的要求。

三、人力资源的构成

（一）人力资源数量

1. 人力资源数量的含义

简言之，人力资源的数量就是劳动力人口的数量，是指一个国家或地区拥有的具有劳动能力的人口资源。从微观意义上进行计量，对于一个组织或者单位而言，人力资源的数量就是其员工的数量。而对于一个国家来说，人力资源的数量要通过现实人力资源数量和潜在人力资源数量进行计量。每个国家都有对于本国居民劳动年龄的规定。未成年人和老年人都不算劳动适龄人口，但他们中有一些人也存在有着劳动能力且正在从事社会劳动的情况，而在劳动适龄人口中，也有一些因种种原因未能参加社会劳动的人口，这些都要作为计算人力资源数量的依据。

2. 影响人力资源数量的因素

（1）人口总量及其生产状况

劳动力人口的数量决定了人力资源的数量，而作为人口总量一部分的劳动力人口数量，自然受到人口总量的影响，而人口经过再生产会发生人口数量的变化，这显然也影响着劳动力人口的变化，因而，人口总量及其生产状况决定了人力资源的数量。

（2）人口的年龄构成

并不是人口有多少就有多少数量的人力资源，前面也提到，各国都有关于劳动年龄的划分，虽然存在特殊情况，但不可否认，劳动适龄人口才是人力资源的主体，因此，人口总量一定的情况下，劳动适龄人口越多，人力资源的数量也就越多。因此，人力资源的数量在一定程度上受到了人口年龄构成的影响。

（3）人口迁移

从人类产生以来，就出现了人口迁移。尤其是在当今全球化的时代，交通发达便捷，为人口的迁移提供了便利的条件。随着人口迁移而来的就是人口数量的变化，继而会影响人力资源数量的变化，当然，这种影响只是针对迁出地和迁入地的，总体上的人力资源数量是不变的。

（二）人力资源质量

1. 人力资源质量的含义

人力资源质量是指人力资源的素质，是人力资源在质上的规定性。具体来说，人力资源质量主要是指人力资源所具有的体质、智力、知识和技能水平以及劳动态度，其通过劳动者的体质、文化、专业技术水平及劳动积极性体现出来。

2. 影响人力资源质量的因素

（1）遗传等先天因素

对于人类来说，一出生就会具备父母体质和智能的特点，这就是遗传在起作用。人口代系间遗传基因的保持，使这种体质和智能的继承性得以实现，在此基础上，人类还通过变异，不断发展进化。虽然遗传这种先天因素对每个人的影响是很大的，但是人和人之间先天性上的体质和智力水平差异并不大，而通过后天各种因素的影响，这种差异进一步缩小或者拉大。

（2）教育因素

教育是人类社会所特有的现象，是人有目的地、有意识地传授知识和经验的活动。通过接受教育，一个人会获得知识上的丰富、技能上的提高，甚至劳动能力的提升。可以说，人力资源质量的提高，教育是非常重要而且直接的手段。通过接受教育，人力资源的整体素质会获得提高，这也是当今国家注重国民教育、企业注重员工培训的重要原因。

（3）营养因素

人体要想健康成长，离不开科学的营养补充，营养不仅会对人的体质产生重要影响，还会影响其智力水平。身体是革命的本钱，只有具备健康的身体，才能正常开展学习、工作和生活，也才能具备成为合格劳动力的前提。所以，要重视营养的均衡充足摄入，这样才能使人力资源保持一定的质量。

（三）两者的关系

（1）人力资源的数量是人力资源的基础。只有具备一定数量的人口，才能有一定的人力资源，同样，只有先具备一定数量的人力资源，才能有具备一定质量的人力资源。没有人力资源的数量，人力资源的质量也就无从说起。一个国家只有具备较多数量的人力资源，也才可能有较多高质量的人力资源。

（2）人力资源的质量在一定程度上可以替代人力资源的数量。人力资源数量的多少并不决定人力资源素质的高低，而一个国家或地区的人力资源优势也不是由人力资源数量决定的，人力资源质量的高低才是决定人力资源优劣的关键。高质量的人力资源是促进一个国家经济和社会发展的重要力量，一个国家或者地区即便拥有数量较多的人力资源，但是如果质量都不高，也难以赶上拥有数量少但质量高的人力资源的一个国家或地区的发展。从这层意义上来说，人力资源的质量能够代替人力资源的数量。

四、人力资源的作用

（一）人力资源是最重要的资源

组织是由人组成的，没有了人，组织就没有了存在的基础。组织要想发展只有依靠人的劳动。而劳动能力就是人的价值最主要的体现。一个身体健康、具有职业能力和创新精神，能够主动积极参与工作，并能认同企业文化的人是企业最重要的资源。企业要发展，必须重视员工的职业能力和整体素质，更要重视人本身，企业采取各种激励措施鼓励员工不断提高自身水平，并且使其为企业努力奋斗，就是适应市场竞争的重要根本要求。人力资源作为一种独特的资源，有着自己的意识和思想，具有能动性。人力资源的这种能动性对企业的影响是双重的，如果这种能动性是正向的，人力资源就会积极主动地工作，如果能动性是负向的，则人力资源则会消极被动，会给企业的发展带来巨大的灾难。因此，企业要认识到人力资源的重要性，不断调动人力资源的积极性，引导人力资源充分发挥其价值。每个企业都有自己的环境和文化，每个企业的人力资源都在这种环境和文化中成长起来，会形成相应的品质和价值观念。企业要想实现自己的目标，需要树立正确的价值观念，并统一人力资源的价值观念，形成良好的企业文化，让人力资源为企业的发展贡献力量，并且为社会创造效益。

（二）人力资源是战略性资源

一个企业的生存和发展受到人力资源管理的影响。当今社会已经成为知识经济和信息时代，人类的智力发展逐渐取代以往的财物资源和体力劳动，成为社会经济发展的主要依赖。计算机技术、人工智能等高科技的快速发展及应用，越来越确定地告诉我们，21世纪最重要的是人才，尤其是创新型人才，已经成为最重要的、具有战略意义的资源。人力资源具有开发的持续性，具有巨大的质量提升空间，这是其他任何生产要素都无法比拟的。企业的核心竞争力在于企业的知识与技能，而人力资源能够学习这种知识与技能，并对其不断更新和完善，并同组织的人员密切协同，发挥自己的高使用价值。企业要创造良好的工作环境，搞好团队建设，合理调配资源，使用诸多的激励手段，鼓励员工发挥出自己的最大能量，实现自己的发展目标。

（三）人力资源是利润的创造源泉

商品价值有转移价值和附加价值之分。转移价值是指生产要素在构成商品的过程中将其原值转移到商品中的价值中，它不会增加价值，也因此不会产生利润。而是商品价值与转移价值的差额部分，它是由劳动创造的，是利润的真正来源。企业要想获得较大的利润，就需要商品具有高的附加价值，这就必须依赖人力资源的质量和结构。各种资源都是有限的，企业都在探索如何用最少的资源获取最大的经济效益，而充分发挥具有低投入、高产出特征的人力资源的作用，已经成为企业的共识。

第二节 人力资源管理基础

一、人力资源管理的概念和特征

（一）人力资源管理的概念

企业通过各种政策、制度和管理实践，以吸引、保留、激励和开发员工，调动员工的工作积极性，充分发挥员工潜能，进而促进组织目标实现的管理活动。通常来说，人力资源管理分为宏观意义上的政府对社会人力资源的开发与管理的过程和微观意义上的企业的人力资源管理。

（二）人力资源管理的特征

与物质性资源管理相比，人力资源管理主要具有如下特征。

1. 人力资源管理从学科的角度讲，具有明显的综合性

信息管理、财务管理往往涉及的是本学科体系的知识，而人力资源管理则涉及经济学、社会学、心理学、管理学等多学科，需要借助这些学科的基本理论和相关成果来发展自身的学科理论。

2. 人力资源管理活动具有复杂性

人力资源管理活动是人与人之间的交互活动。管理对象的主观能动性，以及人与人之间情感，利益关系的复杂性，使得人力资源管理活动呈复杂性。在人力资源管理活动中往往要求管理者不能简单地站在组织一方的角度思考问题，而需要站在管理对象的角度思考问题，注意听取管理对象的意见，强化与管理对象的互动，不能用简单的方法处理人力资源管理问题。

3. 人力资源管理具有文化性

不同的文化追求会导致组织人力资源管理方式方法的差异性。无论是宏观角度，还是微观角度的人力资源管理，都具有特定的文化取向和人才观念。比如，一些单位特别强调组织的和谐氛围，一些单位特别强调人的能力素质作用，一些单位特别注重分配的公平性，一些单位则尤其注重分配的激励性，这些不同的价值观的背后则是这个组织文化特征的差异。因而，不同文化特征的组织，在人力资源管理理念、制度构建和操作上也会表现出一定的差异性。

4. 人力资源管理具有发展性

从传统的人事管理发展到以战略为核心的现代人力资源管理，管理的理念和方法不断在变革之中，人在劳动中的地位越来越得到肯定，有效管理人、充分发挥人的积极性的方式方法也在不断变化发展。如就如何评价人而言，传统的是"目测""口试"，随着人才测评技术的不断发展，逐步发展出人才测评的新方法、新技术。因此，需要人力资源管理从业人员不断学习，提升自己的专业技能水平。

二、人力资源管理的任务和功能

（一）人力资源管理的任务

为有效发挥人力资源管理对组织可能起到的重要作用，组织必须围绕自身的经营发展战略，做好人力资源战略、工作岗位分析、人力资源规划、招聘（招募与甄选）、绩效管理、薪酬管理、培训与开发、劳动关系管理等方面的工作。这些方面正是人力资源管理的专业职能模块，也是人力资源管理部门的职责模块。

1. 人力资源战略

组织的人力资源管理活动是围绕组织的使命、愿景、价值观、目标、战略而展开的，也应以此确定人力资源战略。人力资源战略决定了一个组织需要一支怎样的人力资源队伍来帮助自己实现组织战略。

2. 工作岗位分析

确定了人力资源战略要素后，组织就需要根据自身的人力资源战略需要设计一个科学合理的组织结构。在设计完成组织结构后，组织还应该确定在每一部门中应设置哪几种职位、每种职位应该承担的主要工作职责和任务，以及从事此职位的人需具备的任职资格条件。这就是工作岗位分析所要完成的工作。

3. 人力资源规划

人力资源规划是指根据组织的战略和内部人力资源状况而制定的人员吸引或排除计划。人力资源规划主要涉及的内容包括对员工在组织内部的流动情况以及流入和流出组织的行为进行预测，根据预测的结果制订相应的人员供求平衡计划，从而恰当地满足组织的未来经营对人的需要。

4. 招聘（招募与甄选）

招聘是指组织通过招聘新员工来填补职位空缺，包含招募和甄选工作。招募所要解决的是如何获得足够数量的求职者供组织筛选的问题，而甄选则是要解决如何从求职者中挑选出适合组织需要的人的问题。

5. 绩效管理

绩效管理是人力资源管理也是整个管理和运营的中心环节。绩效管理体系是能够确保员工个人及群体的工作活动和工作行动对实现组织战略目标起到积极作用的机制。实行绩效管理，需要对组织的经营目标或战略进行细化，把重要目标和关键责任落实到每一层管理人员和普通员工身上，从而确保组织战略真正得到落实和执行。

6. 培训与开发

培训与开发是一个组织为了让员工具有完成目前或以后的工作内容应具备的知识、技能和能力，进而提高员工在目前或以后职位上的工作绩效而进行的一系列有计划性的连续性活动。

7. 劳动关系管理

劳动关系管理的目的主要是通过促进组织和员工之间的关系和谐从而实现组织目标和长期发展。

（二）人力资源管理的功能

从本质上来看，人力资源管理的功能和职能并不相同，人力资源管理的职能是它所要承担或履行的一系列活动，例如人力资源规划、职位分析、招聘录用等；而人力资源管理的功能是指它自身应该具备或发挥的作用，具备一定的独立性，它的功能是通过职能来实现的。人力资源管理的功能体现在以下几个方面。

1. 获取

进行人力资源管理首先要做的就是获取人力资源。获取这一功能的实现过程为，依据组织目标来制定组织的工作要求和人数等，通过工作分析、人力资源规划、招聘和录用等环节，选拔与目标职位相匹配的任职者的过程。

2. 维持

维持功能主要体现在建立并维持有效的工作关系。通过进行薪酬、考核和晋升等管理活动，保持企业员工工作的有效性和积极性，维持安全健康的工作环境，从而提升员工对企业的满意度，进而使员工能够安心、满意地投入工作。

3. 整合

整合功能表现在企业可以借助培训教育等手段，实现员工的组织社会化。整合的目的是使员工形成与组织一致的价值取向和文化理念，并且使员工逐步成为组织人。具体体现为新员工上岗引导，以及企业文化和价值观的培训。

4. 开发

开发是提高员工能力的重要手段。通过组织内部的一系列管理活动，培养和提高员工的技能和素质，以增强员工的工作能力，并充分发挥员工的潜能，最大限度地实现其个人的价值，使人力资源对组织的发展作出贡献，以达到个人与组织共同发展的目的。

5. 调控

调控功能主要是企业对员工进行公平、合理的动态管理中，对员工的工作表现、潜能和工作绩效进行评估和考核，从而为企业作出人力资源奖惩、升降和去留等决策提供依据。具体表现为晋升、调动、工作轮换、离退休和解雇等。

三、人力资源管理的理论基础

人力资源管理的理论基础是人力资源管理的科学依据，它为人力资源管理的理论研究和实践活动提供相应的科学理论指导。现代人力资源管理主要受到以下理论的明显影响。

（一）人力资本理论

人力资本是人们以某种代价获得并能在劳动力市场上具备一种价格的能力或技能，是凝聚在劳动者身上的知识、技术、能力和健康，是对人力资源进行开发性投资所形成的可以带来财富增值的资本形式。

人力资本理论随着市场经济的不断发展，伴随知识经济和世界经济全球化的到来深化了人们对人力资源的认识。

人力资本理论凸显了人在物质生产中的决定性作用，发现了投资人力资本的价值，对人力资源管理发展为战略性人力资源管理和人力资本管理起到了重要的推动作用。

1. 人工成本观念向人力投资观念的转变

随着经济增长方式的转变，对人力投资带来的收益率超过了对一切其他形态资本的投资收益率。企业用于员工发展的费用不是简单的成本性支出，而是实现增值的投资性支出。

2. 企业和员工之间新型关系的建立

人力资本是资本化了的劳动力，具有资本增值性，并且它天然地依附于"人"，属于个人产权范畴。随着人力资本重要性的凸显，员工以人力资本为生产要素更加平等地参与到企业生产活动之中，企业与其员工的关系也不再局限于雇佣关系，更是投资合作的伙伴关系。

3. 人力资源战略性开发的重要性愈加凸显

一方面，因为凝聚在劳动者身上的知识、技术、能力和健康作为一种资本形式，能为企业带来巨大的收益，因此，企业必须通过开发性投资不断提升员工个人价值以实现企业效益的最大化；另一方面，由于人力资本的所有权和使用权具有高分离性，以及人力资本的生物性和能动性特征，企业效益实现与员工价值提升之间构成相辅相成的辩证关系。企业在对人力资源进行开发的过程中必须考虑员工个人价值及主观意愿，通过关注员工职业素质的可持续发展达到员工和企业两方面价值共同最大化的目标。

4. 股票期权和员工持股等多种激励方式的出现

人力资本的生物性特征及其在社会财富创造中的决定性作用使得人力资本持有者在利润分配中的权利得到认可，加之企业和员工之间的关系由雇佣关系向投资伙伴关系的转变，股票期权和员工持股等更为接近利益分配核心的激励方式成为可能。

（二）人性假设理论

人性假设是关于人的本质需求的相关假设，它是管理理论与实践中的重要内容，不同的人性观需要采取不同的管理方法和管理手段。美国行为科学家埃德加·沙因（Edgar H.Schen）在前人研究的基础上对人性假设进行了总结划分，将其分为如下几种。

1. 经济人假设

经济人假设理论认为人是"经济人"或"实利人""唯利人"，它假定人采取行为的动机是满足自己的私利，从本质上来看，就是为了获得最大化的经济利益，工作是为了获得物质上的报酬。经济人假设的核心理论主要包括如下几点：①人的本性是不愿意工作的，只要有可能，人就会逃避工作。②由于人的本性是不愿意工作，因此，对于大部分人来说，需要对其进行强迫、控制、指挥，才会促使他们为了组织的目标去工作。③一般人宁可被别人指挥，来逃避应负的责任，很少有太大的野心，更需要安全感。④人不是理性的，本质上不能自律，容易受到他人的影响，而改变自己的行为。⑤一般人工作都是想要满足自身的生理需要和安全需要，向其提供金钱和其他物质激励才会提高他们工作的积极性。

采用经济人假设来进行人力资源管理，就会形成严密控制和监督式的管理方式，并会实行"任务管理"的措施，管理更加重视劳动生产率的高低，而忽视了人的精神方面。

2. 社会人假设

社会人又称社交人，社会人假设理论认为，人们在工作中受到的物质激励会提高其工作积极性，但也强调人是高级的社会动物，与周围其他人的人际关系也在很大程度上影响着人的工作积极性。该假设的核心思想为，促使人们投入工作的最大动力是社会和心理需要，不是经济需要，人们工作的目的是维持良好的人际关系。社会人假设的核心理论主要包括如下几点：①人们工作的主要动机是社交需求，而不是经济需要。社交需求是人类行为的基本激励因素，人际关系是形成人们身份感的基本因素。②从工业革命中延续而来的机械化，使工作变得单调和丧失意义，因此必须从工作的社交关系里寻找工作的意义。③与管理者所采用的奖酬和控制相比，员工更看重因工作而形成的非正式组织中的社交关系。④员工对管理者的期望是归属需要、被人接受需要以及身份感需要能被满足。

3. 自我实现人假设

自我实现人假设是根据美国心理学家马斯洛的自我实现理论提出的，它假设人性是善的，只要能充分发挥人性的优点，就可以把工作做好。这种理论假设认为，人都有自我激励与自我实现的要求，人工作的主要动机是自我实现。

自我实现人假设的核心理论主要包括如下几点：①人的动机是由多种动机构成的一个层次系统，包括低级动机和高级动机，最终目的是满足自我实现的需要。②人们想要在工作上有一定的成就，进而实现自治和独立，发展自己的能力和技术，以便适应环境。③人们能进行自我激励和控制，外部的激励和控制会对人构成威胁，从而产生不良影响。

在自我实现人假设理论下，管理者的主要内容是寻找什么工作对什么人最具有挑战性，最容易满足人们自我实现的需求。人有自动的、自治的工作特性，因而制定的管理制度应该能够保证员工充分发挥他们自身的才华、积极性和创造性，强调上层管理者应该下放部分权力，进而建立起决策参与制度、提案制度、劳资会议制度，将员工个人的需要与组织的目标融合起来。

（三）激励理论

激励是通过一定的刺激以满足被激励者的需要，从而达到增强其内在行为动力的过程。也就是通过一定的刺激使管理对象产生行为积极性的过程。

1. 激励理论的主要内容

西方的激励理论主要包括内容型激励理论和过程型激励理论。

内容型激励理论集中研究什么样的因素能够引起人们的动机与行为，也就是研究管理者应该使用什么因素来激励被管理者，以促使其产生积极的行为动机。

过程型激励理论试图解释和描述动机和行为的产生、发展、持续及终止的全过程，它可以清楚地告诉人们为什么员工在完成工作目标时选择某种行为方式，而不是其他行为方式。

2. 激励理论对人力资源管理的影响

人力资源管理十分重要的任务是充分调动管理对象的工作积极性，提高能力素质，以便更好地完成工作任务要求。而用什么东西来调动工作积极性？如何来调动管理对象的工作积极性？激励理论提供了极其丰富的内容。

激励理论可以很好地指导对管理对象的绩效管理，促进管理对象更好地提高工作绩效；在薪酬管理中，更好地发挥薪酬的激励功能；在培训中，更好地激发培训对象学习动机，增进培训效果。可以说，激励理论为有效解决人力资源的行为动力问题提供了坚实的理论支撑。

20 世纪末，世界经济环境发生了重大变革。这种变革不仅使组织处于一个更加激烈的竞争环境中，也使人力资源管理面临着巨大挑战。人力资源管理工作如何支持组织战略目标的实现，如何确保组织在快速变化的环境中不断发展并具有持续的竞争优势，这成为组织人力资源管理面临的新问题。

第三节　人力资源战略规划

一、人力资源战略的内涵

人力资源战略是企业根据企业战略和目标定出企业的人力资源管理目标，进而通过各种人力资源管理职能活动实现人力资源目标和企业目标的过程，是企业关于人力资源活动的长远性的决策和方略。通过对人力资源战略的概念的描述，我们可以发现，人力资源战略是关于人力资源管理的问题和行动的决策，体现的是现代企业管理中人力资源优先的原则。人力资源战略一般具备长期性、总体性的特点。

　　人力资源战略是企业总体战略的下属概念，是指在企业对所处的内外部环境和条件以及各种相关因素全面系统分析的基础上，从企业全局利益和发展目标出发，就企业人力资源开发与管理所作出的总体策划。

　　与企业人力资源不同，高校人力资源管理是以学校发展战略目标为导向，对教师进行动态管理的过程。

　　高校人力资源涵盖一定综合总量的教育工作者，也包括一定综合总量的在高校接受教育的本科生、硕士和博士研究生等求学者。高等教育工作者指各个高校所拥有的教学科研人员、教学辅助人员以及教育管理行政人员。他们既体现为一定数量，即高等教育机构所拥有的教学科研人员、教学辅助人员以及教育管理人员的数量总和；也体现为一定的质量，即高等教育机构所拥有的教学科研人员、教学辅助人员以及教育管理人员所拥有的总的教学水平、科研水平及管理水平，在履行职责中表现出的工作能力，在人才培养过程中作出的贡献程度等。

二、人力资源战略的制定与实施

（一）人力资源战略的制定

　　制定人力资源战略的基本过程与其他职能战略的基本步骤类似，包括分析企业内外部环境、识别关键问题并确定指导思想、选择人力资源战略模式、形成战略方案等步骤。

1. 分析企业的内外部环境

　　环境分析是制定人力资源战略的第一步。进行环境分析不仅要关注企业人力资源管理的现状，更为重要的是要考察并获取可能对企业未来绩效发生影响的内外部变化信息。

　　企业应该定期或者不定期跟踪扫描内外部环境变化，识别或许影响人力资源和企业发展的潜在问题，审视分析企业的内外部环境需要，识别一些企业未来可能发生的情况，分析企业战略和竞争战略的导向，从而为制定人力资源战略奠定基础。

2. 识别关键问题

　　根据前面所做的环境分析，确定目前企业应该解决哪些具有战略高度的人力资源管理问题。例如，由于企业发展中出现的全球化、公司并购、多元化经营、分销渠道创新等问题，相应的人力资源问题可能包括人才吸引与保留、人力资源结构优化、人才队伍建设、员工福利待遇满意度提升等。

　　识别关键问题是为了明确人力资源战略的重点，是构建人力资源战略目标的基础。关键问题来自企业经营管理过程，解决关键问题能够从根本上确保人力资源战略对企业战略的支持度。

3. 选择合适的人力资源战略模式

　　目前，已经有一些成熟的人力资源战略分类得到了广泛认可。例如，根据人力资源战略重点，将人力资源战略划分为吸引战略、投资战略和参与战略；而从获取人力资源的角度，又可将人力资源战略分为完全外部获取战略、混合获取战略和完全内部获取战略。通过SWOT分析，将人力资源管理工作面临的内外部环境因素分为优势、劣势、机会、威胁四大类。企业可以从发挥优势、防止劣势、创造机会、减少威胁的角度出发，选择一种或者多种成熟的人力资源战略，作为制定本企业人力资源战略的基础。

4. 拟订备选方案

在选择了人力资源战略类型的基础上，根据企业具体情况，提出有企业特色的战略措施，拟订备选的人力资源战略方案。人力资源战略方案编制的核心内容包括指导思想、战略目标和战略措施。

5. 选择最终战略方案

在多个人力资源战略备选方案中进行选择时，能够采用关键因素评价矩阵方法。采取赋分值的办法，以备选方案和关键影响因素的契合程度为依据，对方案进行评分。评分标准为："非常契合"计4分，"契合"计3分，"不契合"计2分，"矛盾"计1分，并根据每个影响因素的重要程度，给每个因素赋予权重，权重与评分的乘积，即是该备选方案与这一因素的契合得分，总分最高的备选方案即是最可行的备选方案。

应该注意的是，由于企业的实际情况受多方面因素的制约，所以一个有效的人力资源战略要综合不同方面的因素来建立，并且并非一成不变。人力资源战略的制定过程也应该根据企业情况灵活把握，绝不能生搬硬套。此外，人力资源战略主要是提出了企业总体的人力资源管理思想和目标。在实际工作中，还需要相应的人力资源规划来落实人力资源战略。

（二）人力资源战略的实施

任何优秀的战略，如果不付诸实施将一文不值。只有通过制定行动计划、预算和流程，将战略付诸实施，才能够使企业在人力资源战略的指导下，不断发展，不断进步。

1. 人力资源战略实施的原则

（1）外部原则

国家及地方人力资源政策环境的变化，包括国家对于人力资源的法律法规以及国内外经济环境的变化等，这些都将影响企业内部的整体经营环境，从而调整企业内部的人力资源政策。因此，随时准备好根据外部环境的变化进行人力资源战略的更新，是实施人力资源战略过程中的一个重要原则。

（2）内部原则

企业人力资源政策的实施必须遵从企业的管理状况、组织状况、经营状况变化和经营目标的变化。由此，企业的人力资源管理必须根据以下原则，依据企业内部经营环境的变化而变化。

①安定原则。安定原则要求企业不断提高工作效率，积累经营成本。企业的人力资源应该以企业的稳定发展为其管理的前提和基础。

②成长原则。成长原则是指企业在资本积累增加、销售额增加、企业规模和市场扩

大的情况下，人员必定增加。企业人力资源的基本内容和目标是为了企业的壮大和发展。

③优化原则。人力资源应该以企业的生命力和可持续增长，及保持企业的发展潜力为目的。企业应从长远发展的大局出发，协调好劳资关系，做好企业的人才再造和培植接班人的工作。

2. 人力资源战略的实施步骤

人力资源战略的实施步骤包括制定行动计划及执行战略流程两个部分。

（1）制订行动计划

企业人力资源战略的行动计划分为两种：一是时间和周期计划，二是流程计划。

（2）执行战略流程

一般来说，在公司人力资源整体工作定位的指导下，企业执行人力资源战略分以下三个阶段进行。

第一阶段，框架建设阶段。搭建人力资源整体架构，夯实基础管理。构建人力资源管理整体政策及管理体系，夯实人力资源基础工作，初步将各项制度、机制融入人力资源管理体系中来，引进现代人力资源管理制度和机制，逐渐与现代企业人力资源管理接轨。集中现有资源，有针对性地开展当前紧迫的工作，解开瓶颈环节。

第二阶段，完善阶段。系统规划，综合提升，使得人力资源管理达到国际化水平。全面推动人力资源管理体系的运作，对全公司的人力资源工作进行综合统筹、分级管理，引进各种方法和手段，推进人力资源体系中的各项制度、各个工作的开展、实施与完善，并落到实处，在公司内充分形成互动，提升人力资源管理体系的整体运作效果，初步达到国际化管理水平，使一大批干部快速成长起来，促进企业国际化进程及战略目标的实现。

第三阶段，持续改进阶段。完善升级，实施前瞻性管理，发挥战略牵引作用。全面夯实人力资源各项工作，前瞻性地开展人力资源战略管理，使得人力资源管理水平达到国际水准，形成一套具有国际竞争力和公司特色的"选、用、考、育、留"人才制度和运行机制，形成一批能够管理世界级企业的人才队伍，使人力资源成为公司的核心竞争力之一，并具备国际竞争力，使人力资源对公司整体工作发挥牵引作用。

（3）人力资源战略调整

人力资源战略实施中一个要注意的问题是如何进行战略调整。人力资源战略调整要注意以下几点：①根据业务需要提出调整建议。②只要确实需要，没有什么不可以修改。③任何改变带来的影响不能失控。

（三）高校人力资源战略制定与实施的作用

高校人力资源是高校中从事教学、科研、管理、后勤服务等方面工作的教职工与学生总体所具有的劳动能力的总和。作为高校主体的教师队伍，与其他人力资源相比具有以下特殊性：自主性强、需求多样性、流动性较大。

高校承担着培养高端人才的重任，重视每个学生的天赋、追求、特长和缺点，扬长避短，让每个人在组织中寻找到自身的合理定位，使之最大限度地产生集成能力。不管高校在基础设施建设、发展学术项目、开拓市场、拓展公共关系上的投入多少，都必须重视人力资源，并通过提供教育培训来提高员工的能力。人的技能是最难提升的，并且因组织的不同而异，所有组织成员都需要变成持续不断的学习者，帮助组织创造更好地与外部环境竞争的能力，组织成员也需要以组织的力量，建立起和谐、有意义、可持续发展的环境，这既给组织也给个人带来好处。

1. 高校人力资源战略规划目标

高校属于"模式维持组织"，在组织构成中，管理层、教师、工作人员、学生、董事会等成分的权利和责任关系不同，形成了不同的层次，存在不尽相同的工作目标，每个层次之间的交流、协调就显得格外重要。因此，高校首要的战略规划目标是通过加强组织系统的联系，维持组织系统的长期健康与发展。

加强团队建设，提高管理层的凝聚力，明确团队发展目标。高校的构成是多方面的，需要有完整的组织构成和多功能的团队能力。典型的多功能团队要处理招生和管理、学术咨询、战略规划、效果评估，很多学校，包含管理者和教师的校委会被看作是跨功能团队。

2. 高校战略规划的推进

推进高校战略规划势必对现有的各种模式进行不同程度的改革，而改革向来是有阻力的。为迎接改革的到来，首先，要做好思想准备，要让全体人员对改革有充分的理解，从自我做起，先改变自己，以适应高校改革的需要；其次，要做好改革的宣传教育工作，要让全体人员尽可能消除对改革的疑虑；再次，要加强职能技能转变，要让全体人员根据改革的需要，重新审视自己的定位和专业需求，无论是管理岗位还是专业技术岗位，都存在不断提高的必要性，以适应改革带来的影响和变化。一旦规划形成，就需要更多的技术来实施规划。

尽管战略规划的实施可能会给高校和每个人带来长远的利益，但对于每个个体而言，短期内会影响他们已经形成的工作习惯、工作定位、工作环境、各种待遇。如何正确处理矛盾，防止激化，显得格外重要。

三、人力资源规划的内容、作用与运用

人力资源是一种组织关键资源，更加需要得到系统的规划，从而确保组织的"人"在数量上、质量上、结构上、流动上都符合该组织的需求，促进该组织的发展。因此，"人力资源规划"也是工业社会出现的一项重要管理内容。

（一）人力资源规划的内容

人力资源规划包括总体规划和各项业务规划两个层次。其中，总体规划包括人力资源管理制度规划与组织评估调整规划，各项业务规划包括配置与补充规划、教育与培训规划、绩效与薪酬激励规划及人员流动控制规划等方面。

1. 宏观高校人力资源规划内容

高校人力资源规划应基于高校发展战略及其内外部环境的分析，从中长期规划（三至五年计划）和短期计划（一年及以内的计划）来对高校人力资源进行规划分析。通常来说，高校的中长期人力资源规划是对高校未来整体人力资源方向的指导，而高校的短期计划是对高校现实的人力资源配置执行予以规划和监控，需沿着中长期规划的方向，而中长期规划要基于高校发展战略的调整而调整。

中长期规划包括：①人力资源总体发展的战略规划；②组织变革与组织发展规划；③人力资源管理制度改革规划；④职务体系分析与素质评价体系规划；⑤员工职业生涯规划等。

短期计划包括：①人力资源需求计划，即人员补充调配计划；②绩效考核与评价计划；③员工培训开发计划；④薪酬福利保险与激励计划；⑤人事调配晋升与退休解聘计划；⑥劳动关系调整计划；⑦员工满意度调查计划等。

在高校人力资源规划体系中，人力资源的数量目标规划、人力资源结构、优化规划、人力资源素质提升规划是其核心内容，而且人力资源规划的其他计划制订与执行都要以其为基础进行。

2. 微观层面人力资源规划内容

微观层面的人力资源规划内容涉及的相对就要具体详细得多，更多的是实际操作中的具体工作。高校人力资源规划从实际操作层面可以大体分为岗位职务设置规划、机构设置规划、定编定岗规划、外部人员补充规划、内部人员流动规划、退休解聘规划、职业生涯规划、培训开发规划、绩效评估规划、薪酬激励规划等。

（1）岗位职务设置规划

所谓岗位职务设置规划，是指根据高校内外环境变化和发展战略目标，通过合理的机构设置、定编定岗、人员聘用等方式科学有效地配置人力资源，实现"人适其事、事得其人、人尽其才、才尽其用"目标的规划。

（2）机构设置规划

根据有关文件精神，高等学校可以按照实际需要和精简、效能的原则，自主确定教学、科研、行政职能部门等内部组织机构的设置和人员配备。学校管理机构根据学校的层次和规模，原则上设 10 ～ 20 个学校管理机构职数，一般掌握在机构设置数的 2.5 倍以内，凸显精简、统一、效能的原则，建立办事高效、运转协调、行为规范的管理体系。

（3）定编定岗规划

旧有的定编定岗方法只是简单化地照搬照套主管部门下达编制数时所附加的各种限制性规定，然后按一定比例分划给各个二级机构，至多是在这个基础上再根据各单位的现有人员数与历史经验予以个别调整。其结果必然是各单位满编之日，就是整个学校编制数被突破之时。所以，长期以来各高校普遍存在长年累月不断忙于重新修订校内各单位编制（岗位职数）方案。这就需要人力资源部门探索一套新的定编定岗方式。

（4）外部人员补充规划

对比预测的人力资源需求与供给的结果，分析高校未来有哪些岗位将空缺。如果没有合适的内部人员胜任这些岗位，就要考虑从外部招聘人员作为储备；如果有合适的内部人员接任，则要考虑调动内部人员后又会出现哪些职位空缺，最后空缺的职位也必须从外部吸收人员补充。

外部人员补充规划不但是简单地计划需要引进什么人员、引进多少人员，还要配合制订一系列的计划以保证能招到合适的人力资源。根据规划的步骤和内容，可以将外部人员补充规划再分成两个子规划，即招聘规划和甄选规划。

（5）内部人员流动规划

内部流动可以促进高校"血液循环"。高校内部的人员流动可以归为三种类型：晋升、调动和降职。前两种流动特别是晋升是经常出现的，后一种流动则较少使用。以晋升规划为例，在职称晋升中，要为符合相应职称晋升条件的教师提供良好的晋升环境，创造积极向上的学术氛围，满足人才优化配置和机构合理性的需求。在晋升中，既要确保质量，避免名不副实，又要防止硬化，避免教师看不到发展前途，积极性受到挫伤。晋升规划的目的就是要人尽其才、才尽其用，最大限度地发挥教师的积极性和能动性。

（6）退休解聘规划

所谓退休解聘规划，是指根据高校内外环境变化和组织发展的战略，通过有计划地让已经达到退休标准的人员和不合格人员离开学校，从而使高校的人员结构更优化、更合理的规划。可分为退休规划和解聘规划。人们对这类规划的重视程度远不如前面谈到的两类，总是认为其迫切程度低，具有消极意义，执行很困难。然而，事物常常具有两面性，只是在于人们善于发觉与否。退休解聘规划虽然总让人有不愉快的联想，但如能加以利用，一样具有积极的一面。

（7）职业生涯规划

所谓职业生涯规划，是指依据高校内外环境变化和发展战略引导教师职业发展方向，教师根据个人能力、兴趣、个性和可能的机会制订个人职业发展规划，从而安排教职员工的职业发展。职业生涯规划具有明显的个人特征，目的是促使个人目标与组织目标一致。

（8）培训开发规划

所谓培训开发规划，是指根据高校内外环境变化和高校发展战略，考虑教师发展需要，通过对教师有计划的培训和开发，提高教师能力，引导教师态度，使教师适应未来岗位的规划。任何一个寻求发展的组织都应该合理地培训与开发，由于它是高额回报的投资。在培训开发需求分析的基础上，制订培训开发规划。

（9）绩效评估规划

所谓绩效评估规划，是指根据高校内外环境变化和发展战略，为了把组织目标、部门目标和个人工作目标紧密结合起来，形成一个高效的目标工作系统，确保整体目标的实现，制定一系列考核标准和程序来评估教师的工作态度、工作表现、工作能力、人际关系和工作结果等的规划。绩效评估既是检验人力资源管理活动的手段，又为人事决策和改进人事管理提供依据。

（10）薪酬激励规划

所谓薪酬激励规划，是指依据高校内外环境变化和发展战略，为了使教师结构保持在一个恰当水平，提高教师工作绩效，激发教师工作热情，制订的一系列薪酬激励政策规划。建立薪酬激励规划的出发点是满足教师的个人需要，调动教师的积极性、主动性和创造性，其最佳效果是在较低成本的条件下达到激励相容，即同时实现教师个人目标和组织目标，使教师个人利益和学校利益达到一致。

（二）人力资源规划的作用

1. 企业人力资源规划的作用

（1）人力资源规划的一般性作用

人力资源规划的一般性作用即通过人力资源规划，使得企业的人力资源在数量上、效率上和制度上与企业的战略要求保持一致性。

人力资源规划是连接战略规划和公司业绩的阶梯，通过人力规划，在三方面提高组织实现战略目标的能力：将人力资源管理与公司战略紧密相连；分析未来变化，在人力资源方面制定应对措施；提高人力资源使用的经济性。

（2）企业战略规划的重要组成部分

人力资源规划是企业整体规划和财务预算的有机组成部分，是企业战略规划的核心内容，在人力资源管理中具有统领与协调作用。人力资源规划是关系企业和员工发展的长期的、战略性的计划决策，是人力资源战略指导思想和企业战略发展方向的具体体现，为企业的竞争计划和发展提供了坚实的基础。企业根据战略目标、自身人力资源状况和人力资源市场发展状况制订的人力资源规划，可以帮助企业确定未来工作目标，减少不确定性的威胁，降低企业经营活动的风险，并且可以将资源集中到与组织目标相一致的经营活动中，使目标更容易实现。

（3）实现人力资源管理职能的保证

人力资源规划是人力资源管理各项职能实现的信息基础，可以使企业及时预见未来人力资源的潜在问题，为各种人力资源活动提供准确的信息和依据，从而保证人力资源管理职能在未来变幻莫测的环境下也能有效地运行。例如，对于人力资源的招聘选拔来说，人力资源规划规定了招聘和挑选人力资源的目的、方法和原则；对于人力资源的使用来说，人力资源规划可以改善人力资源分布不均衡状况，控制企业现有结构人员匹配中知识、技能、个性、年龄、性别等方面的种种不合理配置，促使人力资源的合理使用，降低用人成本。可以说，人力资源规划的成败直接关系着人力资源管理工作整体的成败。一个企业如果没有制订一个科学细致的人力资源规划，它在人力资源政策上就有可能出现较严重的问题，人力资源管理职能就得不到充分的实现。

（4）企业管理的重要依据

在企业管理的过程中，如果不能事先为各个经营阶段提供所需要的人力资源，企业就有可能出现人力资源短缺或者过剩，企业经营战略和企业生产经营活动就有可能受到影响，甚至导致企业经营战略的失败。

企业实际的人力资源发展状况受人力资源管理政策的影响极大，而企业的人力资源管理政策应该依据人力资源规划来制定，否则所制定出的人力资源管理政策不但满足不了企业发展所需要的人力资源，而且还会使企业其他的管理目标难以实现。

（5）确保企业对人力资源的需求

企业为了实现自己的经营战略目标，需要在企业实现经营战略目标的每个阶段都拥有与完成企业经营战略目标相适应的人力资源。任何一个希望能够在市场经济条件下获得生存和发展的企业，为了确保能够如期满足企业对人力资源的需求，必须制定正确、必要的人力资源开发政策和措施，必须进行科学的人力资源规划工作。

人力资源规划的功能就体现在当企业环境的变化给企业带来人力资源供需的动态变化时，人力资源规划就可以对这些动态变化进行科学地预测和分析，并通过招聘、晋升、调配、培训和补偿等切实可行的措施，以保证企业短期、中期和长期的人力资源需求。

（6）节省人工成本

从发展趋势看，随着人力资源价值的不断被认可和开发，人工成本在总成本中的比重是不断上升的，而人力资源规划通过各种措施可以节省人工成本。例如，对现有的人力资源结构进行诊断分析，找出影响人力资源有效运用的主要矛盾，实现合理利用人力资源，充分发挥人力资源效能，提高企业劳动效率，等等。人

工成本中最大的支出是工资，而影响工资总额的主要因素是企业中的人力资源的配置情况。人力资源的配置状况包括企业中的人员在不同职务、不同级别上的数量状况。一般来说，企业如果不做人力资源规划，其未来的人工成本是难以确知的，而且随着企业规模的扩大，人员数量的增加和职务等级水平的上升、工资水平的上升，人工成本也会增加，这必然会影响到企业的利润，甚至可能会超过企业的承受能力，影响企业的长期发展。因此，为了企业的长期利益，人力资源规划需要在预测未来发展的条件下，有计划地调整人力资源配置不平衡的状况，寻求人力资源的合理化使用，把人工成本控制在合理的范围内，进而提高企业的劳动效率。

（7）调动员工积极性

优秀的人力资源规划可以极大地调动员工的积极性。人力资源规划通过合理的人员招聘规划、培训规划，可以让员工找到适合自己的岗位，充分发挥自己的潜能；通过晋升和职业生涯规划，员工可以看到自己的发展前景，从而去积极地创造条件，努力争取。以人力资源缩减规划为例，也可以看出人力资源规划对于调动员工积极性的作用，因为对于有些被迫或主动离开的员工来说，其表面上看来是因为企业无法提供优厚的待遇或者晋升渠道，但其实这也表明了人力资源规划的空白或不足。因为能提供有竞争力的薪酬和福利来吸引人力资源的企业毕竟是少数，在当前金融危机的环境下，市场上存在更多的是缺乏资金。步履维艰的中小企业，它们是无法为员工提供高额薪酬作为回报的。但是仍有些企业能吸引到优秀人力资源并迅速成长，是因为它们充分考虑到了员工需求，着力营造企业与员工共同成长的文化氛围，通过规划企业的美好愿景，让员工对未来充满信心和希望，让员工愿意与企业同甘共苦、共同发展。

（8）进行人力资源规划的必要性

企业进行人力资源规划是对企业发展中所需的人力资源的一种预先的统筹安排，这种预先的统筹安排的必要性有如下几点。

第一，人力资源是企业资源中最重要、最基础性的资源。有了人，才会有物，也才会有行动。所以，人力资源在企业的创业、发展与变革中，必须先行一步。

第二，十年树木，百年树人。人力资源与企业所需的其他资源最大的不同点，就在于它不是企业可以用钱在市场上随时随意购买的。符合企业发展与战略要求的人力资源，更是要进行预先统筹安排，是自己培养，还是招聘引进，都必须从长计议。

第三，内外环境的变化使得实现企业战略所需的人力资源的数量和质量必须作出相应的调整；环境的变化，也可能必须对企业战略进行必要的调整，因而对人力资源的要求也必然要有所变动。

第四，企业的员工队伍本身就处在不断变动之中，如离职、退休等，必然会造成岗位的空缺和人力资源的缺口，因此应当预先采取相应的措施。并且，人力资源从补充到适应需要一个过程，这一过程的长短，与岗位所需人员的类型，以及补充人员自身的素质有关，因而必须作出周密的安排。

第五，企业现有的人力资源的分布可能存在着不同程度上的不合理，需要有计划地进行必要的调整。例如，年龄结构、资历结构等，必须保持一个良好的结构，才能保证企业的良性运行。但是，对员工年龄结构和资历结构的调整，却不可能在一朝一夕之间完成，需要进行通盘的考虑与周密的安排。

第六，人力资源管理活动是一项复杂的系统工程，人力资源的供应与需求都存在着某种"刚性"，即人力资源的供应和需求不能轻易被影响的特性，因而需要通过预先规划来妥善处理和协调。

2. 高校人力资源规划的作用

（1）保证高校教育教学正常进行的有效手段

高校人力资源规划是在分析高校内部人力资源现状、预测未来人力需求和供应的基础上，来制订人员增补、晋升和培训计划，满足高校对人力的需要。

由于高校所处的内外部环境时刻都在发展变化和调整，高校对教学管理服务人员的数量和质量要求都可能发生变化，因而对人力资源需求做非常准确的预测是不现实的，为此规划的具体方案必须是短期的和灵活的，它是一种动态性的规划。因此人力资源规划制订后必须随着客观条件的变化持续调整更新，以适应学校教学管理的变化，不能把人力资源规划简单理解为静态的信息收集和相关的人事政策设定。

（2）对合理利用人力资源实现高校可持续发展意义重大

高校人力资源规划可以调整高校人力配置不平衡的状况，进而谋求人力资源的科学使用。人力资源规划还可通过对现有的人力资源结构进行分析检查，找出影响人力有效运用的主要矛盾，充分发挥人力效能。

（3）是高校管理的重要依据

高校对确定人员的需求量、供给量，还有职务、人数以及教学任务的调整，不通过一定的计划是难以实现的。而人力资源规划则会为高校人员的录用、晋升、培训、调整等活动，提供准确的信息和依据。

（4）有利于调动和发挥人力资源个体的能力及积极性

高校人力资源规划不仅仅是面向宏观的学校的计划，也是面向单个教师员工的计划。高校在人事政策上如果出现了较严重的问题，往往是因为没有制订一个科学细致的人力资源规划。对于优秀教师员工的流失，表面上看来这是因为学校无法给教师员工提供优厚的待遇或者晋升渠道，其实恰恰显示了高校人力资源规划的不足。想要留住人才，需要根据学校自身情况，营造学校和教师员工共同发展的组织氛围，充分发挥团队精神，充分调动教师员工对未来的信心和希望，为学校发展贡献力量。因此高校人力资源规划要本着"以人为本"的理念，着力考虑教师员工的发展问题，让教师员工可以根据学校人力资源规划，了解未来的职位空缺，明确目标，按照该空缺职位所需条件来充实自己、培养自己，进而适应学校发展的人力需求，并在工作中获得个人成就。

（三）人力资源规划的运用

1. 信息收集处理阶段

（1）确立目标

将高校的发展目标分为"硬性"与"软性"两种，前者包括人员年龄结构、学历层次、职称比例、人力总成本、教师占全体员工比例等可以量化的一些结构性或者确定性指标的目标，后者包括工作满意度、员工成熟度、员工和岗位的适合度、领导者素质与形象的提升程度、组织效能的提高程度、校园文化建设目标等不易量化的目标。确定这些"硬性"和"软性"的目标，就是给整个高校的发展和高校人力资源规划定下基调并指明方向。

（2）搜集信息

收集有关信息，对这些信息进行整理、分析，为制订规划提供全面的信息。信息的质量直接决定着规划的质量，所以要充分认识信息的重要性。高校人力资源管理是为实现高校的战略发展目标服务的，因而其规划应以高校的发展战略为核心。高校采取增长战略、稳定战略、紧缩战略或是混合战略，直接决定高校未来需要的人员规模、未来人员结构等，高校发展战略是人力资源规划的出发点，应把它作为首要信息进行分析并定位。

其他需要搜集的信息主要包括组织内外环境的变化趋势、战略发展方向、人力资源现状，不仅要了解现实情况，更要认清潜在和现实存在的问题。这些信息是人力资源规划的基础，为此需要对此项工作予以高度重视，只认识到这些信息还不够，还应该对这些信息进行预测，估计在规划期内将如何变动，预测出高校未来的内外环境，才能据此制订出各项规划。这就需要高校建立科学有效的人力资源信息系统，随时更新修正，为管理工作服务。

2. 制订高校人力资源总体规划

总规划是从总体上统筹工作，任何一个庞大的工作都应先从总体入手，如果没有总体上规划，很难分清各项工作的关系，不能理清工作的程序。高校人力资源规划方案的制订是一个需要精心筹划的复杂工程，它涉及确定制订方案的机构、制订方案的期限、设计方案的内容及措施等问题。制订高校人力资源规划方案，一要注意规划与高校的发展战略目标和总体发展规划相协调，高校人力资源规划作为高校总体发展规划的一个组成部分或子系统，服从于总体发展规划及其目标。二要注意高校人力资源总规划方案与各子规划方案之间的协调，例如外部人员补充规划与内部人员流动规划、培训开发规划与职业生涯规划之间的协调等。三是高校的人力资源规划与教师个人发展之间的协调，制订高校人力资源规划方案时，不但需要考虑高校的发展目标，还应同时考虑教师个人的发展目标，这两者之间的关系协调主要在高校人力资源职业生涯规划设计中体现。

3. 实施高校人力资源规划

高校人力资源规划只是对高校人力资源的规划，要将规划变为行动，才能发挥其作用。执行是管理中的核心环节，其他环节是其支撑，因为执行直接决定结果。一份好的高校人力资源规划必须通过执行实现，如果缺少执行，规划只能变成一纸空文。当然，能否完全执行、正确执行，亦关系着规划能否实现。

高校人力资源规划是一个长久持续的动态工作过程。由于高校内外诸多不确定因素的存在，造成高校战略目标的不断变化，也使得高校人力资源规划不断变更。在规划方案的实施过程中，为了防止出现大的偏差或出现偏差后能及时纠正，需对规划方案的执行情况进行追踪监控和反馈，使得规划方案在实施过程中逐步达到预期的结果。在定期检查方案的执行情况时，如果发现执行情况偏离了目标，首先应分析产生偏离的原因，然后再采取相应的纠正或调整措施。

产生偏差的原因可能有两种：一是确定的目标和标准不具有可行性，二是方案执行中存在问题，也可能这两种原因兼而有之。在第一种情况下，纠正偏误的方法是修正原有目标和执行标准；在第二种情况下，则需采取措施来解决所存在的问题。执行是高校人力资源规划实现的基础，监控是其实现的保障。进行规划方案监控的一个必要条件是确定衡量规划方案执行情况的分目标、短期目标以及具体绩效标准。分目标就是由规划方案总目标分解出来的各子规划实施方案的目标，短期目标即为达成总规划方案和子规划方案的长远目标而划分出来的阶段性目标，绩效标准则是由分目标或短期目标分化出来的衡量目标实现程度的具体准则。分目标和短期目标既可以定性描述，也可以定量描述。因此，高校人力资源规划应当实时监控，滚动实施，不断按照实际操作中出现的新变化修订短期计划方案。

4. 评估高校人力资源规划

评估是人力资源规划实施以后的重要工作，不可忽视。总结经验或吸取教训都是十分重要的，否则，就难以修正、改进人力资源规划，使人力资源规划工作顺利持续地展开。评估人力资源规划是修订人力资源规划的基础，同时评估上一轮规划的得失，可以为下一轮规划提供经验，这些经验是极其可贵的，是通过实践得来的经验。如果不注意总结，就会白白浪费这些宝贵的资源。

在对人力资源规划进行评估时，一定要及时、客观、公正和准确。评估所得结果应及时反馈，并对正在执行中的规划作出必要的修正和改进。评估时一定要征求院系部门和机关部门领导的意见。由于他们是人力资源规划的直接受影响者，能够获取普遍赞同的规划才是好的规划。

第二章 人力资源管理系统构建

第一节 人力资源管理系统的设计与构建

一、人力资源管理系统设计的依据

人力资源管理的最终目标是要通过对企业人力资源的整合来驱动企业核心能力的形成与保持，因此设计出一套适合企业自身的人力资源管理系统，对企业实现战略目标、获取竞争优势至关重要。在人力资源管理系统的设计中，设计按照整个系统设计成功的关键。人力资源管理系统的设计依据主要包括两个方面：一方面是企业的使命、愿景与战略解读；另一方面是现代企业人力资源管理系统设计的核心价值观。

（一）企业的使命、愿景与战略解读

所谓使命，即企业存在的理由和价值，回答的是为谁创造价值、创造什么样的价值的问题。任何现代企业都是在一个产业社会的生态环境中寻找生存和发展的机会的。这个产业社会的生态环境主要包括该企业的供应商、分销商、最终顾客、战略伙伴、所在社区以及其他利益相关者。企业要想获得可持续性的发展，就必须在其所在的产业社会生态环境中找到自身存在和发展的价值和理由，即要确定企业能够为其供应商、分销商、最终顾客、战略伙伴等一系列的相关利益群体创造什么样的价值。企业只有持续不断地

为相关利益者创造价值，使各利益相关者都离不开自己，才能够获得可持续成长和发展的机会。所谓愿景，就是企业渴求的未来状态，回答的是企业在未来将成为什么样的企业的问题。当前，越来越多的企业开始着手建立企业的愿景规划。

企业通过建立自己的愿景，可以找到企业发展的目标和方向，企业的战略则是落实愿景的关键步骤。通常来讲，企业的战略主要包括三个层面，即公司层战略、事业层战略和职能层战略。公司层的战略主要描述一个公司的总体方向，主要包括一家公司如何来建立自己的业务组合、产品组合和总体增长战略。比如，一家公司决定同时从事家电、通信终端设备等几个领域来保持企业的快速增长。事业层战略主要发生在某个具体的战略事业单位（比如事业部或者子公司），具体是指该战略事业单位采用什么样的策略来获取自己的竞争优势，保持本事业单位的成长与发展；如何来支持公司层面的总体战略。比如，某家公司决定在其彩电事业领域通过采取低成本战略吸引低端消费者来获取自己的竞争优势。职能层战略主要在某一职能领域中使用，比如企业的人力资源战略、财务战略、研发战略、营销战略等，它们通过最大化公司的资源产出率来实现公司和事业部的目标和战略。

企业的使命、愿景和战略共同形成了企业一整套时间跨度由长到短的目标体系，以及支撑这些目标的战略体系。它们又共同形成了企业组织与人力资源管理体系的设计依据，并且成为企业所有系统所要服务的对象。

（二）现代企业人力资源管理系统设计的核心价值观

在建立和健全现代企业制度的同时，要进一步完善企业的人力资源构建，这关系到企业的生存与发展。一个优秀的团队需要几个方面的保障，首先是团队的凝聚力，其次是团队的创造力，最后是团队的包容度。尤其是团队的包容度，这要求所有团队成员对企业忠诚，并能在企业面临困难时给予支持，同样也包括员工之间的包容、善待以及激励。

1. 现代企业人力资源核心价值观的含义

现代企业在发展的过程中形成了自己的经营理念和市场定位。在企业发展到一定规模的条件下，企业开始在文化上进行定位和品牌纵深建设，这个时候就体现出了一个企业脱离"人治"的阶段。企业完善的制度和文化给了员工充分的发展空间和自由的心灵寄托，特别是企业在引进员工的时候已有一系列完整的人力资源规划和战略，在实施这些战略的过程中，企业对于什么样的人是企业需要的人，什么样的人是企业在未来发展中还要进一步引进的人，有了自己的价值观，然而这种价值观并不是企业的核心价值观。所谓核心价值观，是在人力资源价值观形成的基础上作出的方向性定位，这个定位是百年大计，是企业对于用人的基本思路、策略，也是企业实现自我文化的标准，所以从这个角度来说，现代企业的人力资源核心价值观是生于企业内部，长于企业发展过程，形成于企业自我完善过程的阶段性成果。

2．现代企业人力资源核心价值观的表现形式

（1）现代企业是发展的企业，是以人为本的企业

现代企业的发展排在第一位的应该是人才，而过去把市场和客户定位在第一位的目标是市场经济发展过程中的阶段性体现，这也从根本上体现了市场经济是企业发展的助推力，现代企业在经营上自立于平台的突破，尤其是企业在面临着自我发展的瓶颈时，很多时候都要通过以人为本的思路来保持企业的持续和稳定。从企业发展的长远计划来说，企业的发展离不开不断创造生产价值的员工；离不开为企业奉献自我青春的员工；更离不开那些默默无闻、战斗在第一线的员工。正是有了这样的员工，企业才会发展。以人为本的另一个表达是：企业管理是制度为上的管理，制度面前人人平等，制度也成为以人为本的重要内容。

（2）现代企业通过自我价值实现来满足人力资源的核心价值观

企业员工通过努力工作，在制度面前完成了发展空间的自我实现，例如从一般员工成长为中层管理。在这个过程中，员工通过自我学习和企业培训，满足了自我发展的需要，表现为员工的自我实现，而这种个体的自我实现进一步印证了核心价值观的回归和个体对团队的贡献，所以现代人力资源的核心价值观是通过员工的自我实现来满足的。

一方面，企业离不开员工，员工离不开企业，两者是相互依存、缺一不可的；另一方面，员工的价值观在企业人力资源价值观的影响下，发挥着巨大的潜能，并且达到逐步提高和完善的目标。

（3）企业的人力资源核心价值观体现在制度的完善上

人力资源核心价值观不是单一的价值观，不是没有目标的价值观，不是凌驾于制度上的价值观，更不是领导决定的价值观，而是员工自我实现的价值观，员工在自我实现过程中满足了企业发展所需要的共同性。所以核心价值观体现在制度上是非常准确的，特别是核心价值观是现代企业制度精神下的产物，是一种看似无形、实则有形，真实存在的价值体系；是融合于制度中的一种团队意识和团队文化。所以制度的不断完善也促进了现代企业向着更高的目标迈进，向着更为科学的方向发展。

3．建立和完善人力资源核心价值观的重要措施

（1）企业人力资源核心价值观的建立

从现代企业的发展来看，人力资源核心价值观的建立应该是科学的，是一种资源的回归，是企业需要重点培育的内容，这种培育本身基于一定的规模，并且这种规模是企业发展过程中需要特别强调的，也是要重点去做的。从这个角度出发，对于人力资源核心价值观，从发展上来说，企业要重视以下几个方面：

首先，提倡科学的发展理念和定位，注重以人为本的企业文化建设，有序地提高员工的工作积极性和归属感，尤其是要使人力资源引进的评估体系达到和满足企业核心价值观的需要；其次，要发展和培养对企业忠诚、愿为企业投入的员工，对于这样的员工要重点进行培养并且使其拥有更好的发展空间；最后，要对每一名员工进行核心价值观的培训，让他们紧跟企业发展的理念，做到价值观的统一，以更好地为企业的发展出力。

（2）加强绩效考核和善意提醒

加强绩效考核主要是让每一名员工都在一个完善的制度里工作，每一名员工的付出和所得与其自身的努力是分不开的。善意提醒中的善意是由两方面构成的：一方面，企业要成立员工评估委员会，由企业工会牵头进行，对员工定期进行评估，评估结果不公开、不予评论，旨在让员工有自查自纠的意识，这保障了员工的个人利益，并且给予了其充分的信任和时间，员工通常会因为这样的处理而感到自身受到了尊重。尊重是个人发展最有力的助推器，一个被人尊重和尊重别人的人会是一个有理想、有目标、可以改变现状的人。另一方面，员工可以通过工会提醒他人，这种提醒是相互促进和相互鼓励，而不是"恶人先告状"，通常由工会主持，内部消化，这样就达到了善意的目的，而且实现了效率的倍增。

（3）科学的培训和日常的定型

对于一些新进的员工，企业要进行科学的培训，培训效果直接关系到员工下一步的定型。但是，一般的企业只对新进的员工进行培训而没有定型，培训结束后，新进的员工容易遗忘培训内容，这样会给日后的工作带来很大的隐患。企业在完成培训的基础上要对新进的员工进行定型，如同练拳一样，学会了动作，还要通过反复操练来定型。每一天都会有人对新进的员工进行善意的提醒，直到其度过实习期，成为一名正式的员工。

现代企业的发展离不开人力资源管理，而现代企业越来越重视制度先于人的管理方法，在这样的背景下，建立和完善人力资源核心价值观变得特别重要。

二、人力资源管理系统构建的基点

人与组织之间的矛盾是人力资源管理的基本矛盾，如何正确处理组织与人之间的矛盾关系，平衡相互之间的利益，是人力资源管理研究中的一个难解之题。人力资源管理系统构建的基点有两个：一个是组织中的职位，另一个是人。

要厘清人力资源管理系统构建的基点，就必须把握三大系统、一个矛盾和三种模式。三大系统是人力资源管理系统构建基点的基础，包括组织系统、职位管理系统及胜任能力系统；一个矛盾是指人与组织之间的矛盾，是人力资源管理模式转变的原因；三种模式是指人力资源管理的三种模式，包含基于岗位的人力资源管理模式、基于能力的人力资源管理模式，以及基于"岗位＋能力"的复合式人力资源管理模式。

（一）组织系统研究

任何企业在确定了使命、愿景和战略后，都必须使使命、愿景、战略在组织和管理上有效地落实与传递。因此，组织设计就成为在企业的目标系统与人力资源管理系统之间进行衔接的桥梁和纽带。组织设计的原理主要包括组织模式选择、部门设置和流程梳理。

所谓组织模式选择，即要确定企业采用什么样的组织结构类型，主要包括直线职能制、事业部制、集团公司制、项目制、矩阵制等。其中，最为典型的当数直线职能制、事业部制和矩阵制；集团公司制在运作方式上与事业部制大体相似；有的项目制的组织结构可以看作一种动态的事业部制，有的则趋近于矩阵制。

在直线职能制结构中，组织从上至下按照相同的职能将各种活动组合起来。所有的工程师被安排在工程部，主管工程的副总裁负责所有的工程活动。市场、研发和生产等方面也一样。

事业部制结构，有时也被称为产品部式结构或者战略经营单位。企业通过这种结构可以针对单个产品、服务、产品组合、主要工程，项目、地理位置、商务或利润中心来组织事业部。事业部制结构的显著特点是基于组织产出的组合。事业部制和直线职能制结构的不同之处在于，在事业部制结构中，企业可以对其重新设计并分立产品部，每个部门又包括研发、生产、财务和市场等职能部门。各个产品部门内跨职能的协调性增强了。事业部制结构鼓励灵活性和变革，因为每个组织单元（即事业部）变得更小，能够更加适应环境的需要。此外，事业部制结构实行决策分权，由于权力在较低的层级（事业部）聚合。与之相反，在一个涉及各个部门的问题得到解决之前，直线职能制结构总是将决策压向组织的高层。事业部制的结构可以按照产品来划分，即产品事业部制结构；也可以按照区域来划分，即区域事业部制结构。

还有许多结构并非以单纯的直线职能制、事业部制的形式存在。一个组织的结构可能会同时强调产品和职能，或产品和区域。综合两种特征的一种典型的结构就是混合制结构。当一家企业成长为大型企业，拥有多个产品或市场时，该企业通常会成立若干个自主经营的单位，同时对每种产品和市场都重要的职能会被分权至自主经营的单位。然而，有些职能也会被集权，由总部集中控制。总部的职能是相对稳定的。整合直线职能制和区域事业部制结构特征的企业，会兼具两者的优点。

矩阵制结构的独特之处在于事业部制结构和职能制结构（横向和纵向）的同时实现。

与混合制结构将组织分成独立的部分不同，在矩阵制结构中，产品经理和职能经理在组织中拥有同样的职权，员工负责向两者报告。当环境一方面要求专业技术知识，另一方面又要求每个产品线能快速作出变化时，企业就能够应用矩阵制结构。当直线职能制、事业部制或混合制结构均不能很好地整合横向的联系机制时，矩阵制结构通常是解决问题的答案。

企业要选择何种组织结构类型，主要取决于其战略、业务规模、产品的差异化程度、管理的复杂性与难度等方面。在确定了采用何种组织结构类型后，企业就需要对部门进行划分，即考虑设置哪些部门来实现企业的战略目标与功能。一方面，在直线职能制中，企业需要根据自身价值链的主要职能活动来设置业务部门，并围绕业务部门来设置管理部门。而在事业部制的组织结构中，企业还必须进一步考虑哪些部门应该在总部进行集中，以发挥集中化带来的规模效应；哪些部门应该分设在不同的事业部中，以充分激发事业部的活力。而对于矩阵制的组织结构，企业则必须结合直线职能制和事业部制的组织结构设计两种模式来进行考虑。另一方面，现代企业已经不再仅仅强调依靠部门的划分和部门之间、职位之间的职责界定来提高运行效率，而是更加突出流程的再造和优化对于企业效率，特别对企业的应变速度和反馈顾客的能力的影响。所谓流程，是指完成某一项具体工作的一系列步骤或者程序。企业为顾客提供的产品或者服务最终都要依靠流程来实现。企业的流程包含业务流程和管理流程，业务流程主要包括企业的研发流程、生产流程、销售流程和客户服务流程。管理流程包括企业的人力资源管理流程、财务管理流程等。每个大的主流程可以被分解为若干个小的流程，又可以将流程的每个步骤或者环节细分到一个个具体的职位上，从而使流程能够找到落脚点和具体的承担者。在 20 世纪 90 年代，企业界兴起了流程的再造与重组，即通过对组织的现有流程进行分析和梳理，寻找流程设计中缺乏效率的地方，并对整个流程的运行进行重新设计，从而大幅度提高企业的运行效率，降低企业的成本，提高企业对外部市场的反应能力和速度。

另外，在完成组织模式选择、部门设置和流程梳理的基础上，企业需要进一步对各部门的职能进行定位，并明确每个部门的职责与权限；再根据部门的职责与权限，确定部门内部应该设置哪些职位来完成部门的职责，每个职位应当承担何种工作职责与工作内容，每个职位应该由具备什么样的知识、技能、经验和素质的任职者来担当。对职位的设计和研究，企业也必须从流程的角度来进行考虑，研究职位在流程中所处的位置，明确职位在流程中应该扮演的角色、应该承担的职能和职责。这样，企业就可以从纵向的直线指挥系统和横向的业务流程两个方面来进行职位设计和职位分析，以保证职位能够满足企业的战略要求，并符合业务流程。这样就从组织设计的内容过渡到企业的职位分析与职位评价，从而实现了组织向人力资源管理的过渡。因此，组织设计是人力资源管理系统设计的重要基础。

（二）职位系统研究

"职位"是指承担一系列工作职责的某一任职者所对应的组织位置，它是组织的基本构成单位。"职位"作为组织的实体要素，通过任职者的行为与组织实现各种有形或无形的"交换"，对这种"交换"过程的解析是人力资源管理系统得以建立的现实"土壤"，而"交换"的性质和特征，以及交换过程中组织和任职者的反馈是实现人力资源管理系统运行有效性的根本动因。如何最大限度地激活双方的这种"交换"活动，实现组织和任职者的共赢，是人力资源管理乃至所有企业管理活动根本的出发点和归宿。

职位在整个组织运行中的地位由组织结构和流程所构成的二维坐标系所决定。从纵向角度来看，在组织的总体架构中，职位总是处于一定的层级中，面对上级的监督、指导，同时监督直接下级并为其提供指导，通过与这些纵向实体的"交换"活动，实现整个组织管理系统的正常运行；从横向角度来看，在组织的运行流程中，职位总是处于流程的某一环节或辅助环节，与流程的上游节点和下游节点实现"交换"，以保证组织运行流程的畅通。因而企业应从横向和纵向两个角度系统地审视职位，寻求职位与组织"交换"的关键点、职位对组织的"贡献"和职位向组织的"索取"。

从职位本身角度来看，职位是一个开放式的"投入——过程——产出"系统。投入是工作者的任职资格（知识、技能与能力）以及完成工作所需用到的资源，过程是工作者完成工作职责，而产出则是该工作（职位）所要达成的目标。这就构成了现实工作完成的逻辑，即任职者通过运用自身的知识、技能与能力，完成工作任务，以此来满足组织的需要。而诸如工作关系、工作负荷等内容，均可以看作这个系统所存在、运行的环境，对其起着重要的支持作用。

从上述对职位系统的认识可知，职位是人力资源管理体系运行的最为基层的土壤，如何最大限度地激活职位与组织的"交换"活动，是人力资源管理的基本命题。因此，对于职位系统的研究构成了人力资源管理体系的支柱之一。

人力资源管理系统对于职位的关注主要体现在两个方面：一是关注职位所包含的内在信息，包括组织中的职位结构、权责、任职资格要求、职位之间的关联等；二是职位的相对价值以及因此所决定的职位价值序列。职位分析和职位评价是人们获取关于这两方面信息的基础性工具。

人力资源管理系统不是建立在单一的岗位基础之上的，而是建立在职位管理系统之上的。职位管理系统是建立在对企业业务结构、组织结构与流程的深刻认识与理解基础之上的，包括职能体系、职类体系、职种体系和职位体系。职位管理系统是现代人力资源管理系统双轮驱动要素中的一个，对人力资源管理系统中的其他职能模块起支撑作用。

（三）胜任能力系统研究

"胜任能力"的核心思想是对当时盛行的智力测试、性倾向测试、学习能力测试等心理测试进行批判。传统心理测试并不能很好地预测工作者在未来工作中的表现，应发展新的、更有效的测试来满足甄选人员的需要。他提出人的工作绩效由一些更根本、更潜在的因素决定，这些因素能决定人在特定组织环境中的绩效水平。当时研究的重点主要集中在胜任能力特征的建立上，以及如何发展能力特征及将其变成可操作、可量化的标准。

后来胜任能力的研究者提出了胜任能力的冰山模型，把人的胜任能力素质分为冰山之上和冰山之下两部分：冰山之上的知识、技能称为外显特征；冰山之下的态度、驱动力、人格特质等称为内隐性特征。

在新经济时代，知识型员工已经成为员工队伍的主体，员工的能力成为企业竞争力的源泉，人与组织之间的矛盾也变得越来越错综复杂。人与组织的关系已经不再局限于人与职位的关系，还包含人与组织文化、人与组织战略、人与业务模式、人与业务流程等的关系。这就使得人力资源管理研究的立足点不再局限于职位，而越来越关注对人本身的正确认识和理解。决定绩效的素质要素既包括一个人专业知识和技能等表层因素，还包括个性、品质、价值观和内驱力等深层次的素质要素。这也使胜任能力研究由关注个人胜任能力转变为关注全面的胜任能力。现在的胜任能力体系包括以下几个层面的内容。

1. 全员通用的胜任能力模型

全员通用的胜任能力模型就是所谓的核心胜任能力模型，这是基于企业的战略、文化以及产业特性对人的需求，是一个组织的员工所必须达到的最基本的素质。例如，有的企业要求员工有创新性，但有的企业则要求员工情绪稳定，不需要有太多创新思维。

2. 专业胜任能力模型

从事某个专业领域工作所必需具备的素质和能力，即专业胜任能力。这种胜任能力模型是基于职业发展通道、职类职种构建的。例如说，从事人力资源管理工作、营销工作、财务工作等需要具备的素质。专业胜任能力模型是根据业务模式及流程对人的素质要求演绎出来的。

3. 从事特定岗位所需要具备的胜任能力

从事特定岗位所需要具备的胜任能力既包括专业知识和技能，也包括人的品质、价值观、动机等内隐性特质。

4. 团队结构素质

团队结构素质主要基于团队任务的分析，基于人与人的互补性组合，研究具备不同素质的人怎样搭配才能产生互补性聚合效应。

目前，胜任能力在层次上的应用非常混乱，不同的企业运用的模型不同并且十分单一。实际上，企业必须在四个层次上同时应用胜任能力，胜任能力体系才能真正成为现代人力资源管理系统双轮驱动要素中的另一个，才能真正产生价值。

（四）人与组织之间的矛盾及新变化

1. 人与组织之间的矛盾的主要体现

（1）人与组织整体之间的矛盾

人与组织整体之间的矛盾主要是指人和组织在战略和文化上相适应的问题，人的素质与能力要与企业的战略、文化、核心能力相匹配，要保持组织和人同步成长和发展，使人的内在需求能够在组织中得到满足，个人价值得到实现；同时，人也要符合组织战略与文化的需求，使其个人目标与组织目标保证一致。人与组织的整体协同又包括三个层面的内容：第一，整个企业的核心人才队伍建设要与企业的核心能力相匹配，以支撑企业核心能力的形成；第二，企业的人才结构要符合企业业务结构与发展模式的需求，要依据企业业务结构的调整与优化进行人才结构的调整与优化；第三，个体的能力要符合企业战略和文化的需求，个体要认同组织的文化，形成自己的核心专长和技能。

（2）人与职位之间的矛盾

人与职位之间的矛盾主要是指人与职位的适应性问题，人要符合岗位的需求，人的能力和岗位的要求要相互匹配，也就是人与岗位的动态配置问题。人与岗位的动态配置主要体现在两个方面：第一，个体素质要符合关键岗位和特定岗位的需求；第二，人的素质和能力要符合所从事的某一个专业领域的能力需求。

（3）组织中人与人之间的矛盾

组织中人与人之间的矛盾主要是指组织中人与人的能力匹配和团队人才组合的问题，即组织中人与人之间的有效配置问题。在知识型组织中，人通常不是固定在某一个点上（职位），而是在一个区域里面运动，跨团队、跨职能的团队运作是主要的组织工作模式；人力资源管理的矛盾更多地表现为人与人之间的关系，人与人之间的个性互补与能力匹配，人在团队中的角色定位与位置。要实现人与人之间的有效配置，企业就要研究人才的互补性聚合效应。

2. 人与组织之间的矛盾新变化

传统的人力资源管理关注解决人如何适应组织与职位的问题，而忽视了组织与人的相互适应及人与人之间的互补协同关系。伴随组织与人的关系日益复杂与多变，人力资源管理面临着许多新的矛盾。

进入新经济阶段，企业的人力资源管理发生了重大的转变，人力资源管理的基本矛盾进入一个新的阶段，矛盾的两个方面——组织与人，同过去相比都发生了很大的变化，这使得组织中人与组织、人与职位、人与人之间的关系都出现了很多新的特点。

（1）组织和工作的变化

在新经济时代，组织所面临的环境越来越不确定，客户的需求呈现多样化、个性化的特点，组织的模式以及员工的工作模式要适应客户需求的变化而不断变革。组织变革与创新成为一种常态，这使得职位关系日趋复杂，职责越来越模糊，职位分析缺乏对战略、组织、流程的整体适应能力，这就造成了职位的不确定性，组织中的工作或职位不再像过去那样是稳态的，而是动态的。组织和组织中的工作出现的新特点具体表现在以下几个方面：

第一，组织设计的基点发生了变化，组织设计在过去是基于目标和功能的，现在则是基于战略业务发展的需求和客户发展导向的。客户需求是不断变化的，而且是多样化的、个性化的。组织要基于客户价值和客户需求，不断地进行相应的调整和变化。一方面，组织要适应快速的变化，对客户需求作出快速的响应，这就需要不断地缩短流程；但另一方面，由于组织制衡的要求，有些流程不是要缩短，而是要延长。在过去以生产为核心的专业化分工体系下，组织的制衡机制和协调机制是通过两个要素来实现的：一是通过部门分工进行制衡和监督，二是通过权力来协调。现在提出建立客户价值导向的组织，很重要的一条就是基于流程来进行制衡，即建立责任与流程体系，通过流程节点进行制衡，通过流程来建立基于客户价值的责任体系。所以，在组织扁平化的条件下，流程成为主要的制衡机制，流程并不是越短越好，有些流程是需要延长的。

第二，在传统的组织中，职位是稳定的，工作是确定的，职责是清楚的；而现在的工作越来越不确定，职责也变得不清楚。因为组织不断在变，流程不断在变，原有的职位可能会消失，职位是处于动态变化中的。

第三，过去的许多工作是重复性的、可复制的；而现在的许多工作是创新性的、难以复制的，有很多额外的工作内容。

第四，过去的组织部门之间以及各岗位之间的边界是清晰的，分工是明确的；而现在的组织当中，岗位之间的边界并不清楚，职责划分并不明确。尤其是在网络制组织结构和矩阵制组织结构中，一切以市场和客户为核心，岗位之间的边界是模糊的，甚至是重叠在一起的。

第五，过去的工作是按照直线职能制进行专业化分工的个人工作模式，追求个人的专业化；而现在更多的是围绕一项目标或任务进行人才的组合，采取项目性和跨团队、跨职能的团队工作模式，以追求人才组合的协同性。

第六，对员工来讲，过去强调更多的是单一技术要求；而现在则是多种技能的综合要求。

第七，过去在组织中处理组织与人之间的矛盾，协同各个部门之间的关系，最基本的准则是权力法则，是来自更高层级的协调；而现在处理组织和人之间的矛盾则是基于客户和市场的需求，更强调责任和能力，各部门之间也是基于市场与客户的需求同级自动协调的。

（2）人的变化

在组织和工作发生巨大变化的同时，组织中的人也发生了很大的变化。员工已经成为企业的主体，员工的能力成为企业竞争力的源泉。组织中人的变化主要表现在以下几个方面：

第一，知识型员工更具有工作自主性，有自我尊重的需求，个性张扬。人对工作自主性的要求、对自我实现的需求、对个性的诉求，比以前任何一个时期都得到了更多的重视。

第二，人的素质结构要素变得越来越复杂，既有冰山之上的显性素质要素，又有冰山之下的隐性素质要素。决定绩效的能力要素既包括一个人所具有的专业知识和行为方式等表层的因素，也包括个性、品质、价值观和内驱力等深层次的素质要素。组织对人的个性、价值观等深层次的素质要素的需求越来越强烈。"人的素质"的内涵变得更加丰富而复杂多样。

第三，人的需求变得更加复杂，知识型员工的需求是复合性的。知识型员工既有低层次的物质需求，也有高层次的知识和精神需求，各层次需求交织在一起，具备复合性。在这种条件下，人的需求是十分复杂的，并不像马斯洛的需要层次理论描述的那样层级分明——先满足了低层次的需求，再转而追求高层次的需求。知识型员工的需求要素是重叠的、混合的，不同层次的需求相互交织在一起。

第四，知识型员工的参与感越来越强烈，对于沟通、理解和信任有着越来越多的需求，工作自主性和个人潜能的发挥越来越重要，员工对于发展机会和空间的需求比以往任何时候都更为强烈。

第五，人与人之间的关系处理起来更加复杂。

总之，在新经济时代，组织和工作都发生了巨大的变化，人本身也发生了巨大的变化，组织、职位和人都变得更加复杂。组织和人的变化激发了人力资源管理的基本矛盾——人与组织之间的矛盾的进一步深化，而人与职位之间的矛盾、人与人之间的矛盾也比以往任何一个时期都更加深刻，影响更加广泛。

第二节　人力资源管理信息系统的构建方法与意义

一、人力资源管理信息系统的构建方法

（一）构建人力资源管理信息系统的准备

人力资源管理部门需要统一制定规划，明确目标，统一标准，建立规范的数据库，实现信息的共享。在项目初期阶段，人力资源管理部门应该认真分析企业的现状和基本情况，从而建立完善的人力资源管理信息系统的需求分析，对系统构建的原则以及目标进行明确。人力资源管理部门与各级管理人员进行良好的沟通，做好构建企业人力资源管理信息系统的准备工作，特别是要结合系统使用人员和中高层领导的意见，对系统的结构、数据库以及运行的环境和安全级别进行科学设计，以满足各类人员的需求，建立畅通的沟通渠道。基于现代管理理念与管理手段相结合的人力资源管理信息系统不仅是一个管理系统，而且也是一个技术系统，在该系统中应用了各种信息技术，大大提升了工作效率，并且为管理者提供了准确有效的信息数据，辅助其进行管理和决策。因此，该系统中的技术要素、高素质的管理人员和管理理念是其核心内容。

（二）人力资源管理信息系统的构建

1. 如何设置企业人力资源管理信息系统的功能及其架构

人力资源管理的各个领域都可以由企业人力资源管理信息系统提供支持，如为人力资源规划、招聘、人员信息管理、合同管理、休假管理、绩效考核、离职管理、薪酬福利管理、培训管理等各个方面提供支持，并提供统计、查询、输入、输出、审批等功能。

此外，从系统的功能架构上来分析，企业的人力资源管理信息系统应分解为三个层面：①基础数据层，包括员工在企业内不断变化的动态数据，如工龄、司龄、岗位信息等。②业务处理层，包括主要业务流程和功能操作的功能处理，这些功能将在日常管理工作中不断产生和积累新的数据，如绩效考核数据、考勤休假数据、薪酬数据、培训数据等。③决策支持层，通过基础数据和业务数据的数据库支持，并通过对有效数据的统计和分析，可以得到决策层所需要的数据，增强人力资源管理的效率，便于企业战略层从总体上把握人力资源的方向和动态。

此外，人力资源管理信息系统在报表输出和数据转换方面也能提供有力支持。人力

资源管理信息系统不仅能提供大量基础数据报表，同时还能按照业务需要对现有报表进行修改。

2. 人力资源管理信息系统的实施阶段

（1）需求分析阶段

有效分析和研究企业人力资源管理现状，才能进一步促进人力资源管理信息系统的实施，对人力资源管理信息系统的各项功能以及其实施情况和范围等进行有效确定，并依照实际，认真选择企业人力资源系统的解决方案，分析其客观的功能需求。

（2）方案选择阶段

在选择人力资源管理信息系统方案的过程中，企业必须要对自行开发还是外部开发进行确定。自行开发需要投入的成本不高，但因相关人员不熟悉人力资源管理的业务与流程，必须要先进行业务理解和流程梳理等工作，所以会延长开发的周期，也可能会出现不严谨的系统流程。而相较于自行开发，外部开发的相关人员在此方面具有较多的业务经验，不需要人力资源管理部门协助，所以更利于人力资源管理信息系统的构建。

（3）实施阶段

第一，明确系统的功能需求。人力资源管理部门在完成企业的人力资源管理体系的优化和流程的梳理后，可以将现有的管理工作和流程进行规范化、标准化、系统化。这样的梳理有利于系统的功能设定合理化，系统开发人员依据具体的需求和流程合理设置每一个功能模块。系统的功能梳理和功能模块的设定是整个项目实施的基础，对项目的实施起着至关重要的作用。在流程的梳理和模块的定制阶段，系统的应用者应与系统的开发者进行良好的沟通，对系统的需求分析进行及时确认，避免在开发过程中不断提出新的零散需求或在正式开发后不断修改需求。

第二，数据整理与分析阶段。人力资源管理部门根据系统的功能对现有数据进行分析与整理，以形成标准化的各类电子表格，并通过标准化的电子表格将数据导出至系统的数据库中，从而建立起系统数据库。对系统数据进行整体分析与规划是使人力资源管理信息化至关重要的一部分，整个系统的信息集成能够使得系统的数据模型不断升级，不断稳定。

第三，系统的应用与反馈。在系统应用前，企业首先要对系统的使用人员进行技能培训，以帮助其尽快熟悉系统，了解在系统使用过程中、在功能设定中可能会出现的问题及数据信息的流畅程度。根据系统使用的反馈，开发人员在后续的改进和升级服务中，进一步调整系统的基础功能，使系统的运行更加流畅，使系统的易用性及可行性进一步加强，系统集成性进一步提高。

（三）构建人力资源管理信息系统的方法

1. 提高企业管理者对于人力资源管理信息系统的重视

任何一家企业在其发展过程中都是由企业管理者来为企业制定长远的发展战略的，企业管理者在企业中具有绝对的企业人事调配权。因此，如果企业管理者对于人力资源管理信息系统的构建不够重视，那么人力资源管理信息系统就难以在企业中真正发挥出作用。应用人力资源管理信息系统能够保证企业管理者得到准确且完整的企业人才数据，并且能够及时了解企业中所有人才的信息。人力资源管理信息系统能够为企业管理者既定的发展战略提供服务，但前提是企业管理者重视人力资源管理信息系统。如果在使用人力资源管理信息系统的过程中出现了人力资源管理部门的业务流程问题以及其他问题，那么企业管理者需要妥善处理，防止出现由于使用人力资源管理信息系统而损害部分员工的利益的情况。另外，在应用人力资源管理信息系统的时候，企业中所有部门的员工要积极配合人力资源管理信息系统的信息录入工作，同时企业管理者需要做好人力资源管理信息系统的宣传工作。

2. 规范企业中的业务体系

人力资源管理信息系统依赖于计算机对信息的高效管理。对此，企业管理者必须要意识到，要想利用人力资源管理信息系统得到有效信息，就要使企业计算机管理系统规范地处理信息，同时严格管理计算机管理系统中的数据接收、加工、保存、输出等环节。在使用计算机管理系统的时候，企业管理者可以利用计算机管理系统将所得到的问题进行细化，即将一个大问题逐一分解成若干部分。企业管理者在分化问题时需要注意，所有部分的问题都应当是规范且有规律可循的，否则计算机管理系统将没有办法针对问题给出正确的信息，也就是说，企业管理者没有办法根据计算机管理系统所提供的信息作出正确的决策。人力资源管理信息系统的使用特点就是其能够将各个不同业务模块信息进行有效的加工，同时给出最为合理且规范的答案，这也是当前很多企业开始应用人力资源管理信息系统的原因之一。企业管理者能够利用人力资源管理信息系统所给出的信息，并结合市场实际情况，作出帮助企业发展的决策，因而人力资源管理信息系统对于企业管理者来说是一种最好的企业管理辅助工具。

企业管理者需要注意到，由于数据量很大，变换相对频繁，在使用人力资源管理信息系统时必须严格按照使用步骤逐一完成，提高对人力资源管理信息系统的管理力度。企业中所有部门管理者在应用人力资源管理信息系统时要注意，人力资源管理信息系统所涉及的数据采集、数据更新或者是其他方面都需要严格保证数据的真实性。因此，在应用人力资源管理信息系统的过程中，企业管理者需要建立相关的保障制度，规范企业中的业务体系；将企业业务管理体系落实到程序性文件，做到每一个操作都可以有章可循，减少甚至杜绝各种特例的出现，这样才能确保人力资源管理信息系统在企业中的正常运行，并且使其为企业发展作出贡献。

3. 提高企业中维修管理技术人员的专业素养

想要在企业发展中确保人力资源管理信息系统的应用稳定性，就需要提高企业中维修管理技术人员的专业素养，这要求企业管理者在企业中建立一支具有高素养的技术稳定的队伍。为此，企业管理者可以在企业专门建立人力资源管理信息系统维修机构或者是信息中心，将技术落到实处，保证企业在应用人力资源管理信息系统出现问题时，维修管理人员可以第一时间将问题解决，同时维修管理人员也可以根据企业的实际发展对人力资源管理信息系统进行更新和改进。

计算机管理系统负责人需要负责整支队伍的协调工作、维修管理进度的控制工作、数据分析工作以及对所得到的数据进行检查，在企业管理者作出企业发展长远决策的时候给予其科学的意见。企业管理者需要对信息进行系统的分析，同时还要定期对人力资源管理信息系统维修管理人员进行技术培训，确保所有人力资源管理信息系统维修管理人员的自身专业性领先于其他企业。维修管理人员还需要定期检查各个部门系统运行的效果。人力资源管理信息系统的维修管理人员也是企业在运行和构建人力资源管理信息系统时的最主要人员，为了能够保证人力资源管理信息系统的稳定，可以在各个部门配备 1~2 名专业人员，负责简单的系统维护工作。人力资源管理信息系统一旦出现问题就会导致整个企业崩盘，如果企业管理者在应用系统时忽略了后期的维护，就会使所有的努力都近乎白费。

企业在招聘人力资源管理信息系统的维修管理人员时需要做到认真甄别，以保证维修管理人员的专业素养。

4. 投入大量的资金

企业在构建人力资源管理信息系统的前期需要有大量的资金投入，在应用系统时也需要投入大量的资金。当前，虽然很多企业在选择人力资源管理信息系统的时候都会投入大量的资金，但是忽视了对后期维护的资金投入，乃至有很多企业认为人力资源管理信息系统对于企业发展来说没有意义。后期维护资金是保障人力资源管理信息系统能够在企业中发挥出更大的效益、为企业发展带来更多价值的主要因素。

（四）人力资源管理信息系统的维护与管理

在人力资源管理信息系统的实施过程中，系统的维护与管理也是重中之重。为确保信息维护的及时到位，审批流程的顺畅，信息访问的安全，企业管理者要合理规划系统的管理、访问、使用者的各层级权限，制定相关的人力资源管理制度和流程，对信息化管理进行辅助管理，使得使用者明确自己的使用权限与责任，熟悉系统安全保密须知。

同时，人力资源信息系统的管理需结合企业总体战略及人力资源总体战略规划，使信息化管理更具有效率。

二、构建人力资源管理信息系统的意义

人力资源管理作为企业管理的重要内容之一，对于提升企业的核心竞争力和可持续发展能力有着非常重要的影响。然而长期以来，人力资源管理工作受日常行政事务的束缚，传统的管理工作模式现已很难满足现代企业的发展需要。人力资源管理系统的发展和应用为人力资源管理提供了强大的支撑，成为推进我国企业人力资源管理信息化建设的重要途径。

构建人力资源管理信息系统的意义主要包含以下几个方面：

（一）有助于提高企业人力资源管理的效能

人力资源部分是企业职工整体管理的主体，人力资源部门虽然不对企业职工的具体工作内容和时间进行规划和管理，却对员工的薪资计算、社会保险的缴纳、请假、出勤等情况进行统计和管理，属于具备综合性和系统性的管理。人力资源管理可以实现企业人力资源效能的最优化组合，从而使得单位工作能够获得创新性的发展，用以提高企业员工的工作效率。

（二）有助于简化管理流程，节省工作人员的时间与精力

企业人力资源的管理办法是不断发生变化的，它受企业的发展需求和当前策略的影响。企业人力资源管理工作不仅仅包括企业人员的资料管理、人员的分配和调动等，很多企业的人力部门还负责绩效的考核、社会保险的缴纳及企业员工出入境材料的管理等工作，单纯依靠人力很容易在某个环节出现错误，而计算机强大的信息归档和处理能力可以很轻松地完成这些工作。企业可以通过向软件制作商或者网页制作者提供具体的需求，针对企业独有的需求开发出的人力资源管理系统就能够很容易地完成各个环节的管理工作，例如人员的薪资情况、退休人员的数量统计等，进而节省工作人员的时间与精力。

（三）有助于及时发现管理过程中的疏漏

人力部门负责的工作很多，管理的人员数量也很多，因此在管理的过程中人力部门的工作人员难免会出现一些疏漏或者是遗忘一些事情。信息化管理能够有效避免这些问题。例如，当有的员工合同到期需要续签的时候，当事人和人力资源管理部门很难想起这件事情，但是如果在系统中预先设置过提醒功能，在合同快到期的时候系统就会发出提醒消息。绩效考核是人力资源管理的重要内容，很多单位的绩效系数是根据具体科室的效益或者各科室承担的生产任务确定的，同时和岗位的性质也有很大的关系，如果个别人的绩效由于人力部门的工作人员不小心输入错误，而跟以往的工资差别较大或者是跟同等级人员的差距较大时，系统就会出现提示或者报错，这样可以方便工作人员及时实施修改，及时弥补疏漏、完善不足。

此外，企业人力资源管理信息系统为企业的高效运营提供了强大的支撑作用，改变了传统企业人力资源管理的模式。人力资源管理信息系统可以有效集中和集成分散的各类信息，并通过该系统进行统一分析与分类，使得人力资源管理工作的准确性得到大幅提升；企业高层领导也可根据这些有效数据，进行科学决策。企业人力资源信息化管理系统将各模块信息进行统一联系，使其形成一个整体，不仅大大增强了企业人力资源管理的效率，实现了无纸化信息管理，也使得企业人力资源管理的成本进一步减少。企业管理者可以对人力资源管理信息系统中的各项制度及流程进行有效梳理，使人力资源各个模块的各项管理流程更加系统化、合理化。这样可以加速信息的传递，细化各流程的管理内容，降低审批延迟、权责不明或控制不严等问题出现的概率。

第三节　人力资源管理组织系统的构建

一、非营利组织的人力资源管理

近些年，非营利组织多次发生信任危机事件。危机事件发生后，由于工作人员的处理方式不够恰当，导致非营利组织的运行难以持续，这就说明在非营利组织的发展过程中缺少一支专业化的人才队伍，缺少合理的人力资源管理制度。非营利组织作为不以营利为目的的组织，其目标主要是为社会提供公共服务，涉及的范围很广，包括慈善、教育、环保等。其具有非营利性的特征，服务于社会的需求，在社会中扮演着公共服务的提供者、公共精神的倡导者、公共政策的参与者和公共关系的协调者等重要角色。非营利组织的人力资源管理是指非营利组织对一定范围内的人力资源进行规划、获取、维持和开发等一系列的管理活动。伴随社会的进步，人才资源越来越取代传统的资本成为组织发展的重要因素，而不以营利为目的的非营利组织能够给予组织中人员的薪酬较少，造成了非营利组织人员的大量流失。这时，人力资源管理工作开展得好坏就成为非营利组织生存力与竞争力强弱的标志。只有对非营利组织的人力资源进行合理管理，才能不断提高非营利组织的专业水平，确保其可以不断地发展与壮大，为社会提供更好的服务。促进非营利组织人力资源管理发展的对策如下。

（一）加大对专业人才的培养力度

非营利组织要想持续健康发展，必须对其人力资源进行合理有效的管理，这就需要更多专业化的人才。应建立健全非营利组织内部人员的继续教育制度和专业知识培训制度。非营利组织可以定期开展相关培训，为提升现有人员的专业知识水平创造条件，不断提高人员的工作和服务能力。同时，非营利组织也要从外部吸收更多的专业化人才，政府也应提高对非营利组织人力资源的重视程度，将非营利组织中的人才培养纳入各地的人才培养计划当中，源源不断地向非营利组织输送高校优秀毕业生，即输送高素质人才。高校可以开办相关专业，从而为非营利组织培养更多的专业人才。

（二）营造良好的人力资源管理环境

非营利组织的生存与发展需要更多新鲜血液的注入，因而，非营利组织需要营造良好的人力资源建设环境，也需要政府加强对非营利组织人力资源管理的关注。一方面，政府可以对非营利组织给予一定资助，将非营利组织的专业人才队伍建设和培训费用纳入政府的财政预算当中，非营利组织的人才培养就可以依靠各地的财政，设立人才发展与培训基金，吸引更多的年轻人加入非营利组织当中。另一方面，政府可以给予非营利组织相关的政策倾斜，例如适当给予税收优惠，并引导社会各类资金向非营利组织人力资源管理流入，从而形成政府、社会等多方资金投入，为营造良好的人力资源管理环境提供助力。

（三）建立合理有效的激励与保障制度

为促进非营利组织的健康发展，必须制定合理有效的激励与保障制度，降低人员的流失率。非营利组织可以制定合理的薪酬制度，定期开展知识竞赛，设立丰厚的奖品，吸引员工参与，促进员工及时更新知识储备，自觉加强学习。此种方法既可以降低人员的流失率，还可以提高员工的专业化程度。从社会保障的角度出发，非营利组织的工作人员必须按照法律的规定与非营利组织签订劳动合同，以保护自己的合法权益。国家方面也应出台更多保障非营利组织从业人员利益的政策，着力解决非营利组织专业人员的医疗和养老等生活各个方面的社会保障问题。

二、公共组织的人力资源管理

随着管理模式的不断转变，组织在进行人力资源管理的过程中，要及时对传统的人力资源管理模式进行调整，提高管理效率，对职能进一步优化，特别是公共部门。公共部门在进行人力资源管理的过程中，要将人力资源管理融入公共服务中，加强对人力资源的规划和对人才的培训与考核。

众所周知，人力资源管理是组织管理中非常重要的部分，在企业的发展过程中发挥着非常重要的作用。尤其随着经济与社会的不断发展，只有在一些公共组织中进行有效的人力资源管理，才能更好地满足发展的需要。如今，社会对人力资源管理水平提出了更严格的要求，公共组织需要不断培养创新型人才，促进人力资源管理能力的提升，因为这影响着公共组织的发展，也将对人们的生活产生一定的影响。因此，需要对公共组织人力资源管理现状进行分析，了解其中存在的问题，并提出一定的解决策略，促使公共组织的人力资源管理实现信息化发展，逐渐建立开放式人才选拔机制，明确管理责任，从而促进发展。

针对当前公共组织在人力资源管理方面存在的问题，应从树立科学的人力资源管理理念、完善人才选拔、加强人才培训机制的建立、促进人力资源管理方式创新等方面进行改进。

（一）树立科学的人力资源管理理念

对于当前的公共组织人力资源管理，应结合公共组织的发展特点，树立科学的管理理念，要认识到人力资源管理的价值，加强对人才的培养。人是组织发展的关键生产要素，应积极转变人力资源利用方式，树立以人为本的理念，在实践中不断加强对人才潜能的挖掘。尤其是在人才引进后，要落实相关措施，可以留得住人才，发挥人才的作用，促进组织利益的实现。

（二）促进人才选拔机制的完善

在社会发展过程中，要对人才进行有效的管理，可对人才进行跨行业的选拔和培养，完善选拔机制，建立更为开放的人才选用机制，给予人才更多的展示机会，提高人才的利用效率。除此之外，应建立科学的激励机制，对有突出贡献的人员给予一定的奖励，提高其工作积极性。在使用人才的过程中，应尽量做到人才之间的优势互补，促进资源的合理配置，确保工作的顺利开展。

（三）建立科学的人才培训机制

在经济与社会的发展过程中，公共组织要充分利用信息技术来进行人力资源管理。尤其是在人才培训的过程中，要对人才培训机制进行完善，结合信息技术对人才培训课程进行适当的调整，将理论与实践相结合，打造公共组织人力资源的管理特色，开展科学的培训和实践，提升公共组织人才的综合素质和业务能力，促进人才积极发挥主观能动性，更好地为公共组织的发展贡献力量。

（四）促进人力资源管理方式的创新

在当前的公共组织人力资源管理中，要运用先进的管理方式改善人才资源管理效果，不断创新，引入竞争机制，优胜劣汰，对一些业务能力较差的员工进行岗位调整，使得他们不断提升自身素质。在当前的网络时代下，应利用多种方式进行人才招聘，打造优秀的人力资源管理队伍，对公共组织的文化进行传播，促进人才发展环境的优化，改善公共组织人力资源管理效果。

在当前的公共组织发展过程中，进行有效的人力资源管理，可使人才的优势得以发挥，对人力资源进行合理的配置，改善管理的效果。要深入剖析管理中存在的问题，采取针对性策略，创新管理方法，在人才选拔及培训机制建立与完善方面进行深层次应用，促进公共组织工作质量的提高，更好地为社会服务。

三、学习型组织的人力资源管理

学习型组织理论是当今较前沿的管理理论之一，它通过个人和组织的学习，将个人与组织的发展目标整合在一起，使组织持续保持创新能力和旺盛的生命力。随着社会的快速发展，工业时代已逐渐被知识经济时代替代，知识经济加速了企业的变革，企业持续的学习能力和创新能力成为企业核心竞争力的重要内容。在这种条件下，必须对传统的管理理念和模式进行更新。如今，企业竞争的焦点越来越多地聚集在人力资源上，企业人力资源的综合竞争力决定了企业能否在竞争中脱颖而出，学习型组织的人力资源管理是人力资源在管理理论和思想上的创新，是适应现代市场竞争的一种有效管理方式。

（一）组织学习与人力资源管理的关系

人力资源与组织学习之间有着辩证统一的关系。组织成员的能力得到充分发挥，能够增强组织人力资源管理的有效性。

1. 人力资源开发与管理需要组织学习

（1）组织学习适应了全球化的人力资源开发与管理

经济的全球化促使很多企业跨地域、跨文化经营，其中存在一些需要解决的新问题，比如跨文化经营中的人才本土化，母公司与子公司的文化磨合，母公司帮助子公司构建有效的人力资源管理系统，有效地调动母公司与子公司员工的积极性以提高工作效率等。经济全球化在很大程度上改变了人们的观念和行为，企业想要适应这些变化，就必须树立企业全球观。企业全球观的培育是一个长期的过程，要持续进行企业文化的变革，建立全球性的知识库和通信系统，通过全球性的跨文化培训等方式来培育企业的全球观。此外，组织学习可以增强企业的学习和创新能力，有利于整合并更新组织信息，有利于建立全球性的战略协调机制。

（2）组织学习有利于激励知识型员工

激励是人力资源管理的核心内容，在知识经济时代，知识型员工在组织中的比例越来越大，知识型员工是维持组织生存与发展的重要资源。根据需求层次理论，对知识型员工的激励应该是满足其较高层次的需求，即社交、自尊、自我实现等需求。学习是一种较高层次的需求，能够促进员工的社交、自尊、自我实现等高层次精神需求的满足。因此，组织学习是对知识型员工的有效激励方式，可以满足知识型员工高层次的需求，从而促使知识型员工最大限度地发挥其创造力。

（3）组织学习是变革传统人力资源管理的需要

经济全球化改变了企业生存和发展的环境，加速了企业的变革，为了能够更好地适应这种变化，企业必须摒弃传统的控制型管理理念，实行现代化的指导与激励型管理理念，协调组织与员工的关系，注重组织的发展和员工的学习及创造能力，这些都会促使传统的企业人力资源管理发生重大变化。学习型组织能够将组织的发展与员工发展有机地结合起来，着重培育企业的凝聚力和创造力，使企业保持较强的竞争力。可见，通过组织学习建立学习型组织，能够适应人力资源管理体系变革的需要。

2. 组织学习离不开人力资源的开发与管理

人力资源是组织学习的主体，人是知识的载体，也就是学习的主体，因而是学习型组织的核心部分。知识经济时代，对员工的教育与培训是人力资源开发与管理的重要工作之一，且在现实背景下显得尤为重要和迫切。

良好的人力资源开发与管理有助于员工对组织内外部知识的学习。组织学习的过程是对知识的系统思考，即把个人的知识聚集化和系统化，使其符合"整体大于局部之和"的原则，这就要求组织激励员工把个体知识拿出来与大家共享，并创造一个合适的机会实现知识的共享。此外，组织文化与制度也起到了关键的作用，组织在提倡知识共享的同时应重视员工实现自我价值的需求。

因此，知识经济时代的人力资源管理，要求相关组织完成建设学习型组织的任务，建设学习型组织对于组织管理和人力资源管理都有十分重要的作用。建立学习型组织要汇聚五项修炼，即自我超越、改善心智模式、建立共同愿景、团队学习和系统思考。组织通过开展这五项修炼，可以形成一个较完善的组织学习体系，最终逐渐建立成熟的学习型组织，提高组织的人力资源管理系统完善程度，为组织总体战略目标的实现奠定坚实的组织结构和人力资源基础。

（二）学习型组织人力资源管理的新特点

学习型组织人力资源管理具有战略性。学习型组织将"学习"从个体层次的学习上升到组织层次，其人力资源管理也应从传统的员工招聘、培训、薪酬确定、绩效考核等目标任务上升到战略性人力资源管理，从而将人力资源管理的功能与组织的战略目标结合在一起。学习型组织理论把人力资源管理上升到战略管理层次。在不断发展变化的社会环境中，为发挥员工和组织的竞争优势，能够通过组织学习来提高人力资源的数量和质量，使人力资源开发与管理朝着组织战略目标方向发展。

学习型组织人力资源管理具有系统性。根据系统思考的观点，学习型组织不是相互独立的组织单元，组织单元与整个组织的需求和目标联系在一起。系统观点认为学习型组织是由若干子系统构成的，这些子系统中首要的是学习子系统，其余子系统都是学习子系统的附属部分。系统思考要求组织对各个子系统有一个全面的认识，且要在运作的更大的内外部竞争环境中加以深化。学习型组织的人力资源管理必须使人力子系统与其余子系统密切配合、协调运作。

学习型组织的人力资源管理将学习定位为投资。学习型组织将学习看作公司对未来的投资而非耗费，组织必须维持一定的物资储备和知识储备。通过培训等学习活动对人力资本进行投资，是组织储备必要知识的过程。许多企业日益重视员工的培训，在人力资源方面提出"全员素质大提升"等培训计划，实际上就是对学习型组织理论的运用。通过教育培训向组织和员工传授知识是实现人力资源素质全面提高的方法，也是实现组织学习创造能力的过程。教育培训不但是知识传授的过程，也是利用和开发人力资源的重要手段，通过教育可全面提高员工的整体素质，使员工的观念适应知识经济时代的要求，以实现人力资源开发的良性循环。

四、非政府组织的人力资源管理

近年来，非政府组织作为一支新兴的社会力量，伴随着广泛的经济、行政体制改革快速发展起来，在弥补市场缺陷方面发挥了不可替代的作用。

高绩效、高产出是绝大部分企业或组织追求的目标，根据现代人力资源管理理论，人的问题是各种战略问题的核心，如何有效地利用本组织的人力资源，充分发挥好人力资源的能动性与高增值性，对于实现非政府组织的战略目标、提升其提供公共产品与服务的能力，具有广泛的现实意义。

（一）加大政府扶持力度

我国的非政府组织是改革开放以来，在经济体制、行政体制改革，以及政府职能转变的过程中以不同领域为基础发展起来的，具备较强的专业性与针对性，能够更有效地提供政府无法提供的公共产品与服务。并且，由于非政府组织具有民间性，与基层群众联系比较紧密，因而能够处理好政府因人员不足、专业性不强而无法处理或处理不好的事务。为了更好地发挥非政府组织的作用，政府要积极转变观念、深化认识，重视非政府组织在提供公共产品与公共服务方面的特殊作用，加大财政转移支付力度。要将非政府组织培育发展资金列入财政预算，设立非政府组织发展基金，建立公共财政对非政府组织的资助和奖励机制，扩大税收优惠种类和范围，彻底解决非政府组织人力资源管理资金短缺问题，为非政府组织发展创造宽松的经济环境。此外，政府要积极探索建立有效的合作、引导机制，可以通过公开招标、政府购买公共服务等方式进行。一方面，可以拓宽非政府组织的资金来源渠道。另一方面，通过政府招标、购买，引起同行业非政府组织参与合理竞争，促进非政府组织内部各项机制的不断改进与完善。

（二）建立健全人员选拔机制，改善人员结构

是否拥有一支专业化、高素质的人才队伍，对非政府组织能否提供优质公共产品与服务、履行社会使命具有决定性的意义。

1. 转变认识，树立人才观念

非政府组织要认识到人才在完成组织目标、社会使命方面的关键性作用，制定科学合理的人才发展战略。

2. 制定规范的人员选拔标准

由于非政府组织的自发性、志愿性、非营利性及公益性等特征，其对人员的选拔也应具有特殊的要求。在对组织岗位、人员规划进行深入分析的基础上，按照人岗匹配原则选拔人员，明确招聘程序，除采用笔试来考察应聘者是否具有符合岗位要求的能力素质外，在面试过程中要重点考察其是否具有利他主义精神，是否具有崇高的社会理想。

可运用非结构化面试或情景模拟面试结合人格测试等方法考察应聘者的入职动机。

3. 建立高校人才联动机制

非政府组织在人员选拔过程中，能够利用其公益性积极深入高校选拔人才。一方面，在校大学生普遍接受过良好的教育，思想觉悟高，且年轻、专业性强、富有创造力。另一方面，在招聘过程中，可以扩大非政府组织在高校中的知名度，利于后续人才的储备。

（三）规范绩效考核

由于非政府组织的工作内容涉及政府、捐款人、提供产品和服务的对象及组织成员等多方面利益关系，所以对非政府组织的营运进行绩效评估就显得极其重要。非政府组织的领导者要转变观念，重视绩效考核。其必要性在于以下几点：

第一，绩效考核实际上是一种组织控制，不论什么样的组织，由于内外部因素的影响，其在运行过程中难免会出现偏差，这就需要绩效考核及时发现运行过程中存在的问题，从而采取纠偏措施，避免不必要的失误。

第二，由于员工在能力、素质及入职动机上存在着个体差异，对组织任务的完成度也有高低之分，通过绩效考核，对任务完成较好的员工可以给予适当奖励，激发员工的

积极性；对任务完成较差的员工，可以及时发现其不足，帮助其改进、成长。

第三，建立科学的绩效考核指标体系与方法。在非政府组织中，由于其非营利性、公益性的特点，员工的绩效很难以量化的方式进行考核，因此可以借鉴企业在绩效考核中使用的行为导向客观考评方法，围绕员工的行为建立绩效考核体系。该方法的典型代表有四类，即关键事件法、行为锚定等级评价法、行为观察法和加权选择量表法。这些方法的共同点是运用各种技术列举员工的工作行为，对员工在多大程度上可能出现这些行为作出定性或定量的评价。

五、公益组织的人力资源管理

近年来，公益组织不断发展壮大，然而在发展的过程中，公益组织也面临许多人力资源管理方面的问题，如招不到优秀的人才、人才流失严重等。人才是组织发展的根源，加强公益组织的人力资源建设尤为重要。要想促进公益组织进一步发展，就要针对目前存在的问题采取相应的对策，做好公益组织的人力资源规划、完善薪酬和社会保障体系、完善组织的激励制度、丰富培训体系并做好员工职业生涯规划等工作。

公益组织一般是指那些非政府的，不把利润最大化当作首要目标，且以社会公益事业为主要追求目标的社会组织。伴随我国市场经济的发展及服务型政府的建设，公益组织在经济发展、文化建设及和谐社会构建等领域的作用日益凸显。但是，在社会发展过程中，一些公益组织出现了招不到人、用不好人、留不住人等人力资源问题。在倡导"以人为本"的社会，人是组织发展至关重要的因素，甚至关乎组织的存亡。因此，公益组织的发展和内部管理水平的提高亟需科学完善的人力资源管理与开发来保障。

长期以来，我国公益组织在人力资源管理方面存在很多问题，造成公益组织的能力提升较慢，缺乏对人力资源的有效管理，直接制约了我国公益组织的进一步发展。因此，需要政府、社会、公益组织等共同努力，促进公益组织的良性发展。

（一）制定合理的人力资源规划

人力资源规划是在系统地了解组织中人力资源现状和需求的基础上，以组织目标为指导的系统战略工程。公益组织专职人员少且流动性大，公益组织的活动多以项目的形式存在，临时性强，因此公益组织的人力资源规划不能简单地从人员数量上进行分析，而应具有预见性和前瞻性。要及时掌握岗位数量和人岗配置情况，在了解了内部配置的基础上进行岗位需求分析，合理预测人员需求。做好人力资源规划，能够更好地保障公益组织各项工作的有效开展。

（二）完善薪酬和社会保障体系

薪酬是劳动者劳动的货币表现，合理的薪酬是对劳动者价值的尊重，也是吸引人才的重要因素。公益组织要想建立完善的薪酬体系就要全面考虑内外部因素，如法律政策、当地的生活水平和劳动力市场供求等外部因素，也要合理考虑组织的发展目标、运行情况以及财力状况等内部因素。公益组织要完善薪酬管理，除了自身管理水平的提高以外，还需要社会的关注和政府的资金投入、企业的捐赠等。另外，构建完善的薪酬体系不可或缺的是社会保障制度的保障支持，进一步完善员工"五险一金"的缴纳机制等，解除员工的后顾之忧。

（三）完善组织的激励机制

不同的组织由于性质、工作内容不同，在对员工的激励方式上也有差别。公益组织应贯彻以人为本管理理念，将内部激励与外部激励相结合，增强员工的责任感和集体荣誉感，肯定员工的价值，保持对员工的尊重，提倡员工之间的沟通交流，实现员工的自我激励和相互鼓励。组织应当积极营造良好的社会影响力，通过外部激励增强员工的组织认同感。

（四）丰富培训体系，做好员工职业生涯规划

一个组织要想不断发展壮大，就应不断提高其服务能力和水平，就必须对员工进行培训。对员工进行培训有利于提升员工的素质，使员工获得必要的知识技能，实现自我能力的提升。公益组织对于员工的培训不能仅靠其他组织的帮助，培训形式也不可单一，对于不同的员工、不同的岗位要有不同的培训方式。培训内容应多样化，除了知识技能培训，还应开展一些拓展活动，以培养员工的组织认同感和归属感。并且，做好员工的职业生涯规划，也是公益组织留住人才的关键。做职业生涯规划可以促使员工对自己的职业发展进行规划设计，有助于实现个人价值目标。职业生涯规划能够激发员工的积极性，既能充分发挥员工的潜能，为员工提供晋升空间，也能为公益组织培养人才，利于公益组织更好地发展。

第三章 员工的培训与开发

第一节 员工培训与开发系统的构建

一、员工培训与开发概述

（一）培训与开发的含义

培训与开发是企业进行人力资源管理时经常会提到的。一般，人们通常把培训与开发（Training and Development，T&D）放在一起，其实两者之间是有区别的。

传统观念中，培训与开发的区别见表 3-1。

表 3-1　培训与开发的区别

名称	目的	内容	对象	特点
培训	侧重于近期目标，提高员工当前工作的绩效	开发员工的技术性技巧，以使他们掌握基本的工作知识、方法、步骤和过程	员工与技术人员	具有一定的强制性

开发	帮助员工为企业的其他职位做准备，提高其面向未来职业的能力，同时帮助员工更好地适应由新技术、工作设计、顾客或产品市场带来的变化	培养提高管理人员的有关素质（如创造性、综合性、抽象推理、个人发展等）	管理人员	对认定具有管理潜能的员工才要求其参加，其他员工要有参与开发的积极性

伴随时代的发展，培训的作用日益突显和重要，目前两者界限已经没那么明显，无论是培训还是开发，都是企业与员工未来发展的需求，无论是什么员工，也都必须接受培训与开发。

（二）员工培训的意义与特点

1. 员工培训的意义

在知识经济时代，信息技术得到了前所未有的发展，知识更新的速度不断加快。人才要不被淘汰，必须不断学习，企业要想在全球化的竞争中立于不败之地，必须依靠高水平的人才。因此，无论是企业，还是员工，都有着培训的需求，而且，对员工进行培训确实有着重要的意义，可以实现员工素质的提升，企业竞争力的增强以及效益的增加。

（1）培训能够提高员工的职业能力

员工要胜任工作，必须掌握一定的职业能力，而培训是员工掌握职业能力，不断提高职业能力的重要途径。对于员工来说，面临着未来工作的新要求，必须掌握更丰富的知识，并具备创新能力，这样才能适应时代发展的要求。通过培训，员工能够获得知识的更新，从而提高工作能力，也有了晋升和加薪的可能。

（2）培训有利于企业获得竞争优势

企业无时无刻不面临着激烈的竞争，要在竞争中脱颖而出，必须具备高水平的人才。尤其是进入了知识经济时代，知识在企业发展中的作用日益显著，企业的员工必须具备广博的知识，还要具有研发新产品的能力。通过培训，企业员工可以积累知识、激发创造力，从而具备适应未来发展的职业能力。员工职业能力获得提升，就能在工作中提升效率，也能创新方法和技术，这些都是企业宝贵的财富，对企业在内外环境中的生存发展至关重要。因此，员工培训有利于企业获得竞争优势。

（3）培训有利于改善企业的工作质量

企业的工作质量对企业的可持续发展非常重要。只有工作质量改善了，企业才能提供好的产品和服务，才能在市场上有足够的竞争力，也才能在市场上立于不败之地。通过员工培训，员工在意识、知识和技能方面都得到了提高。员工在工作中更加负责、有干劲，工作更加熟练，提供的产品和服务更加优质，这也就改善了企业的工作质量。

（4）培训有利于构建高效工作绩效系统

随着知识经济时代的到来，企业中员工的角色发生了巨大的改变。以往的企业中，员工只是接受任务然后完成就行，而在现代企业，员工扮演着越来越多的角色，既要收集信息、还要共享信息，既要具备专业技能，还要具备人际交往能力。尤其是互联网技术的发展与应用，对员工提出了新的技能要求。员工接受培训，掌握时代所要求的相关技能，能够运用新的技术手段，更高效地处理工作中的问题。由此可以看出，培训有利于构建高效的工作绩效系统。

（5）培训满足了员工实现自我价值的需要

员工在企业中付出劳动获取薪酬福利，这满足了员工生存的需要。除此之外，员工还有更高级的追求，就是实现自我价值。实现自我价值，要求员工持续提高自我，不断迎接挑战。员工培训可以提高员工的技能水平和综合能力，有利于其自我价值的实现。

2. 员工培训的特点

（1）广泛性

员工培训的对象、培训的内容、培训的方式和方法都具有广泛性。无论是普通员工还是管理者，都需要接受培训，这是培训对象的广泛性；培训的内容有知识、技能和态度，这是内容方面的广泛性；按照培训对象和培训内容的不同，需要采取不同的方式与方法，这是培训方式与方法的广泛性。

（2）层次性

层次性是指员工培训具有不同的深度。企业有不同的发展战略，企业中的岗位不同，这些对知识与技能的需求不同，因此，决定了培训也要依据这种不同而进行，体现了培训的层次性。

（3）协调性

员工培训是一个系统，协调性是指员工培训要与企业发展的战略要求相协调，要与企业的发展现状相协调，还要与员工的数量和现实情况相协调。只有各个方面协调，才能保证员工培训的预期效果得以实现，也才能保证员工培训的顺利进行。

（4）实用性

员工培训要实现一定的目的，最直接的就是提高员工的技能水平，进而提高企业的生产效率，增加企业的效益，这就是员工培训实用性的最直接体现。员工通过接受培训，增长了知识，提高了技能，最根本还是要学以致用，将通过培训获得的知识，应用于实际的工作之中，为企业的发展作出实实在在的贡献。

（5）长期性和速成性

当今时代，人们必须不断进行学习才能掌握新知识，适应新形势，这就决定了员工培训的长期性。员工培训具有一定的针对性，是根据企业或员工的现实需求开展的，能够快速提高员工的技能，满足企业发展的需求，因此具有速成性特点。

（6）实践性

培训是对员工的培训，员工培训旨在为员工工作实践服务，因此员工培训具有实践性。要联系工作实际，采用有启发性的培训方法，使员工获得相关的技能，并能用于工作实践中。

（三）员工培训的内容与形式

1. 培训的内容

员工培训的内容与形式必须与企业的战略目标、员工的职位特点相适应，同时考虑适应内外部经营环境变化。一般地，任何培训都是为了提供员工在知识、技能和态度三方面的学习与进步。

2. 培训的组织形式

培训的目的、内容和对象不同，需要采用不同的组织形式。培训的形式是多种多样的；根据不同的标准有不同的分类形式。

（四）培训的目的及影响因素

1. 培训的目的

企业进行培训的安排一般有两大目的，分别是从员工和企业出发的。对员工来说，培训为他们提供了继续学习的机会，有助于他们提高知识、技能和观念，从而增强自身竞争力；对于企业来说，通过培训，员工素质得到提高，从而带动企业整体劳动生产率的提高，创造更大的经济效益。一般来说，在这两种目的有更大的交集时，培训的效果会越明显。

2. 影响企业培训的因素

企业培训效果受多方面因素影响，基本贯穿于培训的整个过程。

（1）培训内容

培训内容是否具备针对性，应从两个方面进行考虑：第一，培训内容是否与企业战略、业务或变革等相适应；第二，培训内容是否满足岗位工作的需要，能否帮助员工解决工作问题等。

（2）培训实施者

培训的实施者对企业培训的影响作用巨大。整个培训工作的具体安排都是由培训实施者决定的，因此培训实施者的素质会对培训效果产生影响。因此为了使员工培训取得成效，必须对培训实施者的能力有一定的要求，必要时也需要对培训实施者进行专业培训。

（3）培训方式

培训方式多种多样，每种培训方式的效果不同。培训方式的选择通常是以培训对象及培训内容为依据的。选择了培训方式之后，要针对培训方式的特点，采取一定的措施，保障其优点的发挥，尽量减少培训方式自身的缺陷带来的影响。

（4）培训时机

培训要掌握一定的时机。时机合适，取得的效果往往就较好。如在员工都渴望接受培训的时间进行培训，员工的学习积极性就高涨，培训的效果也就越好。

（5）培训规模

规模是指每次参与培训的人数，培训规模对培训方式、培训地点（环境）、培训成本等均会产生影响。

（6）培训师

培训师是开展培训的授课主体，其知识丰富程度、语言表达方式、授课形式等均对培训效果产生影响。培训师可以来源于企业内部，也能够来源于企业外部，其选择主要受到培训内容和培训费用的影响。

（7）培训成本

成本是培训必须考虑的基本出发点。就企业和员工来讲，培训需求是多方面的，要在既有的培训成本范围内，组织安排培训内容、方式等，以达到最佳的培训效果。

（8）培训地点与环境

培训的地点与环境也会影响培训的效果。在选择培训地点与环境时，要考虑培训的目的、内容和对象，按照培训的具体需要选择合适的地点与环境，为员工培训提供良好的条件。

二、员工培训与开发系统的构建分析

员工培训与开发是一项系统工程，精心设计和有效的员工培训与开发系统十分重要。

（一）企业培训工作的系统性

企业培训是企业人力资源开发的手段，是从组织目标出发，基于岗位分析和企业人力资源现状分析，根据人力资源规划的部署，辅之以绩效管理、薪酬奖励、个人职业发展等手段而设计的一个旨在综合提升公司竞争力的体系。很多培训的效果不尽如人意，一个很重要的原因是企业对培训工作缺乏总体的战略规划，对培训管理的各个环节缺乏规范性，没有把培训与企业发展结合起来。也就是说，企业培训必须融入企业的整个经营管理活动中，保持与企业经营管理活动的一致性，而且又自成体系，具有一定的规范性和系统性。

1. 企业培训必须以企业战略为导向

企业战略决定了企业核心竞争力的基本框架，从而明确了各个岗位职能及其对任职者的能力素质要求，可以依此对企业人才素质现状进行诊断，预测企业对人力资源的需求，有针对性地进行人力资源的储备和开发。同时必须了解企业当期工作的重点，对培训需求进行认真分析，对员工培训的内容、方法、师资、课程、经费、时间等有一个系统、科学地规划和安排，进而使培训方案既符合企业整体发展的需要，又满足企业目前的工作需要。

成功的企业培训，不能只看到眼前的成本支出，还要重视远期的收益，企业培训必须与企业总体战略、经济目标、企业文化保持一致，要有计划、有步骤地进行，既要有长期战略，又要有近期目标，并制定切实可行的方针、制度和培训计划，着力把人才培训当作长期的系统工作来抓，做到用培训去促进企业发展，用培训去引导企业发展。

2. 培训工作需要企业各方面的配合和支持

培训工作是企业整个经营管理活动的一部分，需要上至高层领导、下到普通员工以及各个部门的配合和支持。

企业内部各部门都有自己的工作计划和工作任务，经常需要彼此配合和支持，培训部门的工作更是如此。培训计划的设计来自企业各部门对培训的需求，如果各部门无法提供准确的培训需求信息，培训计划就缺乏针对性。在培训实施过程中，往往需要参加培训的员工尤其是脱产培训的员工暂时停止正在从事的工作，若完全按照培训部门的计划进行，可能会影响到某部门工作的进度，而按照某部门的意见参加培训，可能又与其他部门的工作相冲突，因此培训的实施事先要与各部门做好沟通和协调，既不影响各部门的重点工作，又能保证整个企业培训计划有序地进行。在培训结束后，受训学员回到各自的工作岗位，培训成果的转化更需要各部门主管为受训学员提供适当的机会，并进行督促和提供帮助，才能使培训的成果转化为实际的绩效。

因此，企业培训工作必须与企业经营管理的工作重点相一致，与企业各个部门做好沟通和协调，做到系统规划、统筹安排、集中管理。当然，良好的员工培训体系能否得到很好的贯彻落实，还依赖于企业健全的培训政策和完备的制度，特别是需要企业高层领导者的倡导和支持，需要培训师的艰苦努力，还需要员工积极的配合和长期系统的训练。

3. 培训管理活动本身自成体系

企业培训管理除了要与整个企业的经营管理相结合，还要充分考虑培训工作本身的特点和要求，以构建完整的培训管理体系。通常来讲，企业培训体系的构成包括以下方面。

（1）企业培训组织机构和人员的设置

多数企业的培训管理职责是由人力资源部门负责的，但随着企业的不断发展和壮大，企业的组织架构变得越来越复杂，这就需要对培训管理机构和人员进行重新设计和调整。大型的企业可以考虑设立由公司高层管理人员和相关部门负责人组成的培训管理委员会，主要负责制定与公司发展相适应的人力资源开发战略和相关的培训政策和制度；由独立的培训部或培训中心负责具体的培训职能工作，制定具体的培训计划，开展培训运营和管理。

（2）培训管理制度建设

企业的培训战略和培训政策为企业培训指明了方向，还需要通过具体的培训管理制度和措施使培训战略和培训政策具体化。培训管理制度就是把培训政策分解并细化成制度化的条款，使培训管理工作内容和工作流程更加稳定和规范，进而保证培训的质量。企业培训制度一般包括岗前培训制度、培训考评制度、培训服务制度、培训奖惩制度等基本内容。

（3）培训流程体系建设

一项完整的培训是由一系列工作组成的，包括培训需求的分析、培训计划的制定、培训方案的实施和培训效果的评估。这几个部分互相制约和影响，构成培训工作的流程体系。

（4）培训课程体系的建立

培训内容是根据公司长期发展战略和当期的工作重点设计和开发的，这些培训内容能够按照不同的业务内容、不同的管理层次、不同的培训对象等标准分成许多类别，形成培训课程体系。只有完善的培训课程体系才能满足企业和员工个人多层次、全方位的培训需求。

（5）培训师资体系建设

培训师资的水平直接关系到培训质量，培训师能从企业外部聘用，也可以从内部培养。目前，企业内部培训师的培养越来越受到重视。培训师资体系建设包括培训师的选拔、聘用、培养、考核和评估等内容。

（6）培训设施与设备的管理

企业培训的开展需要借助一定的物资完成，对有关培训设施与设备进行管理和维护也是培训工作的一项内容。

建立和完善有效的培训体系，是当前许多企业培训工作的核心任务，也是培训系统性的必然要求。

（二）员工培训与开发项目的程序设计

员工培训与开发项目是根据企业的人才培养规划，针对某一特定的目标，在培训需求调查的基础上，制定的员工培训与开发活动方案。

一些培训与开发项目可能只是一次培训课程的实施，而还有些培训与开发项目则是由一系列培训课程和相关活动组成，有时还需要跨年度甚至持续几年时间才能完成。有效的员工培训与开发项目的设计与实施需要以企业整个人力资源的战略规划为基础，是企业长期人才培养战略的具体化。因而，员工培训与开发项目的设计必须以企业培训需求调查为依据，既要结合企业中长期的人才培养规划，与企业其他人力资源管理政策相配套，还要关注企业当前的工作重心，同时，还要考虑企业自身现有的资源的支持程度，员工培训与开发项目的实施需要企业内部各部门的支持和配合。可以说，员工培训与开发项目的设计与实施过程是一个沟通和协调的过程。

不同的培训项目，因为目标和内容不同，在程序设计方面可能会有所差异，但总体上来讲，大致包括四个阶段：培训需求分析、确定培训目标、制定培训计划并组织实施、培训效果评估。

第一阶段：培训需求分析。

开展培训的第一个步骤就是要明确是否需要培训以及需要培训什么。培训需求分析是整个培训与开发工作流程的出发点，其准确与否直接决定了整个培训工作有效性的大小。培训需求分析包括组织分析、任务分析和工作绩效分析三方面。

第二阶段：确定培训目标。

一旦确认了培训需求，就应据此确定具体的培训目标。培训目标应清楚地说明受训者通过培训所需掌握的知识、技能以及所需改变的态度和行为。良好的培训目标应能向受训者清楚地说明他们在培训结束后应完成的任务或达到的标准。培训目标为培训计划的制定提供了明确的方向和依据。有了培训目标，才能确定培训对象、培训内容、培训时间和培训方法等具体内容以及对培训效果进行评价。培训目标应具备确切性、可检验性和均衡性。

第三阶段：制定培训计划并组织实施。

第一步：编制培训计划。培训计划是关于培训活动内容和顺序的一个指南，包括整个项目周期内将要进行的各项活动先后次序以及管理细节。通常来讲，一份项目计划书由项目背景、培训对象、培训将解决的问题、培训时间安排、培训评估方案、培训项目预算、培训将达到目标和预期的收益构成。

在培训项目实施之前，尤其需要注意的是，培训管理人员必须把培训评估的方案确定下来，包括培训评估的目的、培训评估的范围、培训评估的层次、培训评估的方法和评估的标准，以便保证培训结束后能及时对培训效果作出评价。

第二步：估算成本。通常来说，培训的成本包括直接成本和间接成本，其中直接成本包括课程开发费、讲师费、资料费、场地和设备租赁费、用餐住宿费和交通费、其他杂费等；间接成本包括学员工资福利、培训管理人员工资福利、内部设施使用费用分摊等。

第三步：项目沟通与审批。培训计划的编制完成以后，要进行培训项目的申请与审批，即报请培训主管机构或上级主管人员进行审核，决定培训项目是否执行。培训项目的设计和实施过程也是一个沟通协调的过程。

第四步：培训师的选择与确认。制定培训师的选择标准；培训师面谈和考查；确定培训师；安排培训师作课前调研。

第五步：培训内容和方法的开发和确认。对培训内容进行二次开发；对培训内容和方法进行审核；与培训师沟通评估要求。

第六步：编制教学计划。对整个培训教学的内容和时间安排具体化，确定培训内容和培训方法等。

第七步：培训行政准备。培训行政准备主要是对培训前的各项事务性工作的准备和安排，例如培训场地和设备的安排、教学资料的准备、培训学员的食宿安排及其他行政准备工作。

第八步：实施培训项目。依据培训计划落实培训项目，主要是做好培训过程中的沟通、协调与监控工作，及时处理突发事件，做好培训师与学员之间的桥梁工作，保证培训项目的顺利完成。

第四阶段：培训效果评估。

第一步：收集各主要阶段评估数据，起草总结报告。在培训整个过程中，要注意收集相关的信息，并根据培训评估方案，对培训过程和培训结果进行评估，起草培训总结，提出改善建议。

第二步：归档各类资料。培训的资料包括调研资料、课程开发资料、管理资料以及评估资料等，在培训结束后，要收集这些资料，并做好归档工作。

第三步：培训效果沟通与反馈。企业在实施员工培训之后，需要了解培训的效果。因此，做好培训效果的沟通与反馈很有必要。通常来说，人力资源管理人员、管理层、受训人员、受训人员的直接领导是必须得到培训效果评估结果的。了解之后，有利于培训工作的进一步开展以及培训效果的应用与提升。

第四步：调整培训项目。在收集到培训的相关信息之后，要进行认真分析，发现培训中出现的问题，找出培训中存在的不足，根据现实需要及时对培训进行调整，也便于积累经验，为下一次的培训提供参考和指导。

（三）员工培训与开发信息系统

员工培训与开发信息系统指通过现代信息技术手段，对企业员工培训与开发信息进行收集、传递、保存、加工、维护和使用的系统，它是企业人力资源信息系统的组成部分，其目的是为制定员工培训与开发计划提供依据，加强对培训与开发的过程控制和培训效果的反馈，并且实现培训资源的共享，进而增强培训效果，提升人力资源管理效率。

1. 员工培训与开发信息系统的建设

传统的培训与开发信息管理多数是以手工操作为主，主要是建立人工的档案管理和索引卡片系统。这些做法对于一些规模较小的企业非常有效，但随着企业规模的扩大，信息量急剧增加，大量的手工操作使管理人员陷入日常的琐事中，也无法有效实现信息的广泛应用。

计算机技术和网络技术的发展与应用，使企业的管理发生了变化，越来越多的企业开始走向管理信息化。各企业要根据自身的特点和实际情况，选择信息化系统，建立数据库和人力资源管理信息系统，在此基础上建立员工培训与开发系统，实现培训与开发的电子化。

培训信息的电子化需要具有相关的软硬件条件支持，需要投入一定的资金，对于没有能力购买现成管理软件的企业，培训管理人员也可以利用办公软件自行设计一些应用程序，收集和整理相关的培训信息，同样可以极大提高管理的效率。

当然，除了现代的信息管理，传统的文档资料也是同样重要的，培训过程中涉及的报告、文件等许多文本，在培训结束后，要作为凭证、文件来立卷、归档保存起来，以便需要的时候进行备查。

员工培训与开发信息系统的建立依赖于一定的物质基础，同时，还要建立相关的管理制度，包括内部培训信息的交流和沟通制度、培训档案的管理制度等，使培训信息的收集、整理和使用规范化和制度化，确保员工培训与开发信息系统的有效运转。

2. 员工培训与开发信息管理的内容

（1）员工培训档案

员工培训档案是对员工培训情况的记录，通过员工培训档案，可以了解员工的工作技能水平，以及参与培训的情况。在考察员工时，员工培训档案发挥着重要的作用，有利于员工调动时参考和跟踪培养。

（2）培训资源信息

培训资源信息主要包括企业为培训提供的资源信息，除了设施和设备情况外，更主要的培训资源信息应该包括：根据公司的培训规划开发相应的培训课程体系，有关课程信息包括课程的名称、课程简介、授课的对象以及课程的评价等内容；培训师资料库，主要是内部培训师的基本信息，包括个人基本情况、授课的时间、级别、可授课程、授课次数与时数等；培训供应商资料库，包括培训公司名称、性质、关键/优势业务领域、地址、联系人、联系方式、供应商说明、供应商资质等。

3. 培训共享信息

现在越来越多的企业开展知识共享，尤其是利用现代技术开展在线培训和学习等，这些利用新技术进行的培训，不受时间和地点的限制，重复使用率高，节省费用，形式灵活，越来越受到企业的重视，是现代培训发展的一个重要趋势。培训部门应加强对共享信息的开发，创造更多的信息交流平台和渠道，为员工学习创造条件。

（四）员工培训与开发管理系统

员工培训与开发管理系统主要是培训管理部门根据培训工作的目标，开展培训活动所必须做的一系列工作，主要包含培训的资源建设与管理、培训的日常运营管理和培训的基础行政管理工作。

1. 培训的资源建设与管理

培训的资源建设与管理是培训取得良好效果的保障。

（1）技能体系的管理

员工必须接受特定的工作技能的培养和训练，才能完成独特的工作。因此，先要了解哪些技能是员工所必需的，并把这些特定的工作技能进行系统化，然后再围绕着这些技能进行快速的、持续的培训。建立技能体系，首先要确定员工技能的类别，即一般技能、专业技能、管理技能，还要把这些技能划分为不同的层次，即知识信息技能、基础应用技能、高级应用技能。其次技能体系规划后，要对员工现有的水平开展评价，找出差距，确认培训需求，最后开展培训。

（2）培训课程体系的管理

培训课程体系是根据员工技能体系的要求，并结合企业不同职位类别人员而制定的不同系列的培训课程。课程体系与技能体系相一致，也包括一般技能系列、专业技能系列、管理技能系列，每一系列包括很多具体的培训课程。

（3）培训师的培养与管理

企业培训师的来源有外部的，也有内部的。内部培训师由于比较了解企业的特点及企业文化，能把企业的需要和培训较密切地联系在一起，因而越来越受到企业的重视。但是，内部培训师很多是来自一线的工作人员，没有受过专门的培训技巧等方面的训练，缺乏授课技巧，有可能会影响培训效果。因而，加强内部培训师的甄选、培养、管理与激励，是培训资源管理的重要内容。

（4）培训经费的管理

培训工作需要有一定的经费，要对培训成本进行深入细致的分析和控制。事先进行合理的培训经费预算，事中有效地分配和使用培训费用，并确保专款专用，是实现培训目标的必要保证。

2. 培训的日常运营管理

培训的日常运营管理工作是培训管理工作中的核心环节，需要培训管理部门与企业其他部门沟通，共同合作完成。

（1）培训需求调查与分析

制定培训计划，第一步就是要调查与分析培训需求。培训管理部门要定期对企业进行调查，按照企业发展需求以及员工技能水平情况，分析出培训的需求，为培训计划奠定基础。

（2）培训计划的制定

培训计划涉及培训目标、培训对象及类型、培训内容及方法、培训步骤及具体的安排等，在制定培训计划时，一定要以培训需求调查与分析的结果为依据，做到有根有据。

（3）培训实施

培训在实施时，要多种方式相结合，注意灵活性与多样性。既要根据实际情况，随时对培训安排作出调整，也要采用不同形式，使员工尽可能快速得到提升。

（4）培训效果评估

培训结束后，要对其效果进行评估。培训效果的评估能够为人力资源规划提供依据，还能为参与培训员工提供反馈，也能为培训工作的开展积累经验，便于培训工作的不断改进和完善。

（5）培训管理制度的监督与执行

培训管理制度的建立和健全是考核培训体系完善与否的重要标志，在培训日常管理的各个环节，要严格执行相关的管理制度，才能确保培训的稳定和规范。

3. 培训的基础行政管理工作

培训的基础行政管理工作主要指培训管理部门大量的日常事务性工作，包括培训会务组织管理、培训档案管理、培训设备设施管理及其他日常行政工作，它们是培训顺利进行的基本保障。

培训工作重点应是在战略管理的平台上，更好地完善培训的资源建设与管理工作，细化培训的日常运营管理工作，而非简单地做好培训的基础行政管理工作。

第二节 员工培训需求与培训计划的制定

一、员工培训需求概述

（一）员工培训需求的定义

心理学认为，人的需求产生于本身对某一事物的期望或欲望。当人们对于自身某一方面的现状感到不满意，意识到需要改进或提高时，人们对某一方面的需求就产生了。因此，当员工在工作中因为企业要求或自身需要而渴望通过各种方式提高自己的岗位知识、专业技能、综合素质时，员工就会希望通过培训的方式来满足需要和追求，以填补自己在某一方面的"现实状态"与"理想状态"之间的差距。培训需求就是培训对象为获得某种知识和技能的一种自发的学习愿望。

所以，员工的培训需求是指员工因特定工作的实际需求或自身发展的期冀与其本身现有知识、技术、能力结构之间存在差距而产生要弥补差距的需要和追求。我们可以把员工的培训需求用以下公式来表达：

员工培训需求 = 企业或员工期望状态 – 员工现实状态

（二）员工培训需求的类别

根据马斯洛的需求原理，人具有生理需求、安全需求、社交需求、尊重需求和自我实现需求，因此，员工的需求是多元的，而且是不断发展的，把需要层次理论运用在培训中，可以明确各阶段员工的需要，使用合适的培训满足员工的不同需求，使企业的投资能得到最大的回报，员工能得到自身发展。根据调查显示，78%的员工希望得到更多的培训，因为通过培训，员工可以期望通过培训获得提高和实现自我发展，期望培训的内容更广泛，形式更灵活。

1. 按照员工需求的对象分类

新员工培训需求主要是基于新的员工需要了解企业的制度、文化和岗位业务需要，或者为了提高自身完成相应岗位所需要的技能和素质,进而能够胜任工作而产生的需求。

在职员工培训需求，主要鉴于企业在方针政策、经营策略和方向上发生变化，或是企业运用了新的技术或模式，员工原有的知识结构或技能已经无法满足工作需要，企业要求或员工主动要求通过培训增强自身的知识结构和能力，从而提升员工绩效。

2. 按照培训对象范围的大小分类

员工一般培训需求，一般是指所有员工共同的培训需求，就是不管任何企业类型、任何岗位的员工都需要进行的通用素质和技能培训，包括一般的管理理论和技能、行业的职业素养、员工的晋升途径和职业发展规划等培训需求。

员工特殊培训需求，通常是与员工的具体岗位和职能相联系，根据员工的部门、层级、岗位、资历的不同要求，部分或个别员工产生了个别需求。例如，专业技能培训、专业知识培训就属于员工特殊培训需求。

（三）培训需求与分析

1. 培训需求

培训的目的是更好地完成组织的使命，而组织的使命对员工的能力有着特定的需求。如果企业有需求，而员工现有的能力难以满足，这就意味着存在培训需求。因此，培训需求可以定义为特定工作的实际需要与任职者现有能力之间的差距。

2. 培训需求分析

培训需求分析是在需求调查的基础上，由培训相关人员采取各种方法与技术，对组织目标绩效与能力结构以及现有绩效和能力结构等进行比较分析，以确定培训开展与否、培训对象、培训时间与培训内容与形式等的一种活动或过程。培训的展开以及培训方案的制定都要以培训需求分析为前提和基础。

（四）培训需求分析的作用

1. 保证培训工作的有效进行

培训需求分析能够保证培训工作的有序进行，主要体现在三个方面。第一，通过培训需求分析，可以明确企业的培训需求。第二，通过培训需求分析，可以使培训更有针对性，能够满足受训员工的需求，进而实现培训的效果。第三，通过培训需求分析，对于评估培训效果非常有利。通过需求分析可以明确培训需要达到的效果和目的，这样可以得出培训效果评估标准。

2. 获得相关信息

培训对象的信息可以通过培训需求调查来获取，这能为培训的安排提供依据，还可以了解员工对培训的态度。

3. 估算培训成本

通过培训对象、内容以及方案等调查分析，可以初步估算出整个培训的成本。这些成本主要包括人、财、物等培训要素的花费。此外，根据分析得出的有效需求，可以节约培训成本，保证每一个环节的有效性。

4. 有利于获得管理者的支持

管理者在制定政策时，需要大量的信息为依据，通过培训需求分析获得的许多信息都很有价值，可以为管理者提供参考，因此培训需求分析有利于得到管理者的支持。

二、员工培训需求调查分析

（一）员工培训需求调查分析概念

每一个员工在不同层次、不同时期的培训需求都是不一致的，并且是不断发展的，因此公司要制定科学的员工培训计划，为企业及员工提供"量身定做"的培训项目，首先需要对员工的培训需求"量体裁衣"，即企业和员工对培训的需求进行详细的调查及科学分析。针对员工的培训需求的调查和分析是实施企业培训工作的基础，是确定培训目标、设计培训项目、开发培训课程的前提，是现代培训活动的重要环节，有利于保证培训的质量和效果。

"培训需求分析"是一种通过系统分析进而确定企业员工培训目标、培训内容及其相互关系的方法。人力资源的培训理论和实践在 20 世纪 70 年代后逐步发展，并成为国外组织心理学的热门研究领域之一，在这样的背景下，培训需求分析的内涵进一步得到发展与完善，培训需求分析在企业员工培训活动中也越来越得到重视和应用。

在现代企业管理中，实施企业培训工作的第一环节就是对员工展开"培训需求调查分析"，即在规划与设计每一项培训活动之前，由培训部门组织，部门主管人员和相关工作人员通力合作，采用各种方法与技术，对组织及其成员的目标、知识、技能等方面进行系统的调查和鉴别，了解员工是否需要培训，需要哪一方面的培训、培训地点和培训方式，进而有针对性地设计完整的培训方案的一种活动或过程。

（二）员工培训需求调查分析流程

培训需求调查分析的主要流程如下：第一，收集培训信息，确认从哪些层面展开需求调查和分析。第二，选择科学的调查方法，展开员工培训需求调查。第三，实施员工培训需求分析。第四，撰写员工培训需求调查报告，提出改进建议和方法。

三、员工培训需求调查分析的层次

（一）员工培训需求分析的层次

我国对于"培训需求调查分析"方面的研究和实践相对较晚，相关的理论和实践是建立在国外相关研究基础上。要为企业员工提供有效和科学的培训活动，首先必须收集企业和员工的基本资料，了解企业和员工的具体情况，接着就是进一步结合企业实际和员工实际需要确认要从哪些层面对员工展开培训需求调查。通常来说，要做好以下三个层面的培训需求分析：

1. 从企业层面分析员工培训需求

企业针对员工的培训，首先是为企业的发展服务，培训最直接的作用就是缓解或解决企业存在的问题，促进企业经营发展，因此，从企业层面出发，企业为员工提供的培训应该立足于能够提升组织绩效，要做到对企业的发展有用、能用、实用，避免高、大、空。所以，立足于企业层面，员工培训的内容需结合组织战略目标、组织特点，充分发挥组织资源、企业内外部经营环境等因素，准确地找出组织在员工培训方面存在的问题和需要培训的内容。

2. 从岗位层面分析员工培训需求

这个层面的分析主要是通过对工作岗位的分析，明确企业各个岗位的员工要达到理想的业绩需要掌握的技能、知识和素质，进而找出具体任职岗位人员的工作行为和表现与期望表现之间的差距，从而确定员工需要接受的培训。立足工作岗位进行的需求分析是编写和设计培训课程、培训内容的重要资料来源。

具体来说，先分析现有岗位要求、职务工作标准，担任职务所需要的能力标准和素质要求，进而与担任此岗位工作的员工的工作绩效、工作能力、工作态度以及其他方面表现进行比较，查找出企业组织成员在各自的岗位上，是否胜任所承担的工作，在岗位技能方面是否存在缺失以及发展的方向，进而确定该组织成员是否需要参加与岗位相关的知识与技能培训以及培训内容等。

3. 从个人层面分析员工培训需求

在个人层面分析阶段，已经完成了企业组织层面分析，熟悉了企业方面对员工培训的要求，了解要展开的员工培训系统应该如何适应组织发展；从岗位层面分析阶段，明确了立足岗位职责需完成的培训任务。在企业员工培训实践中，个人层面的需求分析常常容易被忽略，这么做很大程度上会削弱员工培训的主动性和创造性，使员工培训活动陷入被动状态，使培训不能达到预期效果。只有有效结合个人需求分析，方能实现企业战略发展与员工个人自我实现的双赢。

从个人层面如何确定员工培训内容？主要从两个层面确定，一是分析员工个人业绩、技能等现有工作状况，评价现有状况与应有状况之间的差距，二是分析员工个人职业生涯规划与组织的职业生涯发展之间的协调程度，确定员工是否需要或应该接受培训方向和培训的内容。这个层面的培训要取得实效，企业不能硬性强加培训任务给员工，企业和部门应通过各种途径和方式，了解员工想法，让员工知悉企业政策、战略和规划，培训课程和活动应该有助于员工达成个人职业生涯发展规划，有助于解决员工成长障碍，增强员工自身竞争能力，有助于员工实现自我充电，才能激发员工参加培训的积极性，使培训活动易于被员工接受。总之，个人层面分析的目的是确定员工个体为了顺利完成工作任务，或是为了发展员工自身职业生涯，从而确定员工是否需要培训、需要哪种类型的培训、所需要的培训方向、需要为员工量身定做的培训项目。

（二）员工培训需求调查分析的对象和调查内容

制定培训规划时，从企业、岗位、人员三个层面分析员工培训方面的需求，进而确定各个层面所需要调查和分析的内容，然后结合这些内容展开具体、详尽的深入调查。

企业需要培训的员工通常包括两类人：一是新员工，二是在职员工。因此展开员工培训需求调查要分析新员工培训需求和在职员工的培训需求。

新员工和在职员工的培训需求都需要从企业、岗位、人员三个层面进行调查。新员工在企业层面的培训需求主要源于对企业制度、政策、文化的不了解，因此需要通过培训迅速了解企业的相关情况，尽快融入企业新环境。新员工在岗位层面的需求主要源于迫切需要熟悉岗位相关工作，掌握能够胜任新工作的岗位技能和知识。对于新员工个人层面的需求，在这个阶段主要是与自身工作任务相关，通常新员工在此阶段希望接受一切可以提高其工作绩效，帮助其尽快胜任基础性工作的培训课程和培训活动。有些比较有规划、有想法的新员工可能还希望企业能够在其刚入职阶段，为其提供一些关于个人职业生涯发展规划的课程，尽快了解自己在该企业可以晋升和发展的职业路程。

要分析在职员工培训需求，首先要思考一个问题：在职员工在什么情况下产生培训需求。一般有以下情况，一是不满于现有的工作成绩，必须改善工作业绩；二是希望通过培训新技能，有助于职位提升、晋级；三是需要通过培训了解最新市场资讯，进而有利于开拓新市场、引进新技术、解决新问题等等。不同层级的在职员工具体的培训需求不同。

四、培训需求调查方法

企业展开员工培训需求调查和需求分析，必须考虑到三大内容，包括：调查对象、调查内容、调查方法，这三大方面是互相联系、互相影响的。因此在具体操作中，三方面的选择都需要理性和谨慎。如何选择调查对象和调查内容在任务一已经详细地阐述，接下来需要由培训部门、员工的主管、员工本人选择科学的调查方法与技术，对组织内各部门及其成员的目标、知识、技能等方面实施系统的鉴别与分析，才能对员工的培训需求进行科学、理性、全面的分析。

（一）员工培训需求调查的方法

"培训需求调查方法"这一概念在国外称为培训需求分析技术，"培训需求分析技术"是指在经济快速发展、技术发展日新月异的背景下，企业管理者在进行员工培训需求分析时，为了获取信息、分析信息、得出结论所采取的系统的科学方法。企业对员工培训需求进行分析研究的方法有多种，其中运用比较广泛的是：

1. 访谈法

访谈法也称面谈法，是通过面对面与被访谈人进行交谈，进而获取被访谈者关于员工培训需求方面的信息。

访谈法注意点：①访谈前要确定访谈的目标，能够从哪些角度了解访谈对象的培训需求。明确"什么信息是最有价值的，是访谈过程中必须得到的"。②准备全面的访谈提纲，可以使访谈者把握好访谈的方向，启发、引导被访谈人讨论关键的信息，防止转移访谈的中心。③访谈的问题可以是结构式题目，也可以是非结构式题目。一般情况下，访谈的问题最好是两种方式互相结合，以结构式访谈为主，非结构式访谈为辅。访谈法需要专门的技巧，在进行访谈之前，通常要对访谈人员进行培训。④访谈法的方式：可采取两种方式，个别访谈方式和集体访谈方式。通过个别访谈可以了解不同主体不同培训需求，通过集体访谈可以了解各部门或处于同一层次有相同点的员工群体的集体需求，提高调查的有效性。

2. 问卷调查法

问卷调查法是以标准化的问卷形式，设计若干的题目和表格，要求调查对象就问题进行填写和回答，然后集中整理统计得出相关的结论。这种方法适用于需要调查的人员较多，时间较为紧迫的情况，运用调查问卷的方法，是一种简单、快捷、经济的方式，在企业实际培训调查工作中经常使用。

设计调查问卷要注意的问题：

第一，问题设计要合理，要根据需要调查的三个层次由浅入深地设计问题，在设计问题时要注意既能体现出调查的意图，问题还不能太过深奥、太过专业，要使被调查者易于回答、乐于回答。

调查的问题可以包括以下三方面的内容：第一，对企业、对岗位工作的了解程度和看法。例如，对企业的目标、企业定位是否了解，企业的发展和员工个人发展之间的关系。对本职工作的理解程度和胜任状况，工作中存在的问题及需要的知识、技术等。第二，企业、岗位和个人发展之间的相关性。例如，了解个人发展方向、价值观和人生观；现有的企业和岗位是否与员工个人职业生涯规划发展方向一致，员工需要企业提供哪些方面的培训。第三，了解员工对培训的认识和对本企业提供的培训活动的看法，能用于参加培训的合适时间、能接受的培训方法等。

第二，调查问卷在设计问题时立场要保持中立，不能存在诱导性的词语，避免引导被调查者，使调查结果不客观，同时选项设置尽可能做到具体问题具体分析，结合所调查的项目进行回答，尽量少用一些概括性的词语。譬如，在调查员工对企业提供的培训活动是否满意的项目时，题目设置最好从正面的角度设计，少用负面角度的提问，选项设置应尽量避免使用"优良""良好""一般""差"等概括性词语，而要选用一些描述性词句，具体提出问题所在。比如，选项设置可以为"能及时有效制定与岗位工作相关的培训活动"这样的描述性词句。

3. 观察法

观察法是通过到工作现场，观察员工的工作表现，然后发现问题，获取信息数据，在较短时间内，了解企业的状况、员工的实际需求，进而提炼出员工的培训需求。

观察法在实际操作中要注意：

第一，观察的对象应该包括企业各个部门各个层级、各个岗位的员工的工作状况。观察应该持续一段时间，通过一段时间对员工在工作或者会议等各个工作场合的表现进行不定时的观察，才能较客观、科学地根据观察到的行为（例如各个领导的风格、员工的纪律等）作出详细的分析，确定哪些人需要培训，需要哪些类型的培训，从而做到因岗而异和因人而异相结合来设计相应的培训项目。

第二，观察法对观察员的要求较高，一方面，观察员要事先了解被观察者所从事的工作的岗位职能、行为标准、绩效标准等；另一方面，进行现场观察时应注意隐蔽，不能干扰员工的正常工作，因此观察法对观察员的观察技巧要求比较高。如果被观察者意识到自己被观察，那么可能观察的结果就会产生较大的偏差。观察法的适用范围有限，一般适用于易被直接观察和了解工作，不适用于技术要求高的复杂性工作。

4. 绩效法

不管从企业还是员工个人角度出发，培训的主要目的是希冀通过培训进而能够提高工作绩效，因此培训是否取得较好的效果其中一个考量指标就是通过培训员工是否能够减少或消除实际绩效与期望绩效之间的差距。因此绩效法就是要分析员工的培训需求，可以直接对员工个人绩效进行考核，从考核指标中找出需要培训的方向和内容。

采用绩效法进行分析，需集中把握以下几个方面：①培训员必须清楚了解员工绩效考核体系，并采用企业认可的考核标准作为考核的基准。②寻找的绩效差距必须是确定可以通过培训能够提高的项目，并且确定通过培训能够达到理想的业绩水平。③绩效法对培训员知识、技能等综合知识要求也较高，培训员必须能够根据绩效差距找出未达到理想业绩水平的原因，从而才能找到培训的方向和内容。

5. 经验预计法

经验预计法是指利用员工培训需求的通用性或规律性，凭借已有的丰富的管理经验对员工培训需求进行预计的方法，是一种培训需求产生之前采取的策略。

运用经验预计法预计员工培训需求通常可在以下情况运用：

第一，在组织重组和变革过程中，管理机制和方法发生改变，这个时候正是各种思想发生变动和互相碰撞的过程，需要对员工进行必要的培训，使员工能够尽快适应新的环境。

第二，根据同行企业或相似企业运营中出现的较大的经营问题、安全问题及其他问题，为防止同类问题的发生，可分析这些问题产生的原因，并以此作为企业员工培训需求分析的参考对象，据此确定本企业员工培训目标。每次招收新员工，都要进行上岗导向培训。因此，可安排一个常设的培训教程来为新员工提供上岗导向培训。

第三，员工提升和晋级或调整岗位：当员工获得提升和晋级的机会或者调整岗位时，就被赋予了新的职责，新的岗位职责需要员工掌握新的岗位知识和技能、素质，这个时候员工就需要接受关于新岗位和新工作的相关技能、知识等各方面的培训活动。

经验预计法可在培训需求产生之前就先采取应对方法，这样既避免了当需求临时出现，需要马上给员工提供培训，给企业培训工作带来的措手不及的压力，又防止了工作中可能发生的某些突发情况，因为员工缺乏培训而无法应对因此给企业带来损失。

6. 工作分析法

工作分析法是依据岗位描述和工作说明书，确定各个员工为了完成工作需要掌握的知识、技能和态度。这种分析方法主要是通过系统地搜集各种能够反映员工工作特性的数据和指标，将工作要求和员工现有的技能、知识、素质水平进行比较，进而确定企业员工培训应达到的培训方向和培训目标。

工作分析法在实际运用中要注意：

第一，作为参考依据的工作说明书必须是完善且详细、可操作的。一般工作说明书要明确规定：每个岗位的具体工作任务或岗位职责；上岗人员应具备的知识、技能要求或者资格条件；工作职责完成情况的衡量标准。

第二，运用工作分析法分析员工培训需求，培训人员除了可以使用工作说明书和工作规范外，还可以使用工作任务分析记录表进行分析，除此之外若实际工作允许，最好能够实地观察或通过查看资料分析员工工作的具体表现并将这两方面进行结合，可以更好地分析出员工在工作中的任务以及所需的技能、素质，进而确定培训目标。

员工培训需求分析方法除了上面提到的以外还有其他的方法，各种方法各有优劣之处，企业在实际培训工作中，可以根据企业内部与外部环境条件，以及员工个人的特点，在实际情况允许下选择一种或者多种方法进行分析，有时候单独采用一种分析方法具有局限性，采用多种方法从不同角度分析，可以提高需求分析的有效性。

（二）员工培训需求调查实施程序

1. 做好准备工作

这一步主要是通过收集资料、分析资料了解企业的现状和明确企业战略定位；收集员工基本情况，建立资料库；保证企业上下层级之间信息沟通和交流顺畅。

（1）收集企业的信息

收集企业的信息主要是两方面工作，一是了解现状，找出问题；二是展望未来，明确定位。首先，要清楚地了解员工的培训需求，必须先了解员工所在的企业。了解企业目前处于发展的哪一时期，企业目前的经营状况如何，在人员方面主要是需要什么类型的人才，也可以了解企业是否出现人员流失、工作事故等情况，员工的绩效表现如何，是否出现绩效下降等状况。通过分析企业的现状，找出企业发展存在哪些问题，这些问题发生的根源在哪。通过了解问题所在，才能对症下药。第二，明确企业的战略目标、未来的定位和企业发展方向，从而分析企业发展对员工的要求，从企业的发展推出企业对员工培训工作的需求。例如，企业处于市场拓展期，拓展经营范围，开拓新的市场领域，产品种类增多，那么员工的知识、技能、素质是否能跟上企业的发展需求，此阶段不管是企业还是员工自身是否都有进行培训的需求？答案是毫无疑问的。所以，企业的经营情况和发展方向都直接与员工的培训需求相联系，要科学分析员工的培训需求首先就要清楚员工所在的企业有哪些问题，这些问题是否可以通过培训环节解决，其次，要明确企业现阶段的战略目标和定位，是否需要员工通过培训来掌握新的知识和技能，或者员工本身有无新的职业规划，等等，这些都是员工培训需求的产生来源。

（2）收集员工基本情况，建立资料库

培训部门要分部门分岗位收集每一位员工的基本情况，为每一位员工建立个人培训档案。培训档案应该包括员工的岗位技能掌握情况、学历情况和进修情况、员工的素质、员工从入职以来接受的培训情况、员工岗位变动情况。此外，培训部门还可以通过访谈等方式了解员工的职业规划、职业定位等，从各方面充分了解员工的基本情况，进而为员工建立培训档案，为培训需求分析做好充分准备。

（3）畅通信息渠道确保企业上下层级之间信息沟通和交流顺畅

培训工作的展开是需要企业各个部门之间互相合作才能完成，因此培训部门要想真切地了解员工的培训需求，就需要保持和企业各个部门之间的密切联系，因此，一方面，企业必须从机制上保证培训部门和各个部门之间的往来畅通无阻，包括信息的交流、培训部门展开调查时各部门之间的配合和协作。另一方面，培训部门必须主动与各部门主管保持良好的合作关系，才可以了解企业生产经营活动、部门人员配置，使培训活动更能满足部门、员工的发展需要。

2. 制定员工的培训需求分析计划

具体步骤如下：

（1）锁定培训的目标对象，确定培训调查的目标

锁定哪些员工需要培训，包括哪些部门，哪些层次，根据不同的对象进一步确定要调查各类员工哪些方面的培训需求，培训需求调查工作要达到的目标是什么。

（2）制定员工培训调查工作的具体行动计划

行动计划要明确调查工作需要哪些部门配合、哪些人员配合，调查工作的时间进度，调查过程中需要注意的问题。

（3）选择合适的员工培训需求调查方法

员工培训需求调查方法的选择必须按照不同的调查对象、调查内容而选择。同时还要结合企业实际情况，以及可利用的各种资源而选择。例如，专业技术较强的员工最好采用访谈的方式，因为通过现场观察并不能清楚地了解其培训的需求。需要跟客户打交道的员工，最好采用现场观察的方法进行调查，才能看出员工在具体工作中有哪些不足和哪些培训的需求。工作任务繁重的员工就不适合采用面对面的访谈方式，这样会影响他的工作，可通过发放问卷的方式或是绩效分析的方法展开调查。有的时候还可以同时采用多种方法调查员工的培训需求，比如需要大规模地展开公司员工培训需求调查，那么就可以问卷法和访谈法的方式相结合。

3. 展开员工培训需求调查，进行员工培训需求分析

根据员工培训需求调查计划，开展调查，并根据调查结果进行需求分析。

（1）征求企业、部门、个人培训需求动意和愿望

培训部门向企业领导层征求培训意见，然后向各个部门发出培训部门初拟的行动计划，并请各部门结合岗位提出意见，和表达各个岗位培训的需求。

（2）采用科学的培训调查方法，调查员工的培训需求

培训人员根据问卷调查、访谈、工作分析等各种方法，找出企业、部门、个人的理想需求和现实需求之间的差距，收集各个部门、各个岗位、员工的各个方面的需求信息。具体调查流程：首先分析组织需求，能够从组织目标角度分析目前员工的知识和能力能否满足需求，从组织资源、人员变动情况、组织结构分析组织内部环境，同时分析组织

外部环境的变迁，结合组织内外部环境变化发展需要，分析员工需要掌握哪些新的技能、知识、素质。其次从岗位的角度分析，主要通过分析岗位需完成的任务和需达到的标准，从任务导向出发，分析员工现有行为、知识、技能、态度是否达标，是否需要进一步改善。最后从员工个人发展分析，分析员工现在所取得业绩是否已经达到员工个人的最大效用，现有的岗位是否与员工个人的职业生涯发展规划相符合，个人的职业道路发展方向与企业的组织战略发展方向是否契合，若需要调整就需要接受培训。根据企业、岗位、个人三个层次的分析，确定员工的培训需求意愿，实现信息提取并将收集的信息汇报给企业相关的培训组织管理部门或负责人。

（3）培训部门根据调查结果审核、汇总各个岗位员工的培训需求意愿

培训人员申报的各个员工的培训需求意愿并不能直接作为企业培训员工的内容，培训部门要将汇总的信息传达给各个部门主管，部门主管可以结合部门的年度发展计划，从部门整体发展出发，对培训部门申报的员工培训需求意愿提出修改的意见，并报告给培训部门。

4. 归类与整理员工培训需求结果

（1）将收集来的信息和数据在最短的时间内进行初步归类、整理员工培训需求

采用不同的调查方法，不同的信息渠道，调查得到的员工培训需求结果不尽相同。培训部门的人员必须对所有收集的员工培训信息进行分类、整理、归档。主要的信息收集渠道有以下几种，一是培训部门采用各种调查方法收集到的从企业、岗位、员工本人三个角度分析而得到的一手员工培训需求调查结果，二是各个部门按照员工的调查结果提出的修改意见，即二手员工培训需求结果。培训部门根据收集到的一手调查结果，结合部门提出的意见，进一步把握企业的整体发展方向，结合企业发展、岗位需求、个人发展的重要程度和迫切程度重新排列员工的培训需求，整理出各个等级、各个岗位的员工培训需求清单。在分析数据的过程中可以采用表格、直方图、分布曲线图等分析统计工具将各种调查数据表现的分布状况、趋势变化形象地表现出来。

（2）对员工培训需求信息进一步分析，并统计和小结

结合收集的员工培训需求信息和各种调查数据，根据某种归类方式将不同的员工的培训需求分门别类进行归类，归类的方式可以根据员工所在的部门、员工的岗位类别、员工的岗位序列或薪酬等级、职称等级等任何一种分类方法进行。通过分类后，整理出需要接受培训的员工的名单，以及需要哪些方面的培训。

5. 撰写员工培训需求调查报告

对所有收集到的信息进行系统地归类、分析、整理和小结后，就要根据分析的结果撰写员工培训需求调查报告。撰写培训需求调查报告不只是根据调查和收集的信息进行现状的描述，最关键的部分是要基于调查的数据和信息，找到员工需要接受培训的原因、分析员工接受培训要达到的目标、员工需要接受的培训方向、需要什么程度的培训、现有的培训系统是否能满足员工的培训需求，是否需要组织、部门、个人提供哪些方面的资源或其他支持，在此基础上，根据不同性质和层次的员工和管理者制定出科学、有针

对性的培训对策，培训需求调查报告经过管理层和培训对象的反复确认后将成为员工培训计划项目。

五、员工培训计划的制定

（一）培训计划的内容

培训计划在整个培训体系中都占有比较重要的地位，可以依据 5W1H 的原理，确定企业培训计划的架构及内容。

所谓 5W1H，指 why（为什么？）、who（谁？）、what（内容是什么？）、when（什么时候、时间？）、where（在哪里？）、how（如何进行？）等。对应培训计划时，即要求我们明确：我们组织培训的目的是什么（why），培训的对象是谁（who），负责人是谁（who），培训师是谁（who），培训的内容如何确定（what），培训的时间、期限有多长（when），培训的场地、地点在何处（where）以及如何进行正常的教学（how）等要素，这几个要素所构成的内容就是组织企业培训的主要依据。

（二）培训计划的制定程序

制定培训计划需要按照科学的程序进行，通常包含以下几个步骤。

1. 分析确定培训需求

培训需求是确定培训计划的最重要依据，它指引着培训的方向。培训需求要根据培训计划实施时间的长短，结合企业发展要求和企业现状之间的差距来确定。

2. 明确培训目的、目标

培训目标要切合实际，不能太高也不能太低。培训目的、目标要作为将来进行培训考核的依据。

3. 确定培训对象

准确地选择培训对象，确定哪些人是主要培训对象、哪些人是次要培训对象，有利于节约培训成本，提高培训效率。

4. 确定培训内容

培训内容和培训对象一定要相辅相成。针对岗前培训和在岗培训分别设计不同的课程，同时要考虑到管理人员和技能人员培训内容的差别。

5. 确定培训方式

为了保证员工对培训内容的接受程度，挑选采用讲授法、研讨法、案例分析法、现场示范操作培训等培训方法。

6. 选择培训师

培训效果与培训师的水平有很大的关系，通过外聘或内部选拔来选择有足够经验和能力的培训师。

7. 选择培训时间、地点

培训时间、地点要选择得及时合理，以便及时通知培训对象和培训师，提前做好准备。

8. 明确培训组织人

明确培训组织人就是明确培训负责人，使得培训师和培训对象知道有问题找谁，促使问题的解决，确保培训的顺利进行。

9. 确定考评方式

为了保证培训效果，每一次培训后都要进行考评。从时间上讲，考评还可分为即时考评和应用考评，即时考评是培训结束后马上进行的考评，应用考评是培训后对工作中的应用情况进行的考评。

10. 培训费用预算

培训费用通常指实施培训计划的直接费用，分为整体计划的执行费用和每一个培训项目的执行或者实施费用。

11. 明确后勤保障工作

明确后勤保障工作，有利于协调培训部门与后勤保障部门的工作，方便后勤保障部门及时做好准备工作。

12. 编写培训计划

完成上述工作后，就要开始准备编写培训工作计划，经审批后实施。

综上，只有在编制合理的培训计划的基础上，才能有效地进行课程设计并实施培训，从而保证整个培训体系得以顺利实施，持续提升员工的自我价值，促使员工向多技能方向发展，从而为企业的发展壮大提供有力的后盾。

第三节 员工培训计划的实施与效果评估

一、员工培训计划的实施

（一）培训人员的角色定位

培训人员的角色定位主要包括培训师和培训的辅助人员两方面。

1. 培训师

直接从事培训教学工作的人员就是培训师，其有专职和兼职之分。

培训师根据其工作特点，主要扮演着三种角色：①教学的组织实施者；②学员疑问的解答者；③实习活动的指导者。

2. 培训的辅助人员

培训的辅助人员指为培训工作提供辅助的人员，如负责行政、管理和后勤保障工作的人员。培训的辅助人员能为培训工作的顺利进行提供保障，一般也担任培训教学活动的组织者。

（二）培训工作的组织

1. 培训规划

在进行培训之前要先制定规划。培训规划是其他培训工作开展的前提和基础。制定培训规划主要是把培训的总体框架安排好。其具体内容包括培训对象、培训内容、培训师、培训方法、培训信息反馈。通常来说，在培训前三个月就要制定培训规划。

2. 现场组织

（1）培训沟通协调

在培训过程中，组织者要及时与培训师、学员沟通交流，指出培训师培训的优缺点和学员反映的情况，并与培训师协调改进，这时组织者要做以下工作。

让全体学员对整个培训活动有一个全面的了解并产生一定的期待。这就要求发给每个学员一份培训计划，并给予解说，使大家了解培训的目的、培训的内容和方式、培训的时间和地点，特别是培训要达到的目标，以及培训结果对其今后工作的影响等。这些工作有助于提高学员对培训目的的认同感，并对培训产生某种期待，使其能顺利进入受训状态。

为了保证培训的效率和严肃性，培训的纪律和对学员的要求需要一开始就被明确告知并严格执行。事先告知纪律和要求，讲明违纪的处理原则，能够预防不良行为的产生，即使出现了违纪情况，处理也会有根有据，使人心服口服。

在培训的开始阶段可以搞一些简单的测试和调查等，其作用包括：一是了解学员对培训的看法、要求和困难等，表示对学员的尊重和对学员意见的重视，融洽培训组织方与受训方的关系，并更好地为其提供服务；二是了解学员与培训内容有关的情况，如实际的知识、技能水平，对某些问题的看法、态度等，以使培训的内容更具有针对性；三是如果设计精心并执行良好的话，这些活动还可以激发学员的培训兴趣和学习信心。

设计一些活动来融洽学员间的关系。创造条件，使学员有相互接触、了解的机会，不仅可以消除学员的紧张心态，而且可以帮助学员实现通过培训结交更多朋友的愿望，有助于其他各方面工作的协调和沟通。

（2）现场应急补救

在培训过程中，出现一些问题是很正常的，也是无法避免的，即使计划得再好，也会有意外情况的出现。对于培训组织者来说，一定要有心理上的准备，并事先考虑可能出现问题的应急措施。一旦在培训中出现了意外情况，现场应急补救的工作就非常重要了。

（3）培训后勤安排

培训的正常开展，离不开后勤工作的保障，因此要做好现场的后勤安排。比较常见的有培训资料的准备、培训设备的调试、培训人员的餐饮服务，还有一些紧急情况的处理，都需要后勤人员合理处理。

3.培训服务

培训服务是培训工作的重要组成，主要包含四方面的内容，分别为检查培训效果、把培训用于实践、培训效果跟踪和培训总结提升。

（三）培训者的选择

企业开展培训活动的一个关键就是选择培训者，培训者水平的高低对培训效果有着直接影响，甚至起着决定性作用。

1.培训师应具备的能力

培训师应具备的能力主要有：①深厚的理论知识过硬的教学经验和实战经验；②激励他人的能力；③建立关系的能力；④变通的能力；⑤沟通的能力；⑥诊断问题并找出解决方法的能力；⑦人格魅力。

2.培训师的甄选和培养

（1）内部培训师甄选和培养

企业内部的培训师理应成为企业培训师资队伍的主力。内部培训师能够以企业欢迎的语言和熟悉的案例故事诠释培训的内容，可以总结、提炼并升华自身和周围同事有益的经验和成果，能够有效地传播和扩散企业真正需要的知识和技能，从而有效实现经验和成果的共享与复制。

内部培训师甄选和培养工作具体包括内部培训师甄选、内部培训师激励以及内部培训师培养等工作内容。

作为企业人力资源管理工作的专业职能部门，人力资源部应制定切实可行的内部培训师甄选与培养制度，其中需要明确内部培训师的甄选对象、甄选流程、甄选标准、上岗认证、任职资格管理、培训与开发以及激励与约束机制等工作，而且每一项工作都应具体、可操作。为了确保这些措施能够付诸实施，应该将其提炼为书面文字，以制度的形式公示于众。

企业人力资源部门应认真研究内部培训师的激励问题。对于内部培训师的激励，应该以精神激励为主，物质激励为辅。对某些有着个人成就需求的员工，内部培训师制度为其职业生涯发展开辟了更广阔的道路，免费提供更多的外培机会以及授予荣誉证书是比较有效的激励方式。因此，企业应大力提倡和促进内部优秀员工勇于担任培训师。

对培训者进行培训（train the trainer，TTT），也就是说找出那些精通培训内容的但缺乏培训知识和技能的内部专家，对他们进行培训，把他们培养成优秀的培训者。对培训者进行培训旨在让组织内部的专家掌握在培训项目设计和实施等方面必须具备的知识和技能。

一般情况下，从企业内部选拔出来的培训师在业务方面都非常优秀，但是有关课程设计、讲授方法、课堂组织等技巧性的东西比较欠缺，需要接受专门的培训，人力资源部门可以邀请专门对培训师开展培训的培训师为他们传授经验，或是安排他们外出参加一些经过精心选择的、授课技巧比较好的培训师组织的公开课，让他们研究、揣摩和学习其他培训师的授课方法。

（2）外部培训师的甄选

在对外部培训师进行甄选时，也要按照严格的程序进行，主要程序为申请 —— 试讲 —— 资格认证 —— 评价 —— 续聘或晋级。

一般来说，为了更好地发挥外部培训师的作用及保证以后培训工作的开展，企业会从内部任命一位人员作为外部培训师的助手，协助外部培训师开展培训工作。由于内部人员对企业的具体情况更为了解，也积累了本企业的案例和素材，这样会使培训师的培训内容更加符合企业的需要，使培训针对性更强，并且利于预期培训效果的实现。此外，企业内部人员担任的助手，可以及时与外部培训师进行沟通，针对培训实际提供反馈和建议，便于培训的及时调整，同时，助手在协助培训师开展培训工作的过程中，也能获得专业知识的提升，也为内部培训师的培养奠定了基础。

（四）培训方法的选择

培训方法会对培训效果产生决定性的影响，因为培训方法种类多样、特点不同，各有优劣。如果选择不当，会对培训工作产生极为不利的影响。一般来说，在选择培训方法时，一定要对各种培训方法的特点及优劣势有清楚的认识，然后根据培训的具体需求、学员的特点以及现实条件选择最为适当的培训方法。

1. 影响培训方法选择的主要因素

在人力资源管理中，针对培训方法的选择，经常需要考虑的因素有很多。

2. 培训方法的具体选择

要想培训工作取得理想的效果，必须选对培训方法。在选择培训方法时，一定要做到实事求是，结合培训的实际，多种方法综合考虑，优中选优，也可以采用多种方法相结合的形式，综合运用。

（1）理念性知识培训可用讲授法

顾名思义，讲授法，就是用讲解传授的方法将知识灌输给学员，通常进行理念性知识培训时适宜采用这种方法。

采取讲授法，对培训师的要求比较高，需要其具有丰富的知识和经验。在采用讲授法时要注意内容的科学系统、语言清晰明确、重点突出，为了培训效果更好还要用板书和多媒体设备予以配合。

（2）技能速成培训宜用演示法

演示法是通过示范教学传授给学员工作，并指导学员进行尝试的一种培训方法。由于涉及示范，因此会用到一些实物或者教具，因此体现出了实验性的特点。演示法生动形象、效果显著，能够快速提高学员技能，因此在技能速成培训中，适宜使用演示法。

（3）专题培训宜用研讨法

研讨，即研究讨论，往往是针对一个专门的问题进行研究讨论，因此如果安排专题培训，往往用研讨法的效果更好。

研讨会和小组讨论是研讨法的两种方式，其中在研讨会中，培训师进行专题演讲，学员有与演讲者沟通交流的机会，往往花费较多；而小组讨论则相对简单，花费也少。

（4）培训一线员工宜用实习法

实习法是让受训者在实际工作中接受培训，一般培训师由企业内有经验的老员工担任。老员工在具体的工作中传授给受训者工作的具体方法、工作的建议。在培训一线员工时，往往使用是实习法，但在开展培训前，需要有详细完整的计划。

（5）视听法和网络培训法

视听法是利用现代视听技术对员工进行培训的方法。视听法直观鲜明，往往比讲授法或讨论法给人更深的印象；教材生动形象且给学员以真实感，所以也比较容易引起他们学习的兴趣。但视听设备和教材的成本较高，内容易过时，并且学员实践较少，一般可作为讲授法的辅助手段。

网络法是将文字、图片及影音文件等培训资料放在网上，供员工学习。这种方式由于具有信息量大、无学习时间限制等特点，颇受学员欢迎，也是今后培训发展的趋势之一。但一些如人际交流、讲究动手的技能培训则不太适用于网络法。

二、员工培训效果的评估

（一）培训评估的目的和标准

在整个培训过程中，都伴随着培训评估的影子。培训评估就是对培训的各个环节进行评估，以发现培训中存在的问题，不断改进评估方案，提高培训绩效。

培训评估的主要目的有三个：①测量学员在接受培训后的结果，评估培训规划的总体状况；②测量和追踪培训过程的各个环节，提出改进措施；③研究培训中一些非量化的或不可测量的因素。

进行培训评估需要有一定的标准。在选择评估标准时，要明确企业对评估目的的界定。有了明确的评估目的，培训行为就有了方向，也就能更加符合企业的真实需求，为企业的发展助力。

培训的投资回报率是比较直接的培训评估标准，能够反映培训的成效。培训带来的利润与培训的成本支出之比就是培训的投资回报率。选择的评价标准有培训后是否提高了生产力水平、是否减少了工作中的错误率、是否提高了服务质量，并明确说明这些因素与培训存在着密切的关系。

员工培训后的工作行为与工作表现是最能体现培训效果的，企业对培训结果的评估就是通过对员工受训后的工作表现和业绩实现的。通过了解员工受训后的表现，能够评估培训是否满足了实际工作的需要。但要注意，培训结果评估只是培训评估的内容之一，还要注重培训的过程评估。对于培训评估来说，过程评估和结果评估密不可分，也不可或缺，在培训评估时，一定要全面评估，避免评估出现不客观、不准确的情况。

（二）培训评估的类型

1. 培训总体评估

培训总体评估主要依据培训需求、培训规划以及培训机制对培训的情况进行评估。总体评估涉及因素多，工程量大，需要进一步细化。

2. 受训者反应评估

受训者反应评估是培训评估的重要方面。对于受训者来说，他们是培训的主体，全程参与培训的过程，他们对培训有着切身的感受，也对培训有着自己的看法。受训者的反应，对评估整个培训非常重要。

受训者反映评估在通过调查表、面谈、公开讨论等多种形式获取信息后，要求学员对每一个教学环节进行评价，以匿名方式按照一定等级评价。评估者按照受训者反馈的信息，对培训进行评估。

3. 受训者知识、技能学习成果评估

受训者知识、技能学习成果评估是培训评估的重要方面，一般在培训尾声阶段进行。通过直接评价受训者的知识、技能学习情况，了解培训的效果。对受训者这方面的评估主要有两个方面，一是知识增长情况，可以通过考试获取，另一个是行为方式情况，可以采用观察、情景模拟等方法获取。需要注意的是，对受训者知识、技能学习成果的评估一定要客观、真实、公正，也要综合多方面因素进行评估，保证评估结果的准确性。

4. 工作表现评估

对员工进行培训，目标就是提高员工的工作能力，提升其工作表现，因此工作表现评估是非常重要的培训评估内容。员工只有在接受完培训后才能回到本来岗位上继续工作，因此，工作表现评估只能在培训完成后进行，而且需要一定的等待时间，因为员工培训效果的转化需要时间，其在工作中进行运用也是需要时间的。然而，工作表现评估也最能体现培训是否真正有效。

5. 组织绩效评估

企业开展培训活动，投入了资金，增强了员工的综合素质和水平，其最终目的还是提高经济效益。作为一项系统工程，对组织绩效进行的评估，涉及很多因素，具有一定的难度。一般大致使用客观指标测量和主观衡量两种评估方法。客观指标测量法是先确定考查标准，在员工接受培训后，看其标准等级有没有获得提高。主观衡量法是通过人力资源管理中的考绩对组织绩效进行评估，间接地反映培训的效果。

对于现代企业来说，构建一个合理的员工绩效评估系统是十分必要的。通过绩效评估，可以了解员工的工作情况和工作能力，能够为企业人力资源管理提供一定的依据。通过绩效评估，也可以增加员工的积极性，充分发挥员工的潜力。绩效评估系统要获得理想的效果，必须要进行科学构建，保证其准确性与客观性。

第四章 医院人力资源管理

第一节 医院人力资源管理基础理论

一、人力资源的内涵

伴随时代的发展，人这个因素在历史发展中的作用，较之其他因素的作用的重要性越来越得到人们的认可。近10年来，全球企业界对人力资源管理的发展越来越关注，并且这种趋势在不可逆转地持续加强。其主要原因或许来自一个日益公认的判断和事实：人是保持竞争的关键所在。人力资源是所有资源中最宝贵的资源，人是生产力诸因素中最积极、最活跃的因素，人类社会所进行的各项生产活动都是靠人去完成的。因而，如何保护人的积极性是发展生产的一项重要任务。

人力资源的定义可以从广义和狭义两方面去理解：从广义上说，人力资源是一定范围内的人口中所具有劳动能力的人的总和，是能够推动社会进步和经济发展的具有智力和体力劳动能力的人的总称；狭义上讲，从企业组织这种微观层面来看，人力资源是有助于实现组织目标的组织内外的所有可资配置的人力生产要素的总和。

人力资源既非实物资源，如水力资源、矿产资源等，又非金融资源和技术资源，而是一种特殊的最宝贵最重要的资源，它具备极大的可塑性和无限的潜力。一般来说，人力资源具有以下几个特性：

（一）时效性

人的寿命有限，劳动时间通常只有 40 ～ 50 年左右。人的才能增长和发挥有一个积累上升到稳定发挥再到逐步下降的过程，长期闲置或"撂荒"造成的损失和浪费难以弥补。因此，人力资源不像其他资源那样具有可储藏性，而具有时效性。

（二）能动性与创造性

根据马克思关于生产力三要素的观点，劳动者不仅制造工具作用于劳动对象，而且将劳动工具和劳动对象联系起来，成为生产力中最活跃、最革命、最能动的因素。人力资源不仅自身具有一种内在的增值潜力，是可以开发、管理的资源，而且能够开发和管理其他资源。人力资源具有主观能动性，若开发利用得好，可以创造出超过自身价值许多倍的效益。

（三）社会性与继承性

人是社会关系的总和。人力资源随着人类自身再生产发展而发展，受人类生育和生存条件制约，更受社会经济条件和特定生产方式的制约，带有明显的时代和社会的烙印。同时，每一代人都会"承前启后"，在前人基础上向更多的领域和更高的层次发展。

（四）再生性

虽然每个人个体的存在有时效性，但人类总体上有再生性，能通过人类自身的再生产不断发展，不像矿产等实物资源那样具有耗竭性，而是能再生和可持续发展的特殊资源，而且总体上后续资源优于前面的资源。

（五）可凝结性与可增值性

人类通过劳动积累日益丰富的物质产品和精神产品，这些产品是大规模人力资源积累和凝结的物化形态。利用人对知识、信息和技术的吸纳能力，通过教育科技投入，提高人的素质和能力，投入再生产过程后能获得增值。

二、人力资源管理的内涵

人力资源管理主要指对全社会或一个企业的各阶层、各类型的从业人员从招聘、录取、培训、使用、升迁、调动直至退休的全过程的管理。其管理对象主要指正在从事体力劳动和脑力劳动的人们。它侧重于如何组织、管理已进入劳动过程的人力资源，有效地发挥其功能。从"人"与"事"的角度讲，是要达成"人"与"事""人"与"人"的和谐，这种和谐会带来生产效率的提高，进而达成最终目标，推动经济和社会的发展。人力资源管理可以分为宏观和微观两个方面，宏观人力资源管理即对全社会人力资源的管理，微观人力资源管理则是对于企业、事业单位人力资源的管理，是指对人力资源的取得、开发、利用和保持等方面进行计划、组织、领导和控制，使人力、物力保持最佳比例，以充分发挥人的潜能，调动人的积极性，提高工作效率，实现组织目标的管理活动。人力资源管理的基本任务，就是组织好人力这种最重要的生产力，正确处理好组织内人与人之间、人与工作之间的关系，充分发挥组织内员工的积极性和创造性，不断改善员工队伍素质，保证本组织劳动生产率或工作效率的持续提高。一般人力资源管理的基本内容包括人力资源规划、工作分析、员工招聘选拔、员工培训与开发、员工的使用与人才管理、绩效考评、薪酬管理、员工激励、劳动关系、企业文化建设。

三、医院人力资源的特性

（一）知识型员工为主

知识型员工是指一方面能充分利用现代科学知识提高工作的效率，另一方面他们本身具备较强的学习知识和创新知识的能力。医院是一个以知识型人才为主的组织，与非知识型员工相比，知识型员工在个人特质、心理需求、价值观念及工作方式等方面有着诸多的特殊性：

1. 具有相应的专业特长和较高的个人素质

知识型员工大多受过系统的专业教育，具有较高学历，掌握一定的专业知识和技能。同时由于受教育水平较高的缘故，知识型员工大多有着较高的个人素质，如开阔的视野，强烈的求知欲，较强的学习能力，宽泛的知识层面，以及其他方面的能力素养。

2. 具有实现自我价值的强烈愿望

知识型员工通常具有较高的需求层次，往往更注重自身价值的实现。为此，他们很难满足于一般事务性工作，而更热衷于具备挑战性、创造性的任务，并尽力追求完美的结果，渴望通过这一过程充分展现个人才智，实现自我价值。

3. 高度重视成就激励和精神激励

在知识型员工的激励结构中，成就激励和精神激励的比重远大于金钱等物质激励。他们更渴望看到工作的成果，认为成果的质量才是工作效率和能力的证明。他们愿意发现问题和寻找解决问题的方法，也期待自己的工作更有意义并对企业有所贡献。因此，成就本身就是对他们更好的激励，而金钱和晋升等传统激励手段则退居次要地位。不仅如此，由于对自我价值的高度重视，知识型员工同样格外注重他人、组织及社会的评价，并强烈希望得到社会的认可和尊重。

4. 具有很高的创造性和自主性

与体力劳动者简单的、机械的重复性劳动相反，知识型员工从事的大多为创造性劳动。他们依靠自身拥有的专业知识，运用头脑进行创造性思维，并不断形成新的知识成果。因而，知识型员工更倾向于拥有宽松的、高度自主的工作环境，注重强调工作中的自我引导和自我管理，而不愿如流水线上的操作工人一样被动地适应机器设备的运转，受制于物化条件的约束。

5. 强烈的个性及对权势的蔑视

与传统的体力劳动者不同，知识型员工不仅富有才智，精通专业，而且大多个性突出。他们尊重知识,崇尚真理,信奉科学,而不愿随波逐流,人云亦云,更不会趋炎附势,惧怕权势或权威。相反,他们会因执着对知识的探索和真理的追求而蔑视任何权威。此外,由于知识型员工掌握着特殊专业知识和技能,可以对上级、同级和下属产生影响。因此,传统组织层级中的职位权威对他们往往不具有绝对的控制力和约束力。

6. 工作过程难以实行监督控制

知识型员工是在易变和不确定环境中从事创造性的知识工作,其工作过程往往没有固定的流程和步骤,而呈现出很大的随意性和主观支配性,乃至工作场所也与传统的固定生产车间、办公室环境迥然不同,灵感和创意可能发生在任意的工作时间和场合。因此,对知识型员工的工作过程很难实施监控,传统的操作规程对他们也没有意义。

7. 工作成果不易加以直接测量和评价

知识型员工的工作成果常常以某种思想、创意、技术发明、管理创新的形式出现,因而往往不具有立竿见影、可以直接测量的经济形态。由于现代科技的飞速发展,许多知识创新和科研性成果的形成通常非一人所能为,而需要团队的协同合作,共同努力。由上述特点决定,对知识型员工特别是个人的工作成果,经常无法采取一般的经济效益指标加以衡量。这一特点为企业如何正确评价知识型员工的个人价值和如何给予合理的薪酬带来一定困难。

8. 工作选择的高流动性

知识型员工由于占有特殊生产要素,即隐含于他们头脑中的知识,而且他们有能力接受新工作、新任务的挑战,因而拥有远远高于传统工人的职业选择权。一旦现有工作没有足够的吸引力,或缺乏充分的个人成长机会和发展空间,他们会很容易地转向其他公司,寻求新的职业机会。因此,知识型员工更多地忠诚于对职业的承诺,而非对企业组织作出承诺。

根据上述的知识型员工的特点可知,知识型员工是一个追求自主性、个体性、多样化以及具有较强创新精神和团队协作精神的员工群体。这个群体工作的动力主要是来自其工作者内在报酬本身,而非金钱财富。因此,在进行知识型企业人力资源部组织结构设计时,要充分考虑知识型员工的特点与他们的需求。在对知识型员工的激励上,不能以金钱刺激为主,而应以其发展与成长为主。知识型企业人力资源部组织结构应弱化制度管理,提高服务在人力资源管理中的重要地位,强调企业文化、沟通交流环境以及信任、承诺、尊重、自主、支持、创新、学习、合作、支援、授权和公正等人力资源管理新准则。

(二)个体劳动与群体劳动的结合

相对于工业化的企业或者是其他经济组织来说,医院的医务人员从事的工作是一种依靠个体和群体的专业知识、经验等对病患进行医治的工种。从横向来看,门诊医生给病人看病提供的是以其专业知识,工作经验以及职业操守等为基础的服务;从纵向来看,医生这样的服务必须要以医院的其他相关部门诸如化验等部门提供的资料为基础,从这个意义上来说这样的服务又是群体的。这样一来，对单位病患提供服务的好坏的衡量标准相对于其他组织来说就缺乏可量化性，即没有一个标准化的衡量标准可以对医务人员的工作进行衡量。在这样的情况下他们工作的好与坏、效率的高与低，还要取决于他们的道德水平和职业道德等。因此，对这种组织的成员管理就与工业化企业或者是其他经济组织有很大的区别，要真正地管住他们的"心"，而不仅仅是一些表面的东西，这里就需要医院文化作支撑了。

（三）与对象直接面对面的服务

在医院这样的组织中，医务人员与病患之间的关系是一种主客体相互转换的关系，也就是说医院所提供的服务与终端客户有更直接的联系。这可以从两个方面来理解：首先，与对象直接面对面的服务具有服务业的性质，这就需要从事服务的人员，包括医生和护士要以病人的需要为自身工作的中心，全心全意为病人服务；其次，医疗部门提供的服务不同于社会上普通服务业的服务，医疗部门的服务关注的是接受服务对象的生老病死，对每个人来说最宝贵的东西莫过于就是自己的生命了，因此医院的这种与服务对象直接面对面的服务就更需要一线从业人员和病人及其家属有更全面深入的交流和沟通，才能够更好地为病人服务。要做到这些，对医院从业人员的素质、能力、职业道德等方面有比其他行业从业人员更特殊的要求，也给医院的人力资源管理工作带来了新的课题和挑战，给医院人力资源管理人员带来了新的困难。在我国经济社会整体上处于转型发展的关键时期，我国社会保障体系的建设正在全面铺开的新情况下，这些挑战和困难更加复杂，应对和解决起来更有难度，需要我们认真细致而且有创新性地来开展相关的工作。

四、医院人力资源管理的特点

（一）战略性

医院的现代人力资源管理与传统的人事管理有着本质区别，医院从传统的人事管理向现代人力资源管理的转变具有重要战略意义。传统的人事管理主要采用严格的制度、苛刻的命令和粗放的监督等方式，忽略了员工的内心真实感受和主观能动性的充分发挥，将主要精力放在员工考勤、职称评定和福利发放等事务性工作上，普遍缺乏以人为本的价值理念，对人力资源这一概念缺乏战略性的认识，在整个医院运营中，与日常经营活动相分离，只表现出其战术地位。随着时代的发展，加强人力资源管理已成为医院发展必须优先面对和解决的课题，必须提升到应有的战略性地位。

人力资源管理的战略性主要表现在以下四个方面：第一，意识提升。相比以往，医院决策者普遍认为人力资源是医院发展的决定性因素，被放置于更加优先和重要的位置。第二，地位提升。人力资源管理部门话语权明显扩大，由过去单一的执行层进入到总揽医院发展全局的决策层，不再是单一的传声筒。第三，管理提升。人力资源管理部门不再仅仅是常规和静态的管理，而是将更多的精力放在引才借智、员工创造潜能的开发等工作上，侧重动态的管理。第四，影响提升。人力资源管理部门逐步转变成为医院的生产部门，对医院的经营产生直接和重大的影响，人力资源管理工作也兼具指标意义，成为衡量医院综合实力的重要指标。

（二）创新性

市场经济的发展和信息技术的日新月异，对医院的人力资源管理提出了更高的要求，人力资源管理与开发不再只是一个动态的系统，需要不断自我革新以适应时代和市场的发展需求。人力资源管理的创新已成为医院技术和服务进步的重要保障。其创新性主要表现在：

1. 管理政策创新

技术和服务的进步颇具开创性的活动，须有相应的政策配套保证，受制于历史等因素，医院开展革新必须面对诸多政策桎梏，这就要求医院人力资源管理部门不断解放思想、改变观念，打破固有政策的束缚，持续研究、制定、推出符合市场观念和人力资源开发管理的新理念、新政策，为医院整体医疗水平和服务社会能力的不断提高，创造宽松和健康的大环境。

2. 管理机制创新

有了宽松的政策氛围，医院的各项创新也要依托高效、精干的组织体系。现有医院内部大多缺乏透明、科学、规范的人力资源管理机制，医院创新难以获得长久有效的制度支撑，需要尽快完善和建立科学、合理的竞争机制、岗位责任制度、绩效考核制度、薪酬分配制度等现代人力资源管理制度，并以此为基础，为各项创新提供长效动力。

3. 管理手段创新

随着社会的进步和发展，医院传统的人事管理模式已经不能适应新形势的发展，需要加快信息化建设步伐，充分利用现代信息技术手段，不断提高信息化工作水平，进而提高医院人力资源管理工作的现代化，为医院的发展作出更大的贡献。

（三）全方位性

现代医院人力资源管理不但涵盖了原有人事管理的传统内容，而且向纵深进一步发展，形成全方位、多层次、宽领域的新格局。

1. 纵向方面

为了更好地选拔和使用人才，人力资源部门管理范围拓展延伸，主要包括三个方面，一是向两头延伸，不再拘泥于聘用关系发生的时间、区间，对聘用关系发生之前和结束之后都有了详尽、明确的规范和要求；二是由显性到隐性延伸，不但重视人才才能的充分施展，也重视其潜能的挖掘和发挥；第三，向八小时以外延伸，除去八小时的工作时间，为员工业余时间的充电和提高提供各个层面的支持和保障。

2. 横向方面

首先，以人为本，更加注重服务管理的人性化。医护员工不仅是医院发展的资源，更是鲜活的生命个体。人力资源管理工作应该走进每个员工内心，倾听他们的呼声，关注他们的合理诉求，保障他们的合法权益，增强他们对医院的认同感和归属感，进而激发他们创事业的积极性、主动性和创造性。其次，有教无类，人力资源管理更具全局性。实行全员培训、全员开发，以发挥每一个人的最大效能。"马太效应"的累积将极大削弱医院发展的后劲，任何人才的成长都是一个累积的过程，不可只将眼光放在医院高层次人才和管理人员身上，应该深挖每一位普通医护员工的潜能，充分焕发他们的热情和活力，不忽视、更不排斥任何一个潜在的人才。

五、医院人力资源管理的发展趋势

（一）观念更新 —— 以人为本

知识经济时代的到来对医院人力资源管理提出了更高的要求。人才是医院发展的重中之重，已成为医院决策者的普遍共识，只有做到以人为本，努力为人才营造一个更为宽松、更有活力的工作、生活环境，才能做到人尽其才，医院也才能拥有更美好、广阔的未来。要做到这一点，首先，医院管理者要牢固树立"人力资源是第一资源"观念，努力做到尊重知识、尊重人才，这是做好人力资源管理工作的基本前提；其次，医院管理者要牢固树立"大人才"观念，立足本院，放眼周边，努力做到不拘一格降人才，把各级各类人才尽可能地聚集到医院中来；最后，医院管理者要牢固树立"开放用人"观念，抛弃"非此即彼"的固有认识，不求所有，但求所用，努力创新各种方式和形式吸引和使用人才。以人为本，努力做到以事业凝聚人才、以精神激励人才、以感情关心人才、以待遇留住人才。

（二）水平提升 —— 以专取胜

现代人力资源管理从业人员应该具备较强管理水平和专业素质，如专业性才能，能对本单位员工工作能力、人力资源效率等进行客观评估，并由此具备科学设计薪酬系统的能力，有组织管理才能等等。医院人力资源管理部门要学会统筹兼顾，把握大局和重点。既要圆满应对日常性事务的协调和处理，而且要深入研究医疗卫生事业发展的趋势，制定专业的、科学的规划来解决医院未来发展对人才的需要。医院人力资源的从业人员只有具备较强的专业素养，才能对医院的发展方向、现存问题、解决办法拥有清醒的认识，才能为医院领导决策提供科学参考依据，为其他部门提供切实有益的帮助。

（三）职能转变 —— 服务创新

时代的发展要求人事管理部门由传统的行政支持者变为经营管理合作者。寻找人才、提供人才、留住人才、发展人才，成为人事管理的新职能。因此，人事管理部门的工作重心也要随之调整，对于传统的人事行政工作，可以通过逐步简化工作流程，或者将部分工作直接交由社会专业机构运作来实现管理的优化，从而抽出更多精力用于调研、制定、实施科学有效的人力资源发展战略，确保人力资源得以最优配置，调动绝大多数人的积极性，充分发掘各级各类人才的潜能，使人力资源战略成为医院长远发展的重要支撑和保障。医院人力资源管理是否实现了职能转变，能够从以下两个方面加以考核判定：一是医护员工对医院人力资源部门的满意和认可；二是医院服务水平和能力以及医院效益是否得到切实提高。

（四）机制创新 —— 奖优奖勤

合理的职称待遇及上升空间是吸引、留住人才的重要手段。为此，医院人力资源管理部门必须依据社会主义市场经济规则不断推动管理创新。建立现代医疗机构人才选拔机制，透明高效的竞争机制，权责明确的岗位责任制，切实有效的约束和激励机制等制度。从根本上打破职位、级别即价值的旧制度、旧思维，构建起能力和贡献即价值的新制度、新思维。对于特别优秀的医疗人才，要坚持特事特办的原则，为其生活和工作开辟绿色通道，尽可能在精神和物质上予以最大满足。同时，要坚持薪酬管理和绩效考核相平衡的原则，调动他们工作的积极性、主动性和创造性。对于年轻职工，应从制度上为其进步开辟上升空间，鼓励其搞业务和搞科研的热情，激励他们努力学习、认真工作、自觉充电，使医院在源源不断的后劲中立于不败之地，员工在医院的蓬勃发展中持续创造和实现自我价值。

第二节　医院人力资源管理策略

一、医院人力资源管理的原则

一般说来，我们从事的人力资源管理工作的原则有宏观和微观两个层面：从宏观来看，人力资源管理过程中一般都要坚持管理创新、制度创新、观念创新。营造一种公开、公平、公正的环境，建立一套充分发挥个人潜能的机制，在实现组织战略目标的同时，给员工提供充分实现自我价值的发展空间。从微观来看，因为人力资源管理具有不同的环节，具体到不同的流程我们可以有不同的具体的原则。比如，招聘面试的 STAR 原则，所谓 STAR 原则，即 Situation（背景）、Task（任务），Action（行动）和 Result（结果）四个英文单词的首字母组合。STAR 原则是面试过程中涉及实质性内容的谈话程序，任何有效的面试都必须遵循这个程序。在与应聘人员交谈时，首先了解应聘人员以前的工作背景，尽可能多了解他先前供职公司的经营管理状况、所在行业的特点、该行业的市场情况，即所谓的背景调查（Situation），然后着重了解该员工具体的工作任务（Task）都是哪些，每一项工作任务都是怎么做的，都采取了哪些行动（Action），所采取行动的结果如何（Result）。通过这样四个步骤，你基本能控制整个面试的过程，通过策略性的交谈对应聘人员的工作经历与持有的知识和技能作出判断，招聘到更为合适的人才。另外，一些适用性比较高的原则还有：职责清晰的"6W1H"原则等。

（一）以人力资源为医院的核心竞争力

随着国际交流的逐渐频繁，医院受到冲击的首先是人才队伍，人才流失是受到冲击后的直接反映。只有把人力资源看作是医院核心竞争力，在这样的大前提下来思索我国医院人力资源管理的出路才是科学的，符合实际情况的。

（二）以市场为导向

以市场为导向是现代市场经济条件下对社会上各种资源配置提出的基本要求。现代市场经济是主要依靠市场供求、竞争和价格等手段，组织与调节社会经济，达到资源优化配置的经济形式和机制。以市场为导向配置各种资源是 WTO 最核心和最高的原则。毋庸置疑，中国"入世"后，资本的流动扩张速度日益加快，资本投资的地域不断扩展，从而不可避免地促进国内经济结构的调整，从而要求重新调整劳动力在产业间、部门间和企业间的配置，这就会进一步消除国内残存的非市场导向的就业形式，加速形成以市场为导向的就业机制，极大地促进中国劳动力市场的建设。劳动力市场大环境的变化，这些变化包括：

1. 传统的劳动关系管理向劳资关系管理方向发展

在这里，劳资关系中的"劳"是指劳动力市场的供给方，"资"是指投资人从事生产经营活动所构成的劳动力市场的需求方。在劳动力市场日益完善、就业市场化的条件下，任何类型的企业、经济单位均属于劳动力需求一方。我们这里讨论的"劳资关系"不带有阶级、政治的含义，是纯经济的含义。

2. 传统的人事管理向现代人力资源管理转化

劳动关系本质上是一种经济利益关系，这种经济利益关系客观上要受国家宏观经济政策、产业政策和所有制结构变化的影响，随其变化而开展相应的调整。今天，人力资源管理与开发已成为企业劳动管理的核心，从战略的角度考虑人力资源管理问题，把它和企业的总体经营战略联系在一起是近年来企业管理的主要趋势。

3. 绩效薪酬激励成为人力资源管理的核心

"入世"后，为了在市场竞争中取胜，企业的人力资源管理，从招聘选拔、录用考核、任用调配、工作评价、职位分析、绩效考核、奖惩薪酬、员工培训等都将以人力资源开发为战略，其中的核心是针对激烈的人才市场竞争，把战略性的理念引入到薪酬领域中来，构建合理可行的绩效薪酬激励制度，使之成为劳动管理的核心，为吸纳、维系和激励优秀的员工提供支持。面对这种变化，只有迎难而上以市场为导向来思考我国医院人力资源的对策才是可行的，才是适应经济发展需要的。

二、医院人员的分类管理

（一）医院医护人员的专业化

医护人员是医院正常运行的基础。拥有高水平、高效率的医护队伍是医院存在发展的前提条件。对于医护人员的专业化，国家相关部门针对不同的科室出台了一系列相关的标准。比如，临床、医技、护理实行三级设岗，在实行科学分类设岗的基础上，将临床医生分别设为主诊医师、副主诊医师、住院医师三个岗位级别，每个岗位分高年资和低年资二个类别。主诊医师一般由取得副主任医师以上的专业技术人员或高年资主治医师担任，主诊医师为医疗组长，主诊医师有权在本专业医生中选聘副主诊医师、住院医师，人员实行双向选择，优胜劣汰，分级聘用形式。医院先公布职务岗位、任职条件，由个人提交申请、参加测试、民主评议、答辩或述职等形式进行竞争。使每一位上岗的人员能够在其职，谋其政，负其责，尽其力，并且在这种竞争的环境下，护士长、科主任管理力度大大加大，遇到问题主动出主意，想办法，找出路。

（二）医院管理人员的职业化

随着我国市场经济体制的建立和不断完善，社会各领域的分工也日益细化，这就使相关领域从业人员的专门化成了经济社会发展的大势所趋。具体到医院从业人员的管理，不仅要求传统上在我国医院领域建设中相对完善的技术人员的专业化程度更加提高，更要求医院管理人员的职业化发展形成气候并取得长足发展。在医院从业人员研究领域，先前的文献对我国医院技术人员的专业化已有较多比较深入的研究，而对医院管理人员的职业化研究相对较少，仅有的研究深度也不够。

众所周知，我国医疗卫生系统长期存在一个弊病，即重技术、轻管理。这一弊端造成了一些畸形医院技术这条"腿"很长，而管理这条"腿"很短。随着我国医疗服务业的对外开放，国内医疗市场的竞争日趋激烈，对医院管理者的综合素质提出更高的要求。因为竞争更加白热化，可以说，只要稍不留神，就会有失败的可能。国内许多医院存在的问题，主要是缺乏驾驭市场能力的精于经营、善于管理的职业化卫生管理人才特别是职业化的医院院长。传统的医院管理者已适应不了市场经济环境的要求，甚至会制约着医院发展的步伐，因为他们的能力或专长同现代医院管理的要求是不相适应的，因此把管理人员职业化就成顺应时代发展的要求。

1. 医院管理人员职业化的含义、范围

医院管理人员职业化是指医院管理工作必须由经过医院管理的专门职业培训，通过国家法定部门考核，获得从业资格，受聘后以从事医院管理为其主要经济来源的专门人员担任。职业化的医院管理人员包括从事医院管理决策、参谋、执行三个层面所属工作的全体成员。决策层包括院长及院级领导，参谋层包含医务财经、人事、行政等职能部门的管理人员，执行层包括科及各基层部门执行决策的管理人员。

2. 医院管理人员职业化的必要性

首先是医院管理的实践性与创新性的要求。新世纪的医院管理者面对改革观念的碰撞，利益的冲突，法制的建立，经济的均衡，这些要求管理者在创新的实践中不断增强其超前意识，洞察规律，把握局势，适时决策的应变能力等。在这种情况下非职业化的医院管理者基本难以胜任。其次是医院独特的社会性和公益性的要求。医疗卫生机构之

于一个社会的重要性是其他组织无法比拟的。医院行为总是受到来自社会各界的关注，上至政府下到社区，每个病人及与病人相关的人均可对医院行为从不同侧面作出评价。要处理协调好这些关系，努力营造良好的内外环境，非职业化的医院管理者也很难胜任。再次是医院管理中、长期目标的有效实现的要求。从战略管理中我们知道，任何一个战略的有效实现都需要管理人员的稳定性和连续性。而医院的战略的实现也同样如此，但现行的院长任职体系的短期的"兼职"模式，容易造成经营过程的短期效应，损耗本已不足的卫生资源，影响医院的可持续发展。最后是知识经济发展的时代要求，21世纪是全球知识经济时代，在医疗卫生领域，医院组织呈现出既分工明细又交叉综合的管理特征，医院管理者的职业化势在必行。

3. 医院管理人员职业化的措施

首先必须得到立法保证。要有国家、地区各级人事组织卫生行政部门的高度重视，还要有各类的法律、法规政策和制度保证。其次就是应加速和完善我国医院管理人员职业化市场。这也是市场经济体制的要求，这样有助于建立市场约束机制，促进医院管理者在激烈的人才竞争中努力完善自我，使医院管理者的社会价值与其经营管理业绩紧密结合，激发医院管理职业化人员的职业意识，推进我国医院管理人员职业化的进程。再次要有相应的利益驱动。市场经济内在动力就体现在，它要求职业化的医院管理人员遵循经济规律，改革分配制度，实施有效的利益驱动，如年薪制、内部股份制等等，真正激发医院管理人员靠管理好医院来体现个人的社会地位和人生价值，从而将医院管理职业视为其生存的现实基础和人生的意义；最后这一切的实现都需要教育先行。必须加大职业化教育的力度，进一步拓宽职业化教育的渠道，真正做到学以致用。

4. 医院院长的职业化

（1）院长思维全球化

创新的理念要求中国医院院长在21世纪要敢于冲破"禁区"，打破千百年的陈规陋习。不能只站在一个地方医院或一个局部单位位置上思考问题，应放眼全球，即不但要搞好本医院建设，而且要有走出中国"围城"，走出国门办医院，进入世界医疗大家庭的信心和力量。由于随着国家医疗体制改革的深入发展，中国医疗市场必然全面放开，而要想迅速打入国际医疗市场，作为中国医院院长只有以全球化思维，走科技创新、以低廉的费用提供优质服务的道路，才能适应这种新形势。

（2）以人为本，换位管理

21世纪的医院，服务对象不仅局限于病人，而更多的是广大人民群众。因为他们不仅需要治病，重要的是防病，并且通过这个途径，为他们提供全面的健康教育观。众所周知，人民群众有生存权、健康权，只有尊重他们的权利、保障他们的权利，才能体现新世纪医院的本质与作用，医患之间建立一种市场经济条件下的新型伙伴关系。医护人员是人民群众的一个群体，这个群体知识文化水平较高，专业性较强，既有保障人民群众健康的义务，又有治病救人、救死扶伤的风险和责任。面对市场经济人才流动大潮，要想巩固医院阵地，扩大业务范围，只有增强理解，以人民利益为重，以病人为中心，实现医护人员的自我价值。而从医护人员走向院长岗位的大多数管理者以及纯管理专业出身的管理者来看，既要充当医生角色，同时又要扮演院长管理角色，更重要的是扮演人的角色，这种模式的转换是当今中国医院院长的典型和必要途径，也是对人的内涵理解的升华和提高。

（3）以文促医、博学多才

21世纪的医院，要求院长不可仅满足于文凭所学知识，学历不是个人智慧的最高境界。要提高院长自身素质，不断汲取文化素质，则应涉猎广泛，比如，文学、音乐、摄影、写作、新闻、电脑、多媒体、因特网等。要养成天天读书的习惯，不能沉湎于应酬及事务之中。只有这样，才能提高院长自身的文化修养，陶冶情操，这是一个管理的无形"软件"制作，它滋润着管理这片肥沃的土壤。身为院长既要以身作则，同时也要提高本院医护人员的文化素质，摆脱过去那种"重医轻文"倾向，给单纯的病床、设备环境增添一点文化气息，努力营造一个文化品位高的医院。譬如，在有的科室适当增加一些音乐、电视、风景画、读报栏、名人名言等可读可视内容，使病人在接受治疗时感受到医院的温馨，又间接地提高了人民群众的文化素质，不仅治好了他们躯体的疾病，而且给他们的心理和精神上送去了春天般的温暖。作为医院院长，更应首创并倡导"医院精神"，持续赋予医院文化内涵新的生命，这就是新世纪医院院长的必备素质。

（4）科技创新，抢占"制高点"

作为一名院长，首先要有科技创新思维，新思维依靠新知识的积累、滴水穿石、滴水成海，它包括对科技知识的广泛涉猎，对科技刊物学习，科技知识讲座参与的渴求与兴趣，激发自身科技创新思维，不断汲取科技营养，更新科技知识，时刻跟踪了解世界医疗最新科技动态，才能统揽全局，抢先占领科技"制高点"。首先，要不断培养、引进科技人才、不惜重金聘用国内外高、新、尖技术人才，给他们提供必要的科研基金、设备和工作环境，对他们的住房分配、子女就业、夫妻分居，以及到国内外"深造"给予尽可能的支持。其中，最重要的是提高物质待遇，这样才能留住人才，发挥潜能，为医院培植和繁衍人才奠定基础，让他们在多学科、多专业中创造世界一流技术和科研成果，提高医院的整体科技水平，用"创名医、创名院"的全球战略眼光，观察和处理问题。其次，要用高新技术人才，让他们不断创新具有国内外一流水平的最新诊断和治疗技术，利用高、精、尖仪器，为病人创造痛苦小或者无痛苦、微创或无创的最佳医疗服务，在激烈的竞争中有绝招，出名医、创名院，牢固树立全球名牌战略意识。作为21世纪医院院长还要对引进高、新医疗设备等医院硬件有所深入了解，即对该设备的先进性、科技含量、诊断价值、价格、售后服务、投资回收期等要有一个清醒的认识，把握机遇，力求用最少的投入购回最新医疗设备，为病人提供快速、准确的医疗服务。

（5）推行科学管理

现代医疗要求院长重视对人的理解、沟通、增加感情投资，改变传统的家长式管理模式，树立全新的管理理念，把国家利益、人民利益和规章制度融入员工的自觉行动中，充分发挥每个员工的最大潜能。同时，既要注意发挥好个人的核心作用，同时要有协作的"团队"精神，即注重精神激励，更重要的是发挥好物质奖励作用。坚持推行按劳分配和按生产要素分配，效率优先、优胜劣汰的分配机制。在医疗机构管理的基础上，倡导和推行"技术入股"，按股分红、上不封顶、下不保底。积极鼓励及促进人才交流、流动，鼓励跨国、跨院兼职，挂职活动及参与国内外重大医疗项目研究，鼓励和引导参与国际合作、网络交流，实现医疗资源共享。结合当前中国国情，政府对卫生事业的投入已不能满足日益增长的医疗需求。新世纪的中国医院要用低廉的费用为病人提供优质的服务，保障人民群众健康，利用有限的资金，办好中国特色的卫生事业，这就需要我们开动脑筋，活跃思维，力求用较少的钱办较好、较多的事。用好、用活、管好资金，具备"有重有轻、有急有缓、有先有后"的经济头脑，实施"有所为、有所不为"的战略，才能实现管理科技化、资金效益化。"海阔凭鱼跃，时势造英雄"新世纪新时代呼唤驾驭中国医疗航船的综合型院长人才，并且要求他们不断充实新知识、新思维、新方法，提高一院之长驾驭市场经济的能力，大胆实践，闯出一条独具中国特色的医院管理与效益道路，努力向更新、更高、更优目标迈进。

三、医院人力资源管理的具体对策

现代医院管理是以人力资源为核心的管理。人力资源管理就是在医院管理中要坚持和贯彻"以人为本"，使"人"与"工作"和谐地融合起来，实现医院和员工"双赢"，达到利益最大化。人力资本理论告诉我们：人力资本比物质、货币等硬资本有更大的增值空间。特别是在当前知识经济时期，人力资本将有着更大的增值潜力。作为"活资本"的人力资源，具有创造性、创新性，具有有效配备资源，调整企业发展战略等市场应变能力。根据美国心理学家马斯洛（Maslow）的需求层次论：人的需求都是分层次的，每一层都是相互关联的，从低级向高级递增。所以，在人力资源管理中要满足员工的基本需求，使他们首先有生存的保障，然后随着发展逐级向更高级的需求迈进，否则就无法留住人才，医院的发展也没有后续的人才保障。再根据双因素理论，应建立科学的绩效评估体系，使每位员工人人有岗，不因人设岗；人人有职，各负其责，按劳分配，各有所得，多劳多得，少劳少得，尽可能做到公平和效率的和谐。

（一）充分认识人才内涵，重视人才培养成长

随着医疗体制改革的深入，医院医务人员的管理变得越来越重要。要管理好一个现代化的大型医院，必须树立医务人员是第一资源的观念。因为医务人员就是医院的竞争力，就是医院看不见的资产，一个医院的兴旺发达要靠医务人员。根据马斯洛的需求层次理论，应尽量满足医务人员高层次的需求，使其个人目标与医院管理发展目标相一致。

医院不仅面临激烈的医疗服务市场份额的竞争，也面临人才的竞争，而人才竞争又是竞争中至关重要的一部分。面对新时期的挑战，医院必须充分认识人才的内涵，健全一套引进人才，用好人才，留住人才的管理机制，提升医务人员的价值，营造一个有利于医务人员充分发挥潜能的环境，进而更好地实现医院的稳步发展。

医院应该首先充分认识到医务人员是医院的宝贵资源，营造融洽、和谐、积极向上的内部环境。用好医务人员不仅要靠优厚的物质待遇，更重要的是事业有无发展前景和

吸引力。医院要积极为他们搭建施展才华的平台，添置先进的设备，营造良好的学术氛围，积极推荐、支持、鼓励他们参加国际国内学术交流。把医院发展目标同个人实现价值的目标有机结合起来，充分发挥他们的聪明才智，激发医务人员的活力，使他们在工作中作出更大贡献。

（二）实现医院管理层职业化，提高医院整体管理绩效

根据组织理论原理：组织的顶端人员，在专业知识、管理能力、资历等方面与其职位相匹配。我国医院领导层对医院专业管理的知识尚不够系统，目前我国医院管理都是实行党委领导下的院长负责制，其实质是院长拥有医院人、财、物使用的决策权，院长人选基本上都是上级主管部门任命的医疗专业院长或从原来的科室主任提拔成院级领导。这样从专业技术来说有一定的好处，对专业和科室的发展有益。

医院的人力资源必须有专门人员来管理，他们必须经过专业严格的医院管理培训，通过国家法定部门的考核获得从业资格，受聘后不再从事临床工作而只从事医院人员管理工作，从事医院管理为其主要经济来源。医院管理队伍职业化包括工作专职化、职位序列化、技能专业化、管理意识现代化和管理人才市场化等多项内容。国外医院的院长以及管理队伍的知识结构大多是工商管理硕士（MBA）或者公共管理硕士（MPA）出身，都比较注重管理的专业化。医院领导层实行专业化和职业化管理是一种必然趋势。

（三）完善绩效考核体系，激发员工自我实现

医院的绩效管理，是人力资源管理的重要内容，也是重要的人力资源管理激励措施，是医院在运行过程中，既要保证医院能够为广大患者提供优质、热情、便捷、廉价的医疗服务，同时也要保证医院的运行和发展，又可以充分调动广大医务人员的工作积极性的手段，它应以经济核算为基础，通过全面管理、业绩考核，权衡与决定职工个人的绩效工资多少。

绩效工资，又称绩效加薪、奖励工资或与评估挂钩的工资，是以职工被聘上岗的工作岗位为主，根据岗位技术含量、责任大小、劳动强度和环境优劣确定岗级，以企业经济效益和劳动力价位确定工资总量，以职工的劳动成果为依据支付劳动报酬，是劳动制度、人事制度与工资制度密切结合的工资制度。绩效工资由四部分组成：基本工资、年龄工资、岗位工资以及奖励工资。

医院应建立分层次、分类考核标准。把门诊、急诊、住院、检查、手术等医疗工作量指标；把住院率、床位使用率、床位周转率、平均住院日、手术台数、诊断符合率、治愈率、抢救成功率等医疗质量和效率指标；把病人投诉率、就诊病人满意率、住院病人满意率、处方合格率、病历合格率等医德医风指标；把住院人数、住院人均收费、科室人均纯结余、人均收益等经济指标作为医院绩效考核的主要内容，从而将绩效考核和绩效工资达到最公平、最合理的程度。

绩效工资的实行，也是激励理论中的一种措施。根据现代组织学理论，激励的本质就是员工去做某事的意愿，这种意愿以满足员工的个人需要为条件。其核心在于对员工内在需求的把握与满足。因而，医院人事部门应做好每一个职位的责权分析，制订工作

说明书，为绩效考评打好基础，防止绩效工资的发放不均。

绩效考核还要注重目标管理，即制订考核目标，以达到目标为诉求作为进行奖金调整、奖罚的依据，晋升或降级的指标，以便养成职工的竞争意识和危机意识，从而提高医院的服务水平。有效的激励机制不仅可以调动员工的积极性，激发他们的创造力，而且可以增强医院的凝聚力和竞争力，增强医院在市场中的整体竞争能力，进而促进医院的不断发展和效益增长。

（四）构建科学合理的绩效评估机制

人力资源管理的核心在于建立完善的激励机制。人才竞争的根本是机制竞争，一个好的机制不但可以留得住人才，而且可以充分调动和发挥人才的积极性，并创造出巨大的财富。医院要围绕以下几个方面建立激励机制：建立公开、平等、竞争、择优的选人用人制度；建立职责明确、有效放权的岗位责任制；建立科学、公正、公开的绩效考核制度；建立公正、公平、合理的薪酬管理体系；建立员工能上能下、能进能出的动态竞争机制；建立完善的福利和社会保障制度；搞好员工的职业生涯设计，为员工个人提供良好的发展空间；推行"人本管理"，培育员工的认同感和团队精神等。

医院人力资源在运营过程中的使用效率或利用效果如何，是由许多复杂因素耦合作用的结果，比如良好的用人机制，先进的激励原则的运用等等。但通过制度设计和管理操作建立科学的绩效评估和薪酬结构体系来实现"激励相容"，毫无疑问是实施有效的人力资源激励管理的最重要环节，也是构建科学的医院人力资源激励机制的核心渠道。

1. 将平衡记分卡应用于绩效评价

平衡计分卡是使组织的使命和战略转化为综合性的绩效评价的一种新兴管理工具，它提供了短期与长期目标、财务与非财务措施、外部与内部绩效指标间的平衡，可以促进组织各方面的发展。它的评价目标由4个方面组成：财务目标、顾客、内部经营过程、学习与成长，这4个方面构成了平衡计分卡的评价框架。该管理体现了目标管理的思路，根据外部对医院的绩效评价结果找出医院存在的不足，结合医院战略发展需要，确定医院发展年度目标，并且以此进行目标分解，确定科室考核的关键绩效指标。医院建成这样的绩效评价体系后，可以将绩效评价结果与绩效工资结合起来，改变奖金分配的混乱局面，使绩效管理初步得到职工的认可。

2. 使用360度绩效考核法考核临床科主任

对被考核者实施考核的主体有以下四个：上级、下属、平行层次和病人。上级主要考核：下达指示的完成度、病人满意度、业务量、经济指标、梯队建设、人才培养等。下属考核的指标是：思想道德、个人素质、领导才能、领导艺术、人际关系等。平行层次考核的指标有：业务水平、管理水平、与其他科室的协调度等。

3. 应用关键绩效指标（KPI）的考核指标体系

KPI（Key Performance Indication）即关键业绩指标，是通过对组织内部某一流程的输入端、输出端的关键参数进行设置、取样、计算、分析，衡量流程绩效的一种目标式量化管理指标，是把企业的战略目标分解为可运作的远景目标的工具，是企业绩效管理系统的基础。KPI能够使部门主管明确部门的主要责任，并以此为基础，明确部门人员的业绩衡量指标，使业绩考评建立在量化的基础之上。

4. 用系统综合集成法建立绩效评价体系

系统综合集成方法是一种新研究的开放的复杂评价系统，将专家体系、统计数据和信息资料、计算机技术三者有机结合。主要是通过以下步骤加以实施：首先，考核指标的选择，可以通过专家咨询法等选择并分类指标；其次，考核指标的筛选，可以通过德尔斐法来完成；最后，指标体系建立的技术路线：一般遵循这样一个过程，即文献调研 —— 专家讨论 —— 拟订调查表 —— 专家咨询 —— 数据录入 —— 数理统计分析 —— 合理性议定 —— 指标体系产生。在医院管理中要完成这个目标最重要的就是实现医院信息化，这也是目前很多医院建设的热点。

5. 运用目标管理的方法建立绩效评估体系

目标管理也是目前国内比较多采用的指标体系，该体系要求广泛征求一线工作人员的意见，结合医院的总体目标从五个方面制定一线中层干部绩效评估指标体系：第一，业务指标体系：包含科室的业务收支（以上年的同期收支为比较标准），病床使用率、病床周转率、药品收入在科室总收入中所占的比例等经济业务指标，其目的是评价科室的经济效益情况、工作量的完成情况、合理用药情况等；第二，医疗护理质量指标体系：包括查房质量、病历书写质量、护理质量、医疗纠纷及事故等，其目的是评价科室医疗护理质量水平；第三，服务质量指标体系：包括病人满意度、是否有服务态度的投诉、是否有乱收费等，其目的是评价科室的服务质量水平；第四，科室管理指标体系：包括科室行政管理、物资管理、设备管理等，其目的是评价科室的教学与科研完成情况；第五，科研教学指标体系：包含教学质量指标、科研质量指标，其目的是评价科室的团队效力和管理人员的管理水平。

（五）完善选人用人机制，实现人岗有机对应

医院应把聘用合同作为医院人力资源管理的基本形式，把每一位聘用人员的岗位设置清楚，做好岗位职责说明书，实行岗位管理制度。实现按需设岗、竞聘上岗、按岗聘用、合理管理。适时引进末位淘汰制度、待岗制度、人员分流制度。实行合同聘用制，首先是选好人、用好人，这是合理优化人力资源的关键，应该把合适的人才放在合适的位置。医院人力资源部门要做到公开、平等、竞争、择优聘用原则，做好工作分析、岗位评价和岗位规范等工作。选人、用人，首先应该从内部挖潜，内部人员深知医院的发展过程，了解医院的发展思路，人事关系和谐，工作与同事协调。无论从内部选拔，还是从外部招聘，都应该挑选工作态度好、有敬业精神、与团队合作、学习能力强、可塑性高、专业能力强、稳定性高，能为医院长期工作的优秀人才。

（六）健全医务人员培训机制，提升诊疗服务技能

现在是知识爆炸的年代，知识的发展日新月异。特别是在科学技术领域，时时刻刻

都有新科技、新技术、新知识的创新和发现。因此，医务人员必须进行经常性的培训和拔高，不能因为工作繁忙，个人收入减少和医院开支增加而放弃继续学习。进修学习更应该走出国门，积极邀请知名专家进行学术交流。新技术的应用不仅是医院新的发展点，而且更是广大患者的福祉。不但是医务人员，医院的其他工作人员也应该进行培训。进一步加大医院对员工培训的投入力度，对员工进行岗位教育、医院文化教育、全员礼仪培训、职业形象培训、技术技能培训等。员工的培训计划应该是医院人力资源管理的重要组成部分，持续的员工培训能为医院的发展提供源源不断的动力，从而提升医院的整体形象和综合效益。

员工培训要制定培训计划，这些培训包括 5 个方面内容：第一，岗位教育（工作任务说明书）：第二，工作核心技术培训：第三，员工自我进修、继续不断学习，掌握先进的知识和技术，开发潜能：第四，管理培训：第五，文化培训。

培训有 4 个层次：第一，员工层面：按照员工的行为差错记录，通过谈话及观察员工知识技能的缺陷，上级对照管理技术标准进行培训：第二，科室层面：分析科室或部门长短期需要，科室领导负责培训人员及内容：第三，医院层面：各科领导做医院培训需求计划，参考每个月的审计结果（包括服务质量、医院行为标准）。注重所有员工的技能和知识培训，并报院领导批准。培训方式是在内部、外部或出国：第四，生涯规划：员工培训计划，要确定员工的发展方向，做好员工职工发展规划。

（七）完善医务人员准入管理，奠定医院发展基础

医院在人员准入方面，必须严格执行《执业医师法》和《护理条例》等政策规范，保证进入医院的每一个医务工作人员具有相应的资格和必备条件。根据医院人力资源管理的特征及其管理的特殊要求，在员工招录时一定要注意以下要求：知识与技能、身体与年龄，工作经验，尤其是道德情操。医务人员在道德情操方面，必须高尚正直，立志保持较高水平的医疗道德。其次是仁心仁术，以人民的福利保健为己任，同情遭受疾病折磨之患者，竭尽全力为其解除疾苦。再次是精益求精，在业务上全力以赴，止于至善。第四是诚信正直，以诚待人，公正廉直。第五是齐心协力，创造交流分享、相互尊重的环境，鼓励成员之间合作、参与，相互信任，持续进步成长。第六是关心社会，造福社会，尽职尽责。

（八）恪守"以人为本"理念，促进医院和谐发展

医院要实行人性化管理，充分发挥人力资源的能动性。人性化管理着眼点是人，终结点也是人，必须确定人是管理中的主导地位，医院的员工是医院人力资源管理中主客体的有机统一。人性化管理要求各级领导层必须尊重职工、关心职工、理解职工、信任职工，把员工的潜能和专长有效地发挥到极致。医院的领导应该给全院的员工创造出一个和谐、团结、协作、健康、向上的工作环境，让员工体会到工作的快乐和工作的成就感。医院的管理者要"以人为中心"，热爱他们，把他们看成是医院的财富，看成大家庭的成员，与员工加强沟通，提倡参与医院的决策，让所有员工形成一个利益的整体。医院领导层应当知人善任、唯才是举、适才适用、适用适所，更应该以功归人、以奖励

人、以法治人、以宽容人、以理服人、以信取人、以诚待人、以情感人。用信任换取员工对医院的忠诚。这样全体人员方能珍惜工作、乐于工作，达到自我实现的需求。

（九）构建医院先进文化，增强医院发展动力

1. 医院文化

医院文化是以共同价值观为基础，医院全体职工所共同遵循的目标和行为规范及思维方式有机结合的总称。医院文化是医院的底蕴和灵魂，是一种价值观，是医院核心竞争力的重要组成部分。

医疗行业的特殊性决定了医院文化内涵具有根本性、整体性和层次性的三个特征：

（1）根本性

文化代表着基本的价值观念，医院文化是医院的灵魂，优秀的医院文化是比设备、资产更重要的医院财富，是医院发展的最关键因素。

（2）层次性

作为医院无形资产的医院文化，必须通过有形载体来表达和实现。杨曾宪等国内大多数学者根据文化的不同性质，将医院文化分为物质文化、制度文化和精神文化。

①物质文化。物质文化是医院文化中最为表浅的第一个层次，物质文化是医院文化最直观的载体，是医院文化的表象，如医院的院徽、院容院貌、院歌等能在外部直接表达着医院特征，是医院外在形象。医院环境和建筑是医院物质文化的一个重要组成部分，能够较好地体现出医院文化特征。

②制度文化。制度文化是医院文化的第二个层次，制度文化是医院文化建设的重点和基础。制度文化是医院精神文化的体现和外化，医院各项规章制度、医疗活动的流程程序、各种操作规范、医院管理和运作制度等都是医院制度文化。

③精神文化。精神文化是医院文化的第三个层次，也是医院文化的最高层次，是医院文化建设的核心内容和最高境界。精神文化是物质文化和制度文化两个有形文化的升华，精神文化的核心内容是形成医院的核心价值观和医院精神。核心价值观以员工共同价值观为基础，是医院主导思想，比如培育员工的服务意识、品牌意识、质量意识、竞争意识以及市场意识。

（3）整体性

医院文化是通过医院员工这个载体来发挥作用，而绝大多数的医疗服务活动是一个整体的团队活动。医院文化是医院的灵魂，创建成熟的具有独特品质魅力的医院文化，是医院成长进步、永续发展的核心动力。

2. 建设医院文化的重要性

医院的文化体系是医院人力资源管理的一个核心内容。医院的核心价值观、医院的制度体系、医院的表象标识都与人力资源存在密切的联系，都对医院的发展、医院的效益和前途有深远的影响。医院文化是一种全院人的思想和信仰，它可以产生所向披靡的力量。医院文化是全体职工共有的态度，可以产生强大的凝聚力和向心力。医院的文化

应该充满自信、做事认真、持续进取、鼓励创新。

3. 建立医院文化体系的作用

（1）向导作用

一个医院具有一个好的文化体系，可以营造出蓬勃向上、干事创业的良好氛围，可以打造出一支奋发向上，争创一流的职工队伍，对提高医院的医疗水平和核心竞争力有极大的促进和向导作用。

（2）凝聚作用

好的文化可以凝聚人心，产生无尽的动力，提升职工的自豪感和荣誉感，增加社会的美誉度。

（3）激励作用

优秀的文化能够激发员工实现自我价值，调动全体员工的积极性、主动性、创新性，实现忘我工作。

（4）效率作用

优秀的文化，可以使一个医院实现跨越式的发展。

4. 建设医院文化体系的要求

第一，优秀的医院文化是医院精神风貌的充分体现，因此医院领导必须高度重视，深思熟虑，形成一套既符合传统伦理并具有特色的文化；第二，医院文化的建设必须与自己医院的特色相匹配，与社会的道德观念相融合；第三，医院文化具有自己的独特性；第四，医院文化有创新性；第五，医院必须有自己的识别标志，有一套自己的形象设计。

当今世界的竞争，归根结底是文化的竞争。有了优秀的文化，就会有强大的凝聚力、强大的创新力、强大的辐射力和影响力，国家、民族甚至一个医院在相对有限且激烈的资源竞争中，就会占据有利的地位，并进而把握发展的主动权，从而实现国家卫生事业和医院的振兴。

第五章 医院薪酬与绩效管理

第一节 医院薪酬管理

一、医院薪酬管理的相关理论与方法

（一）薪酬

一般来说，薪酬是指组织内全体员工的货币性和非货币性劳动收入的总和。在国内外对薪酬的内涵的界定还未形成统一，但是薪酬作为人力资源管理的一个重要环节，其发挥的功效是为学术界和企业界所公认的。

1. 从不同学科中的含义看薪酬

薪酬研究同时是管理学和经济学的研究重点，区别只在于称谓不同以及侧重点不同。经济学研究中始终使用"工资"一词，工资的性质及什么机制决定工资水平是其主要关注点。管理学中的用词在上文中已提到一直处于变化中，工资的效率以及如何达到这种效率是其关注点。

2. 从立体视角看薪酬

从社会、企业、个人三个角度来说对薪酬的理解有所不同。从社会的角度来说，薪酬是全体成员的可支配收入，薪酬的水平决定了社会整体的消费水平。从企业的角度来

说，薪酬意味着成本。对于个人来说，薪酬是出卖劳动的所得，是交换的结果。

3. 从形式上看薪酬

从形式上，可以将薪酬划分为货币和非货币两种。货币薪酬是企业以货币形式支付给员工的报酬，包含工资、奖金、补贴、津贴等；非货币薪酬是企业提供给员工的假期、保障等不以货币形式支付的报酬。

（二）战略薪酬

战略薪酬是以组织的发展战略为前提，充分考虑组织发展的宗旨和价值目标，把薪酬作为组织实现战略的手段和赢得并保持战略优势的重要工具的薪酬理念、薪酬制度和薪酬决策的结合。

战略薪酬不同于传统的薪酬，其内涵包含：

第一，薪酬不仅仅是对员工贡献的承认和回报，它还是一套管理流程，使得将组织的战略目标和价值观转化为具体的行动方案，并鼓励支持员工实施这些行动。

第二，薪酬是连接雇主与员工之间的纽带，薪酬体系不但可以帮助企业吸引并留住实现企业目标的必需人才，还可以影响员工的责任感和他们为企业付出努力的程度。

第三，薪酬体现的是组织内全新的价值观和实践方法，它是组织的战略与文化的组成部分。它通过特有的方式来改变组织的精神面貌、雇主与员工的关系以及组织的活力与竞争力。

第四，薪酬是不断的革命，它需要通过创造新的方法和形式以使得员工分享劳动成果，不断推动组织的变革，让员工成为组织发展与竞争的战略伙伴。

第五，战略薪酬计划能够增进员工的积极性并且促进其发展，同时能够使得员工的努力与组织的理念、文化和目标保持一致。

第六，战略薪酬计划除了根据市场薪酬水平来支付员工薪酬外，更重要的是它还有目的地将员工的薪酬同组织的使命和整体目标结合起来。

第七，战略薪酬计划使得将要支付给员工的报酬与特定的人力资源管理功能结合起来。

战略薪酬管理的主要任务是确定薪酬制度目标、维持内部一致性、保持外部竞争性、认可雇员的战略贡献、形成独特的薪酬文化。

战略薪酬需要与企业的经营战略类型有高度的相容性。对于采用低成本战略的企业，薪酬制度应该具备以下的特点：采用较低的"薪酬——雇员"替代模式，即用效率工资雇佣较少的高效率员工，建立基于成本的薪酬决定制度；发放有限的奖金。对于采用差异化战略的企业，可以使用团队薪酬制度，完善额外津贴和工作用品补贴。对于采用专一化战略的企业，通常采取基于技术等级的薪酬决定制度，并配合使用期权激励和股权激励等长期薪酬激励计划。

战略薪酬应该根据不同行业的成长特性和企业特点与企业战略态势相适应。使用稳定发展战略的企业，其薪酬结构应该保持相对稳定。使用快速发展战略的企业，其薪酬制度设计应该坚持多样化与针对性的原则，同时应突出绩效薪酬制度和可变薪酬制度的应用。使用收缩战略的企业，其薪酬制度应该回归到维护企业核心竞争力和核心资源上来，强调薪酬制度的统一性。

（三）薪酬理论

1. 薪酬决定理论

（1）生存薪酬理论

生存工资理论是按照维持劳动者的生计水平来制定工资的理论。该理论最早是由英国资产阶级古典政治经济学创始人威廉·配第（William Petty）提出的。他根据劳动价值论论述了工资，认为工资是维持工人生活所必需的生活资料的价值。生存工资理论的奠基人是法国资产阶级古典经济学家杜尔阁。他认为劳动力的价格是劳动者和雇主双方协商的结果，由于雇主总会优先选择讨价最低的，使得在这种竞争条件下劳动者不得不把价格降到只能维持生计的水平。生存工资理论是初级的工资理论，虽然并未揭示出工资的本质，但还是为确立最低工资提供了理论基础。

（2）工资基金理论

工资基金理论认为，对于一个国家来说在一定时期内资本总额是固定的，其中用于支付工资的部分（工资基金）也是固定的。每年的收入中，要先扣除设备消耗及生产资料耗费和利润之后的剩余才是属于劳动者的工资。由此可见，在可分配的总工资额一定的条件下，工资的水平与劳动者的人数有直接的关系，劳动者人数多，工资水平低；反之，工资水平高。

（3）边际生产力薪酬理论

美国著名经济学家克拉克（John Bates Clark）认为劳动和资本对生产的贡献随着投入量的变化而变化，这一变化的基本趋势符合边际收益递减规律，即在资本量保持不变的前提下，劳动的生产力跟随劳动者的增加而递减。根据边际生产力薪酬理论，劳动者的薪酬取决于劳动的边际生产力，也就是雇主雇佣的最后一个单位的工人所增加的产量应该等于付给该工人的薪酬。资本数量不变时，工人的人数决定了工资的水平。工人人数越少，工资水平越高；反之，则越低。

（4）效率薪酬理论

20世纪70年代后期产生了效率工资理论。该理论认为，薪酬与生产率之间是相互依赖的。厂商降低薪酬，不一定会导致利润增加；厂商增加薪酬也不一定会降低利润。也就是说，厂商可以通过支付较高的薪酬来降低每单位有效劳动的费用，把薪酬作为一种增加利润的手段。在企业中每个工人的生产率是本企业支付的薪酬率、其他企业支付的薪酬率以及失业率的函数。

在信息不完全的劳动力市场中，工资可通过逆向选择效应、劳动力流动效应、偷懒效应、公平效应对生产率产生影响，支付给员工高于市场水平的工资将有助于提高工人的劳动生产率。

逆向选择效应是指，本来有利于某个经济主体的价格变动，在质量选择效应的作用下反而会变得对这一经济主体不利。由于劳动者的能力与保留薪酬存在正相关的关系，使得厂商的薪酬水平对其要招募的劳动者的质量有着重要的影响。对于厂商而言，求职者的平均生产率将随薪酬的下降而降低，而薪酬降低又会使更多的高生产率的劳动者离开企业。降低薪酬减少成本的结果反而不利于企业的发展。

劳动力流动效应主要反映的是辞职率对薪酬的作用。对于一个追求利润最大化的企业来说，辞职率的增加会导致准固定劳动成本的增加，因而企业更愿意选择提高薪酬降低辞职率的方式。

偷懒效应认为劳动过程中，劳动者的效用同薪酬正相关，同劳动努力呈负相关关系。劳动者在工作中可能选择偷懒，如果企业提供的薪酬水平高于市场水平，那么雇员因为偷懒而被解雇后在相同的市场将找不到同等薪酬的工作，雇员需为偷懒行为付出较高的代价，从而达到抑制雇员偷懒以提高生产率目的。

公平效应是指劳动者之间通常会互相比较劳动收入与劳动支出，并据此改变其行为方式。当劳动者认为自己受到不公平的待遇时，便不会努力工作；当劳动者认为自己受到了优待时，就会努力工作以回报企业。企业若支付相对较高的薪酬，便使劳动者感受到公平，并通过提高自己生产率的方式来回报企业。

2. 薪酬分配理论

（1）马克思按劳分配理论

马克思认为，在进行个人消费品分配之前，首先要从社会总产品中扣除用来补偿消耗掉的生产资料、用来扩大生产的追加部分、用来应付不幸事故、自然灾害等的后备基金、管理费用、社会救济金等后剩余部分进行劳动者个人的消费品分配。

马克思确立的按劳分配原则需要具备以下的前提条件：第一，全部生产资料归社会共同占有，社会成员具有完全平等的享有生产资料的地位；第二，商品经济已经消亡，社会生产按计划有组织地进行；第三，旧的社会分工和劳动的本质差别依然存在，个人谋生的手段还是劳动；第四，同一部门的劳动生产率的高低取决于劳动者的劳动强度和熟练程度，且复杂劳动已转化为简单劳动，并能用劳动时间计量；第五，按劳分配的对象是必要扣除之后的社会总产品。

在满足上述经济条件下实施的按劳分配，有以下的特点：第一，实施范围的全社会统一性；第二，按劳分配的社会直接性；第三，分配形式的实物性；第四，劳动时间作为消费品分配依据的唯一性；第五，等量劳动领取等量报酬的绝对性。按劳分配作为社会主义经济制度的重要方面之一，不是一个抽象而空泛的理念，而是能够在实际生活中具体运用和操作的机制。其最终是要消灭人剥削人，建立不劳动者不得食、充分发挥人的能力的社会。

（2）分享经济理论

分享经济论的核心是，认为传统的资本主义经济的根本弊端不在于生产，而是分配，特别是在雇员报酬制度上。按照传统的工资制度，雇员的工资与厂商的经济活动无关。由于工资固定、劳动成本固定，价格也就相对固定，厂商为实现利润最大化就只能在产品的数量上做文章，而对于价格则无计可施。当市场需求收缩，只能减少生产，解雇多余的劳动力，造成失业。若采用凯恩斯的理论必然导致通货膨胀。因此，要摆脱滞涨，就必须对导致滞涨的根源工资制度动手术，使用分享工资制度。

把工资制度改为分享制度，其要点是把固定的工资改为与某种反映厂商经营状况的指数相联系。就可以使得劳动者与雇主达成在企业收入中各占多少分享比例的协议，而不是每小时多少工资的合同。

（3）整体薪酬理论

整体薪酬方案的实施需要遵循以下几条原则：

第一，以员工为中心。要摒弃传统薪酬体系以雇主为中心的薪酬思路，树立"创造条件、服务员工"的理念。要求雇主和组织有宽广的心胸和长远的战略眼光，切实做到"与财富创造者分享财富"。

第二，定制性和多样性。对不同的人、不同的组织以及在不同的发展时期，应该有不同的薪酬设计方案。但核心依然是：在制度允许的范围内，为员工量体裁衣，在最大限度满足员工需要的基础上实现奖励最佳，留住合格，劝退不合格员工的目的。

第三，动态性原则。要根据员工的需求在不同的时期和阶段的差异对薪酬制度作出相应的调整。

第四，分类管理原则。根据 ABC 管理法则，对于 A 类人员的薪酬方案精心设计，且薪酬水平也应该高于市场平均水平。对于 B 类人员，其薪酬应与市场平均水平相似。对于公司 C 类人员则应该支付给其低于市场平均水平工资。

整体薪酬方案改变了过去对薪酬零碎、片段式的思考，提供了一种系统地思维方式。

二、医院薪酬管理的改革

（一）建立完善的薪酬管理制度

面对当前我国医院薪酬管理的现状，加强薪酬管理的有效改革是关键。建立完善的薪酬管理制度是首要任务，新时期，薪酬管理制度的改革应充分体现公平性、透明性与人性化，充分考虑医务人员的利益，提倡以人为本的理念，构建更为完善的薪酬管理制度。薪酬管理是医院人力资源管理的重要组成部分，是提升职工积极性的关键点，应紧紧抓住职工的心理诉求，留住人才，为医院事业的发展"添砖加瓦"。薪酬管理制度的确立，应保证薪资发放的规范性与合理性，职工对医院的贡献率来衡量其薪资，坚持薪资发放与职工的贡献率成正比。另外，应强化医院全体职工的监督，薪资发放时应将薪资分配表进行共享，并对每个员工的表现进行备注，供全体人员监督，实现薪资管理的透明性与公开性。

（二）构建全面的绩效考核制度

薪酬管理与绩效考核具有很强的联系性，为了强化薪酬管理的规范性，加强对绩效考核工作的重视是关键。传统的绩效考核制度仅仅局限于对最终工作成果的评比，其缺乏人性化与公平性，只是通过一定期限内的工作成绩来衡量医护人员的个人价值是远远不够的。因此，为了增强薪酬管理的人性化，应对绩效考核进行人性化的管理，构建全面的绩效考核制度，在其中加入面谈环节，且还要强化反馈机制的构建。首先，在反馈机制构建方面，应充分考虑职工的实际情况，将职工的考核结果以书面或电子的形式反馈给本人，让其了解自身的薄弱点，明确自身获得相应薪酬的原因。通过结果的有效反馈，职工会逐渐得到改善，那么其所对应的薪资也会发生变化，这样也利于激发职工的积极性。另外，在绩效考核中应安排一定的面谈内容，及时了解职工的真实情况，进而获得有效的信息。基于人性化的考量，给予职工发放合理的薪酬，既能实现绩效考核水平的全面提升，也可促使薪酬管理水平的全面提升。

（三）强化政府部门的资金投入

医学事业对于国家来说具有重要意义，其中医院属于公共事业，旨在为国民解除疾病痛苦，旨在维护国民的安全与健康。为了支撑国家的医疗事业，政府部门应大力支持医疗工作，为了更好地优化内部薪酬管理体系，应加强对医院的资金投入，严格规范合理的薪酬分配与发放制度，并为医院提供诸多医疗器材与设备支持，对医院资金投入结构予以合理的调整。若为医院的建设，应充分发挥其为公共民众服务的特点，优化政府的财政补偿机制，对现阶段的公共卫生类事件开展政策性的补贴。医院内部，医生的技术能力存在差异。为此，医院应根据医生的资格、技术能力、接诊情况等对医生的薪资进行分配，可极大提升医生工作开展的积极性，是薪酬管理结构不断优化的一个重要内容。

三、公立医院薪酬管理的组织原则

（一）完善绩效考核体系

1. 强培训、转观念

由于医院推行绩效考核的时间较短，而且面临着不断变化的形势，因此人力资源管理者必须不断更新知识，及时掌握先进的绩效考核信息，才能达到新时期医院绩效考核工作的要求。因而，必须加快对医院人力资源管理者的培训工作，对于绩效考核涉及的知识、人力资源管理的技巧、医院的人力资源管理其他方面知识等都必须进行系统的培训，只有人力资源管理人员的专业素质与综合素质提高了，才能促进医院职工绩效水平以及医院整体绩效考核水平的提升。

通过绩效考核发放的绩效工资和奖金，是职工医疗服务的质量和数量、患者满意度、医德医风、科研教学、成本核算、业务学习、工作态度等综合情况的反映。有一部分职工虽然工作数量多，但绩效工资不一定比综合情况好的职工多，因而还存在着不解甚至怨言。这些职工的观念还停留在奖金的多少是以工作量的多少、科室收入的高低来衡量的水平上。这种观念是多年形成的，有些观念根深蒂固，不可能在短期内通过举行几次培训、进行几次动员、开几场座谈而能改变的，改变过来需要大环境的形成。现在政府推进工资制度改革，为医院实行绩效考核提供了一个好的契机。医院领导班子要统一思想、共同参与，扎扎实实地做好职工的思想工作，进行耐心细致地解释说服和教育工作，以帮助职工转变思想观念，引导职工正确对待并积极支持绩效考核。

2. 建体系、重管理

一套科学、容易操作的绩效评价体系直接关系到绩效考核结果的优劣。若指标设置模糊，评价起来弹性就大，很容易引发人为偏差或者人情考核。在制定绩效评价体系的过程中，要选派一定数量的被考核对象参与进去，充分听取各方面的意见和建议，把医院的战略管理目标与职工个人目标相结合。要从医院的实际出发，注重个性，分清重点，把握好度，准确设置关键业绩指标数量，使考核结果既体现科学性又具有可操作性。同时，还要注重部门之间指标的均衡，避免不同部门之间或岗位之间的指标值考核出现"责任大的部门考核结果差，责任小的部门考核结果好"等不公平现象，导致员工失去信心并产生抵触情绪。

因此，医院的绩效考核评价体系应该与时俱进，注重在实施过程中调整、修正考核指标存在的问题，并按照新时期医院管理的标准作出顺应时代的改变，其中包括指标的设置、权重及操作方式等等。有些指标经过几年的运行，通过加强管理，职工都能很好完成的就可以减掉或权重减轻,而对一些不断出现的新问题的指标就要增加或加大权重。

3. 助考核、显作用

医院绩效考核指标的直接执行者是一线的广大职工，一线职工执行能力的大小、执行效果如何将决定医院的整体业绩。从主观上说，医院职工都想尽自己的努力做好本职工作，取得好的绩效成绩，拿到好的绩效工资和奖金，但是受主客观因素的影响和制约，有些职工在执行过程中可能会有困难，不能很好地按照绩效指标体系的标准和要求做好工作。因此医院人力资源部门，尤其是科室主任、班组长就要做具体工作的指导者，为职工清除工作中的障碍提供帮助、支持和指导，并激发职工的主观能动性，与职工一起共同完成绩效目标，从而实现医院的远景规划和战略目标。可以说，医院绩效考核工作是考评者和被考评者良性互动的系统工程。

在医院领导、中层干部和职工三个层次中，被考核的主体部分是职工，职工的直接领导（科主任、班组长等）是最了解各科室、部门或每个岗位职工的工作绩效和完成任务的执行能力的人。因此，医院不同层级职工的直接领导者应该承担绩效考核的主要责任，这样能最大限度地减少考核的偏差。医院每个科室主任都是一个独立科室绩效考核的组织者，既要负责下属员工的绩效考核，同时还要承担对直接下属绩效指标的设计、沟通、考核、反馈、奖罚等工作。医院人力资源部门的工作主要是制定绩效管理政策、方案和制度，做好辅导，监督绩效考核流程正常运行与成绩汇总等工作。因而，医院绩效考核中科室主任的地位十分重要，要充分发挥科室主任在绩效考核中的作用。

4. 重平常、求公正

医院绩效考核工作涉及的内容多、持续时间长、要求细致，相关管理人员尤其是科室主任应该坚持做好考核相关的日常记录工作。实质而言，绩效考核中的目的与医院日常管理的核心具有一致性，考核指标设置与医院管理细则也存在相关性。因此，在具体操作时，应该把绩效考核同日常管理进行结合，用考核记录来帮助日常管理，而不是将绩效考核当作工作负担，除非到了需要考核的时候才来补记录，敷衍了事，为考核而考核。这样不但导致对于职工绩效的考核缺乏科学性，并且也造成在绩效沟通与反馈时缺乏足够的证据对职工进行说服。

医院绩效考核的结果一般是以量化的百分制分数的形式来表现的，分数的高低直接决定着职工的绩效工资以及奖金等。如何获得一个相对准确客观的分数结果，使打分尽可能准确地反映出职工的实际工作绩效就显得十分必要。

要准确客观地进行打分，就需要严格依据考核指标，对考核进行中的相关记录进行认真分析并加以参照，准确计算各个指标对应的得分并进行累计，对所有的步骤都应该认认真真地执行，尽可能地减少考核打分过程出现的伸缩性与主观性。要用制度约束考核者的行为，使其真正对事不对人，成为绩效考核评价环节中无可挑剔的一环。

（二）确定考核指标体系

1. 突出考核主导因素

以前那种把科室成本核算作为主要考核指标的绩效考核模式，侧重经济指标的考核，无法准确地考察临床科室在工作强度、风险程度以及技术含量、服务质量等方面的差异，而且也与国家规范管理的要求相背。因此，构建以成本核算考核为基础，以工作量以及工作效率为考核主体，以质量考核为核心的科室综合绩效考核体系，不但改变了原来那种奖金只与科室成本核算挂钩的分配模式，而是采用多指标的绩效考核，同时各个指标体系间互相补充，增加了绩效分配的公平性与合理性。

主要的工作量考核指标包括，手术例数、占用床日、门诊诊疗人次、出院人数等，将其作为临床科室的重要工作量指标，可以有效体现临床科室的风险程度与劳动强度。有关工作效率关键性包括，床位利用率、平均住院日等，这两个指标反映的是医院以及科室劳动效率，增加床位利用率、减少平均住院日对于增强医院与科室的绩效管理水平具有重要作用。

将工作量以及工作效率指标纳入绩效考核评估中，可以降低科室对于经济效益的过分追求，充分反映出多劳多得、优劳优得的原则。有效激发科室管理的积极性，增加对医疗卫生资源的利用的有效性和合理性，同时缓解公众看病贵看病难的问题。

2. 以质量考核为核心

综合质量考核就是指医疗质量、医疗服务态度以及其他各方面管理工作所需达到的标准以及要求。可以采用千分制绩效考核体系，考核内容涉及医德医风、医疗服务质量、护理服务质量、医保管理质量、病历质量、物价收费质量、院内感染质量、教学科研质量等。

科室必须权衡成本控制与服务质量之间的关系，不能仅仅为了减少成本就将服务质量与服务标准降低，也不能仅仅为了创收就无视物价政策乱收费多收费。质量考核的具体考核应该由有关职能部门定期开展，通常一月一次较为适宜，以便及时发现问题及时监督，每月的质量考核应该形成常态，同时考核结果直接影响科室当月的绩效，且当月兑现。

3. 辅以社会效益、科研等考核

伴随医院的不断发展，医院的经营管理能力不断增强，相应的专业科研能力、医学科研转化能力也在增强，因而医院在职责中需体现科研任务，把科研能力作为大型医院绩效考核的辅助指标，是大势所趋。

如何更好地体现社会效益，是医院管理者必须思考的一个问题，作为人民的医院，她必然承担着公益性的相关职责。把社会效益的体现与每个医务人员的工作结合起来，就必须将该种因素纳入医院的绩效考核体系，这样就能从制度入手，去激励广大医务人员和行政后勤工作人员的工作积极性和创造性。

4. 引入外部参照系

外部质量指标通常包括顾客感知到的质量和患者满意度。这两个因素往往放在一起通过理想的质量标准和患者实际体验到的质量加以比较研究。在外部质量指标中，主观判断是最主要的研究和表述方法，在医疗卫生行业，所谓顾客感知到的质量主要用信赖、反应性、声誉等比较抽象的指标来表述；对于患者的满意度，常常用服务的数量、技术水平、可及性和医生态度等比较具体的指标来表述。

患者感知到的质量和患者的满意度两者之间相互影响，患者购买服务的动机同时受到两者的影响，很难将两者区分开来。医院管理者要提高医疗机构对患者的竞争力首先要确保医疗服务的质量，但更重要的且容易被忽视的问题是。质量不同的服务能够被患者有效区别和感知。因此。有必要建立有效的质量信号传递系统。为此，应着重考虑三个方面：一是如何解决无形服务不能被有效感知的问题；二是如何保证服务质量的稳定性；三是如何把这种信号传递系统同患者原有的择医习惯和我国医疗行业的特点结合起来。与实物商品不同，医疗服务在提供之前是非独立存在的，是看不见，摸不着和无形的，患者无法像购买实物商品一样观察、比较、试用，因而医疗服务容易被患者认为不确定性大，风险性高。因此，患者需要寻找能代表服务质量水平的证据或标志来进行判断和选择。比如，他们可能根据医院规模和就医人数来认定医院技术水平的高低，依据医生护士的服务态度来判断服务质量的高低，依据常见病症的治疗费用来判断医院收费的高低等等。所以，医疗营销的任务就是寻找这些信号标准，并通过患者能够接触到的地点、人员、设备、价格或者象征物等把自己的定位表达出来，化无形的服务为有形的证据。

在关于顾客满意度方面的研究中提及频率最高的衡量指标是服务策略和技术水平，其他还包括医疗费用、医院环境、是否方便和治疗效果。在从医生角度提出影响患者满意度的指标中，态度、信息、技术能力、就医程序、医院硬件设备以及对就诊过程中非医疗问题的处理是患者满意度的主要影响因素。衡量患者对护理服务的满意度可参考服务策略、技术水平、就医环境、就医方便程度、服务的连续性和服务的效果等因素。衡量的指标包括医技人员之间的关系、人际间的相互教育和相互信任度。其中，护理服务对患者满意度的影响不可忽略。

四、医院管理人员薪酬管理体系的构建

（一）设计多种的福利品种

可以说，福利是除工资以外，员工们最关心的一个问题。随着时代的不断进步，人们对福利的要求也越来越多，那么就此我们就可以在福利的种类上尽量多样化，让员工有更多的选择权，而且这也能体现医院经营的可观性。现在很多的企业、单位的福利待遇品种越来越多，比如汽车公司实行员工内部购车减免一定的金额；还有的企业就是提供一些免费的咖啡、奶茶等饮品，供员工在休息期间饮用等。对于医院福利，我们可以对员工在购药、看病、手术时，按职位等级适当地减免费用。

（二）制定不同的行政职位绩效考核

我们可以按照行政人员的业务水平、工作繁简度、责任的大小、职务的高低来制定出一条绩效管理制度，以此来衡量、反馈、评价并且影响员工的工作行为、工作特性和工作结果。而且还有同时确定一个标准系数，例如合格的标准系数是 10.0，那么优秀的标准系数则是 11.0，完成重要的项目任务标准系数是 13.0，基本合格的标准系数是 8.0。系数体系的设计是重在激起行政管理人员的开创性思维能力，鼓励员工在工作上开拓进取。

（三）对中层行政干部实施非货币性的奖励制度

奖金制度对全院的全体员工都有着很大的触动，很好地调动了员工工作的积极性，同时也激发了医院的活力。但是由于奖金制度具有普遍性，只是对特定的人群有激励作用，其力度还不是很大。所以对中层的行政管理干部的薪酬制度要有所改变，重在精神奖励。

（四）加强非货币经济报酬的建立

医院为行政管理人员多提供学习和培训的机会，譬如建立完善的医院电教室、图书馆给员工使用。选派有能力、有潜力的管理人员去大医院进修学习，还可以和一些其他同级医院联合举办行政管理交流会，用此来优化医院内部的管理。

（五）年终奖金和年薪相结合

年薪制就是以年度来作为单位，根据医院的经营业绩，来确定并且支付给经营者年薪的方式。年薪制是顺应资本主义分配制度变革产生的，而年薪制在我国早已不是新鲜事，现在也有很多的大学对教授实行年薪制。近些年也有一些企业以年薪招聘的旗号来招聘管理者。当前，因为我国医院人事制度以及工资制度的限定，基本上二级公立医院还没有条件来实行年薪制度，有远见的医院管理者对年薪制度的探索却一刻都没停止过。现在逐渐有些医院开始尝试年薪制和年终奖相结合的发放模式，这对医院来说是发展创新的一个举动。

（六）建立有效的鼓励机制

现在的薪酬管理都是三种机制并行运用：一是物质机制。它是通过按劳付酬，以此来刺激员工提高工作效率，从而获取更多的报酬和更高的岗位。二是精神机制。通过个人的工作贡献，来肯定员工的工作成果，促使员工能明白爱岗敬业才是实现个人价值的一个前提。三是团队机制。让员工个人的业绩和团队目标相结合，以此来分享利润，这就使员工具有合作意识。在建立行政人员薪酬制度体系时，要把薪酬管理作为一种动力机制，这也就强化了人力资源管理。

第二节　医院绩效管理

一、医院绩效管理的要素

（一）医院绩效的定义

世界卫生组织解答了什么是医院绩效，同时在构建卫生绩效评价框架过程中加入了健康性、反应性和公平性的特点。按照国内外学者对医院绩效的研究结论，可以将医院绩效管理概括为业绩和效率两部分内容。

当前我国医院，提出了医院绩效管理的公益性和社会责任性。在绩效管理过程中通过设定考核目标明确管理方向，通过绩效考核规范医院管理者与被管理者的行为，通过绩效的反馈和应用对医院绩效管理过程中不合理的地方进行纠正，使绩效管理方向与医院整体战略目标保持一致。在绩效考核过程中运用绩效管理工具制定考核指标，绩效考核是绩效管理的核心部分。

（二）医院绩效管理的特点

在医院绩效管理过程中，如何平衡医院的经济效益和社会效益是一个难点，过度注重经济效益会使医院为了创收制定超额工作量标准，医生为了自身利益加大病人的开单量与检查种类，医院出现乱收费现象，这都是过度注重经济效益所无法避免的。而过度注重社会效益对于差额拨款和自负盈亏的医院来说，收支的不平衡使得医院无法维持正常运转，医疗服务人员积极性降低，医疗服务水平下降。所以，对于医院来说，找到医院经济效益与社会效益的平衡点是绩效计划制定的关键。

1. 绩效管理的公益性

医院在其发展过程中由于缺乏科学有效的管理体系，改革遇到了诸多问题。一些医院单纯以科室收支结余和工作量来核算科室绩效奖金，会导致科室偏重经济利益，服务性和公益性无法体现，长此以往会出现医院乱收费，加重患者负担。经济性和社会性是制定其绩效管理办法的标准。

2. 绩效管理注重成本控制

政府投资医院的目的不是累积利润，企业的利润主要用于所有者和经营者之间的分配，而医院主要用于医院的公益性投入。医院要同时重视服务质量和医疗水平，方能保证医院长远发展。绩效管理通过指标考核等改善医疗水平和服务态度，因此医院需要科学的绩效管理。对于医院自身来说，为了维持其正常运转，需要满足医疗服务者的需要，通过绩效管理激励员工提供优质的医疗服务，绩效管理要充分体现以人为本的思想。

3. 绩效管理的社会责任性

医院绩效管理不同于企业，企业追求经济利益最大化，将经济性放在第一位。医院应该将社会责任放在首位，经济效益放在次要位置，不但要注重其公益性，还要注重其社会责任，以病人为中心提供基本医疗服务，构建出科学的绩效管理体系。关键指标法让医院从单一注重经济指标转变为更加注重服务质量指标。

二、医院绩效管理需关注的问题

（一）准确分析医院实施绩效管理前的现状

根据医院实行绩效监管的实施过程，绩效监管的标准围绕投入成本、利润结算、工作质量等完成情况展开，绩效审核倾向完成标准的情况是否达到预期计划，属于追加和暂时的判断，没有关注医院决策计划以及持续发展，不能够从根本上解决医院的管理体制问题。

20世纪90年代平衡计分卡观点由卡普兰等实验推行，平衡计分卡的优势效果也凸显出来，并且被企业普遍使用，这个新式的绩效监管模式，也被很多医院认可并且采用，国内也在试行。平衡计分卡的重点是机构的决策，按照机构进行决策方案的刻画，围绕财政收支情况、企业规划实行步骤、业务对象、专业培训和个人发展四个维度展开，制定机构的重要业务完成情况评价标准，构造绩效监管体系，机构的决策方案在机构的每个组成单位分别做逐步细化和实施。平衡计分卡的实用性表现在它可以把计划目标与业务实施进行综合，进行整体评价，既关注决策计划又重视实施步骤，既有完成决策计划的持久性，也包括实施步骤的暂时性，兼容了主观能动性与客观事实性，这些特点都是方便机构融合决策方案和绩效监管两者架构统一体系，明确了方向和途径。

在综合性强、规模大、教育型医院内实行绩效监管，按照平衡计分卡的指引，整合、改进正在实行的绩效监管办法，在企业规划实行步骤、业务对象、专业培训和个人发展四个维度给以填补。评价业务实施效果及业务监管事宜时，不单单是评价计划的完成情况，还应该有实施业务的关键步骤的监管标准。

评价专业技能是一个方面，还要调查业务对象对业务实施的评价和业务完成过程中是否注重正当原则。业务对象评价标准的制定，首先要根据业务对象在接受服务时、服务后的服务质量评价。实施业务后，用户有无举报，医院机构与病人的沟通情况，提供的业务服务真正从病人的切身利益出发等。评价专业培训和个人发展这个维度，要重点评价的内容是：对于专业的攻坚性问题是否做到积极主动，并见到成效，对于承担的学科任务是否让学生从根本了解、熟练掌握，创新思想、研究新式医疗器械，拓宽业务领域，确立医疗项目，研究新式医疗框架，持续提高自己，增强学习意识，关注医疗新动态。这个维度的评价，关系着教学医院的战略决策和发展前景，所以也是评价环节中的重点。

（二）确定医院绩效管理的预期目标和计划

按照医院的进程决策计划方案，立足提升医治效果、增加策划利润、减少资本投入、提升本金效益等进行安排绩效计划方案。院方的主管人员、各个岗位责任组织负责全院的绩效计划方案、战略策划、实施方法。各个岗位责任组织和医院医务人员的任务是策划本机构部门和医务人员的绩效计划方案、战略策划、实施方法。

根据医院绩效监管的实际情况，很多医院在实行绩效监管过程中都是以资本投入、财政进出盈余等资本标准和诊治效果等定性标准作为绩效评价的依据，使用这种重视以完成情况为标准的评价方式，属于业务完成和暂时的测评，与医院计划决策及发展前途没有太多的价值。

（三）设计适合自身医院的绩效管理系统和有效的考核指标

判断某所医院监管绩效情况是怎样的，所要涉及的方面有很多，但是关键还是全面集中地评价，不能只顾某一方面。医院绩效监管考核标准大致能够有两个范围，一个是单位机构绩效考核标准，另一个医务人员个人绩效考核标准，整个单位机构的成绩好坏关键还是成员个体的表现成绩的高低，单个成员高，那么整体就能提高。策划绩效监管考核标准要包括以下几个性质：战略特点、研究特点、延续特点、风格特点、切实特点、肯定特点。医院可以按照绩效监管的考核成绩、年度战略计划等要求，适当地进行随机安排绩效监管考核标准。综合性医院的绩效监管考核标准的内容要涵盖：最大限度地利用有限的资源满足患者对医疗方面的需求，单位时间内完成的业务量，一定的作业标准完成的劳动量，经营过程，专业技术的继续提高和改进等。

1. 社会效益

社会效益，是指最大限度地利用有限的资源满足社会上人们日益增长的物质文化需求。进行医务工作时，医院必须按照国内发展实际情况以及医疗卫生行业成长的自身特点，一直将患者的需要作为工作的第一要务，尽到社会所赋予的职责和义务，谨慎实现医疗任务到农村、一线人员到农村业务送医，到偏远山区扶植医疗工作，到自然灾害发生地区义务医疗抢救工作，还包括主动承担各种公益性医疗活动。接受意想不到的公共卫生险情以及自然灾害需要医疗抢险的工作，主动进行医疗健康知识的传播，增强全民保健能力和意识。

2. 工作效率

工作效率通常是指工作投入与产出之比，通俗地讲就是在进行某任务时，取得的成绩与所用时间、精力、金钱等的比值。在医院工作效率的考核标准涵盖以下几点：第一，在工作时间门诊部接纳的患者就诊情况，急诊部接纳的患者就诊情况，紧急病人抢救情况，患者住院和出院情况，安排患者进行手术情况；第二，每位医务人员工作口接待患者就医情况，每位医务人员成功医治患者成功人数，每位医务人员工作日内负责诊治患者人数；第三，工作口内患者住院人数、预计平均安排病人住院人数、事实安排患者住院期限、事实患者住院情况、患者出院与住院总数所占比例、病床实际需要、病床流动情况、定时进行手术的病人提前入住情况；第四，医院门诊病人平均所付就医费、病人所付药物费、住院病人所付住院费、住院病人所付药物费、门诊根据医院开具处方所付药费，各项标准与以往成绩对比情况。

3. 工作质量

工作质量是指单位时间内完成的业务量。在医院内包括：患者就医确诊情况、急症患者就医治愈情况、患者就医痊愈情况、传染性疾病在院内反映情况、以患者为本的诊治规则实施情况、患者病情、诊断和处理方法的系统记录、医者开出的药品记录、基本理论、基本知识、基本技能、严格要求、严谨态度、严肃作风、学习、考核、在实施救治过程中突发事件、对学员进行实地经验指导、遵守医务人员职业守则、调查患者信息反馈情况、医务人员对医院战略策划监管机构以及主管人员的信息反馈情况、病人和医务人员对医院总务处保障工作的信息反馈情况、各个专门机构科室的监管、院方的态度等等。

（四）通过绩效面谈进行绩效反馈时的技巧

医院采取绩效监管手段，现在已经具备普遍性，并且作用突出，医院领导机构都肯定这一方法。绩效评价的最终目标是关系着业务人员的切身利益，也就是工资和奖金，如果失去了这一方向评价就没有意义。实施与绩效挂钩的绩效工资、奖金等鼓励政策，增强业务人员的劳动主动性，增加劳动效果，其实这才是绩效监管实施的真实宗旨。

采用对话形式进行工作时，一定要留心谈话的思路、对策，要创设一个和谐的氛围，为最终实现协助医务人员提升效益的目标努力。评价一个医务人员的成绩要关注矛盾的不同位置，既要肯定主动积极的方面，也不能忽视需要革新的地方。因此，谈话是要自然地将这两个方面做灌输，既激发医务人员表现长处，起到榜样作用，也要督促业务人员弥补短处，积极进步。进行绩效信息反馈的阶段内，谈话还要谨慎对待，不可以非难和查办被评价人的义务和缺点，不可以要挟、恐吓，训斥，要有重点，多使用真实事例。根据事实讲道理，分析事情经过，不涉及对个人的主观判断，认真对待不足，更要追根溯源，倾听医务人员的个人意见，及时做正面疏导，防止领导利用职权，行使领导的主观判断，认真贯彻执行战略目标，营造惬意、舒服、和谐、温馨的谈话环境。

三、医院绩效管理体系的构建

（一）制定医院绩效管理目标

1. 医院绩效管理目标的内容

医院绩效目标管理是医院管理层根据医院内外形势需要，制定出在一定时期内医院所要达到的总目标。然后，依据总目标确定科室及员工的具体目标，形成一个目标体系，并把目标作为绩效考核的一种管理模式。这样就把医院战略目标转化为具体的、定量的、可操作的，在医院总目标指引下的，由科室主任负责的目标。前提是医院战略目标必须具有现实性和前瞻性。

2. 医院绩效管理目标的前提条件

医院绩效管理目标的制定必须有医院领导决策者的支持，决策层的参与可以减少制定过程中的阻力，可以协调医院各科室之间的问题。医院领导重视，以身作则，能够无形中给员工作出表率，调动大家的积极性。

3. 医院绩效管理目标的意义

医院绩效管理目标的确立能增强组织凝聚力，使科室和员工有了明确的努力方向。通过绩效考核与薪酬分配激励机制，提高员工的工作积极性；由于目标制定明确，有利于公平公正地进行绩效考核，使科室甩掉盲目攀比的陋习，把注意力集中在自身科室的发展上；通过合理的绩效管理，流程合理规范，员工满意，科室得到良好发展，病人可以得到更优质的医疗服务，进而使医院达到更好地提升，形成良性循环。

（二）医院绩效管理目标的分解及实施

1. 绩效管理目标的分解

医院绩效管理目标需要通过绩效考核指标来实现。绩效考核指标在医院绩效管理中几乎是最重要和最基本的环节，它是医院管理任务的化身和落实，也是医院各科室和员工工作任务完成情况和工作结果表示的参照系统。目标值则是其实现的程度，它是可以衡量的，也是可以控制的，通过有效的管理来加以实现。各业务科室要根据确定的绩效目标开展工作，努力完成各项绩效指标。相关院领导要及时掌握绩效计划的执行情况，就执行情况进行及时沟通，共同分析、解决执行中的问题。

2. 绩效管理目标的实施

医院要成立绩效管理领导小组，下设绩效管理组、绩效考核组和统计数据组，分别行使各自的职责和权力。绩效管理组负责制定绩效考核方案，统计分析考核结果，发布考核报告，与绩效管理领导小组协商、讨论，进行考核方案的修订和完善。绩效考核组负责制定各部门分管工作的综合考核指标并实施相应的考核工作，统计数据组负责提供数据报表。绩效管理领导小组最终负责考核结果的反馈与沟通，对于考核过程中发现的重点问题和普遍性问题，要找出原因和制定相应的解决方案，并且及时与相关科室讲解与沟通。

（三）通过绩效考核体系实现绩效管理目标

1. 借助管理工具实现医院绩效管理目标

实现医院绩效管理，需要建立一套科学合理的综合绩效考核体系，针对不同类别的科室，分别运用不同的考核指标体系对其进行综合考核，真正发挥绩效考核的指挥棒作用，促使科室实现各自预定目标，进而实现医院战略目标。平衡计分卡是实现医院绩效管理的一种有效工具，也是当前我国医院绩效管理中运用较先进的一种绩效评价方法。主要从财务、顾客、内部经营过程、学习与成长四个方面综合评价业绩，运用关键绩效指标评价各科室的量化结果。

2. 制定关键绩效指标时需注意的几个问题

第一，引导性：要体现医院工作目标，紧跟医院工作重点，起到指挥棒的引导作用；第二，政策性：符合国家医院改革政策，体现医院标准化要求；第三，公平可比性：一类科室运用相同指标进行考核，体现考核结果的公平性和可比性；第四，重要性：体现运营管理、质量管理的控制重点，突出关键指标；第五，准确性：数据基本来源于HIS、HRP等系统的自动统计，保证数据客观、准确；第六，唯一性：指标之间相互独立、不重复、不排斥；第七，可操作性：指标的数据采集较容易，具备可操作性；第八，利益相关性：统筹平衡政府、医保、医院、患者、职工各相关方面的利益。

3. 关键绩效指标及权重的确定

关键绩效指标从财务维度、流程维度、患者维度和学习与成长维度考虑制定。财务维度的关键指标可以从收入、成本、运营能力、偿债能力及发展能力为出发点；流程维度的关键指标可以从医疗质量和医疗效率等方面为出发点；患者维度的关键指标可以从患者的信任度、患者服务等方面为出发点；学习与成长维度的关键指标可以从人员结构及创新能力为出发点。然后按照医院自身情况筛选符合医院战略目标的指标，运用目标参照法、加分法、减分法等方法制定各指标的权重。

（四）做好绩效评价，实现正向引导

绩效评价是医院绩效管理的一个重要环节，由医院、部门和个人三个层次构成。医务人员是医院的主要力量，离开他们的支持与参与，绩效管理将难以取得实质性的突破。因此，建立符合医院特点的绩效考核与分配制度，关键目的就是调动医务人员的工作积极性，同时，通过绩效考核指标的正向引导，推动医院转变发展方式，转变运行机制，实现医院健康可持续发展。

医院绩效考评结果反映医院整体业绩，用于明确医院绩效工资额度。没有考核的管理是无效的管理，考核的目的是更好地进行目标管理。医院目标必须与经济效益挂钩，使得每一项目标指标都有考核。对于目标管理的结果都应及时反馈，将目标管理与绩效考核相结合，可以保障各部门有序运行，提升医院整体绩效，营造一个既能充分发挥广大职工潜能，又能大力提高医院核心竞争能力的良好氛围，使个人、科室、医院目标保持一致。

四、医院绩效管理的改革与创新

（一）医院绩效分配制度的特点

1. 实行以按劳分配为主体、多种分配方式并存的分配制度

基于绩效考核指标的建立，依据经济效益和社会效益并重的原则，将奖金分配由单一的"成本核算、结余分配"改革为以效益奖和效率奖为基本构成（效益奖约占60%，效率奖约占40%），结合医疗质量考核、成本控制考核、单项奖励等多种奖金计算办法的奖金分配体系。医疗质量考核主要有体现在以下几个方面：一是科室内部的各种考核，二是管理处室对各科的考核，三是上级的各种质量检查。成本考核以各核算单元可控成本作为绩效考核的重点，旨在鼓励各核算单元降低消耗，提高利润率。单项奖励是为鼓励部分重点项目的开展而实施的长久或临时性奖励，跟随重点项目开展情况而存在阶段性变化。在绩效改革过程中，绩效考核与定岗定编评聘分开结合起来。

2. 实行院科两级负责制，细化专家职责和要求，突出科主任的管理作用

科室实行科主任负责制，通过科室绩效二次分配强化科室内部管理。科主任负责科内绩效分配，主要依据工作量和贡献大小，此外质量控制、医德医风、服务态度、科研、教学等内容也影响着绩效分配的结果。在绩效分配上，倾向于合理有效收入的增加，倾向于工作量增加，倾向于新技术、新项目开展和工作质量提高等方面。既要体现数量，而且要体现质量，数量与质量相统一。

3. 各种生产要素按贡献参与分配

改变了传统单一的收支结余分配的模式，坚决杜绝了医生的奖金跟收入直接挂钩的现象，将各种生产要素如资产投入、人才、技术等参与到分配中来，全面客观地衡量各部门的绩效情况。

4. 提低、扩中、调高，在多劳多得、优劳优得的同时注重公平的原则

在经济效益和工作效率考核的同时，注重公平的原则，在奖勤罚懒的同时让大多数人受益，使绝大多数人体会到医院的发展所带来的成就感。

5. 对行政管理部门实行岗位绩效工资制，实行定岗定编

对每一个岗位进行功能描述、任务制定、岗位绩效系数认定，不同的岗位对应不同的绩效系数，全院所有行政管理岗位一律实行公开竞聘，薪随岗走，岗变薪变，打破了过去按工龄、职称确定绩效工资的大锅饭绩效分配体制。

6. 严格绩效工资总额管理

根据核算会计期间可利用资金和医院发展规划等情况确定绩效工资分配总额，重点落实特殊岗位、重点优秀人才的倾斜措施，营造尊重知识、尊重技术、尊重人才的氛围。

（二）分配方案的组织与实施

为保证奖金分配改革顺利实施与推进，首先从组织机构上进行完善和保障。领导层

面，成立医院奖金分配改革领导小组，负责方针政策的制定和重大决策。操作层面，由医院分管领导直接负责，成立由财务、人事、医务、护理、感染控制、纪检、信息等职能部门共同组成的分配管理工作小组，负责方案测算、起草、推进实施和考核。

为了进一步规范绩效分配工作，充分发挥绩效管理在医院运行过程中的积极作用，保护医院职工的工作积极性，公平公正地解决绩效分配过程中的矛盾，医院成立了医院绩效分配仲裁委员会。主要职责是对绩效分配过程中各核算单元提出的异议进行分析和评议，对各科、各单元争议事项开展调查，根据调查结果，实施裁定，定期听取科主任、护士长汇报科室二次绩效分配情况，并随机抽查其执行状况，对医院绩效管理工作进行评价。

（三）医院绩效分配改革的体会

第一，在绩效工资考核中将人均工作效率和人均经济效益作为重要考核指标，能够消除科室、部门在人员配备、设备投入等资源配置上的差异性，使绩效的考评更具备科学性和公平性。

第二，在绩效工资分配中进行综合目标考核，解决了传统的收支结余分配法极易造成科室片面追求经济效益，从而导致医疗质量下降和加重病人负担的现象。

第三，把绩效工资分配建立在科室成本核算的基础上，强化了全员成本意识，使医院更多地关注资源配置的效率。在国家对医院投入相对减少和竞争激烈的医疗市场背景下，这是医院练好内功、提升核心竞争力的重要环节，也是进一步加强及完善激励机制，向管理要效益的必然选择。

第四，实行院科两级负责制，强化了科主任的管理职能，发挥了各科室的主观能动性，减少了分配中的矛盾，使绩效工资的正向引导激励作用得到强化。

第六章 医院人才招聘与科学配置

第一节 医院人才招聘

一、医院人才招聘管理系统的优化

（一）招聘管理系统的优化设计

招聘管理系统结构上主要分为招聘信息管理、招聘考核管理和招聘考核评估三大平台。

1. 招聘信息管理平台

招聘信息管理平台主要为应聘者提供应聘工作的相关功能，包括用户管理和单位管理两个模块。

用户管理由账号管理、简历管理、查看招聘进度及打印准考证三个单元组成。在保留账号管理和简历管理两大传统模块的基础上，增设了查看招聘进度及打印准考证。应聘者登录个人账户后能及时查看招聘进度，通过简历筛选者可自行打印准考证。

单位管理由招聘信息发布、岗位信息管理及招聘考核通知三个单元组成。招聘信息发布后招聘专员按照岗位要求在岗位信息管理模块中进行简历搜索和简历状态设定。完成简历筛选后，招聘专员可将简历状态设定为审核通过及审核不通过。通过简历筛选的，以短信和邮件告知应聘者自行登录系统打印准考证参加招聘考核；未能通过简历筛选的，则作为人才储备。

招聘信息管理平台的实施使医院与应聘者在招聘过程中一直保持顺畅的沟通状态，在一定程度上弥补了招聘信息不对称的问题，让招聘工作更加快捷、高效。

2. 招聘考核管理平台

招聘考核管理平台主要协助用人科室顺利完成招聘考核工作，包括制定招聘考核计划、招聘考核评价及招聘考核成绩管理三个模块。招聘专员根据各用人科室的应聘情况制定总体的招聘考核计划，包含面试、理论和技能考核时间安排，再以短信、邮件形式发送给科室负责人。负责人打开邮件进入考核管理平台后可查看考核时间安排及应聘人员简历信息。待负责人反馈时间安排后招聘专员按照计划启动招聘考核程序，招聘考核评价在面试考评单元基础上增加技能考核考评单元。招聘专员设计好技能考核评分表后发送至各科室负责人账号，由科室自行组织技能考核。招聘考核成绩管理单元主要实现考评分数汇总、计算功能。系统支持 EXCEL 格式的数据导入，招聘专员将理论考核成绩导入管理单元，自定义各项招聘考核环节分数系统会自动进行分数匹配、汇总、计算及排名，考核结果可以 excel 表格呈现出来。

招聘考核管理平台的实施使人事部门和用人科室在考核过程中降低了内部沟通成本，全自动化的业务流程处理不仅有效缩短了招聘考核周期，更提升了考核结果的准确性。

3. 招聘考核评估平台

招聘考核评估平台主要通过分析招聘数据为医院提供招聘决策，包括报表分析和招聘效果评估两个模块。招聘专员可灵活定制不同类型的分析报表，如用数量指标分析应聘生源、应聘人数、初试人数、复试人数与录用人数；用效率指标分析招聘周期、初试通过率、复试通过率；用招聘成本指标分析招聘有效成本、人均招聘成本，即时生成自定义报表，开展招聘效果评估。利用分析报表的数据，对各项指标进行横向和纵向的对比分析，总结出同一年度不同岗位的招聘效果及不同年度同一岗位的招聘效果，检验招聘工作的有效性。招聘考核平台的实施有利于医院找出各招聘环节中的薄弱之处，有助于改善与优化后续招聘工作。

（二）招聘流程再造与优化

1. 细化工作分析

工作分析是对组织中某个特定工作职务的目的、任务或者职责、权利、隶属关系、工作条件、任职资格等相关信息进行收集与分析，便于对该职务的工作作出明确的规定，并确定完成该工作所需要的行为、条件、人员的过程。各医院在具体操作时可结合岗位内容、技能要求、综合素质等方面进行分析，编写岗位说明书。

2. 制订招聘计划

招聘计划的好坏直接影响医院招聘工作的成效，清晰明确的招聘计划是招聘工作有章可循、有序可行的前提。完整的招聘计划应包含：招聘人数、招聘渠道、招聘时间、考核方案、专家组成员、费用预算、招聘宣传等方面。招聘计划应以医院人才发展规划为指导，科室需求为参考。

3. 成立招聘专家组

专家组成员由院领导、医院专家评委、科室专家评委三方组成，这样可避免科主任"一言堂"，同时利于对应聘者进行横向比较。各场次面试专家成员应从该学科群的核心组成员中随机抽取，尽量避免人情关系，确保招聘工作的公平、公正。

4. 设计表格

科学设计应聘人员登记表、面试评价表和面试结果汇总表。应聘人员登记表主要反应求职者的基本情况，可补充简历中个人信息的不足。面试评价表主要对照岗位要求，对应聘者仪容仪表、教育背景、工作经历、人际沟通能力等方面进行百分制比重设置，以便面试专家进行结构化面试。面试结果汇总表用于面试评价信息记录汇总，便于人力资源部门对所有的应聘者进行总体评价，决定最终录用。

5. 信息发布与接收发

发布招聘信息除利用好医院官网外，还应选择一些知名度高、影响力大、关注群体多的网站。另外，可充分利用新兴宣传工具如微博、微信等平台进行招聘信息发布，获得更多优秀人才的关注。招聘信息发布后就进入简历接收与筛选阶段。招聘系统的研发使用可节约时间，提升效率。

6. 考核招聘考核分笔试、面试和实操考核三个环节

随着招聘工作的专业化发展，在笔试前可增加心理测评环节。心理测评是一种比较先进的测试方法，是指通过一系列手段，将人的某些心理特征数量化，衡量个体心理因素水平和个体心理差异的一种科学测量方法，包含能力测试、人格测试和兴趣测试等。通过对应聘者的性格及职业兴趣测试，可将其作为能否胜任工作岗位的参考因素。

笔试试题的质量直接决定笔试环节的成败，笔试内容应经各科室专家撰写，教育处评估，专家建议修正调整等程序后予以确定。另外还需注意笔试题库的知识更新，每年组织科室专家撰写学科最新理论、技术相关题目。

根据结构化程度，可将面试分为混合式面试、结构化面试和非结构化面试三种。不同人员招聘，应采取不同的面试方式，从而达到事半功倍的效果。例如，对医师、护士和医技等专业人才的考评，可采取半结构化面试方式，既可通过结构化问题了解应聘者的基本情况，又可以通过开放性问答考查其他综合能力。

临床医技人员还应进行实操考核，实操考核可反应应聘者的临床操作能力。由于每个应聘者实习医院或毕业学校要求的差异，导致实操水平各有高低。

7. 背景调查

"用人德为先"，对于肩负救死扶伤职责的医务人员，良好的职业品德比医疗技术更为重要，因此背景调查在医院招聘工作中应重视。背景调查是指通过从外部求职者提

供的证明人或以前工作的单位搜集资料，核实求职者个人资料的行为，是一种能直接证明求职者情况的有效方法。应届毕业生通过加盖学校公章的就业推荐表，即可完成调查。对于有工作经历的应聘者，能够从人事档案中进行核实。

8. 体检

体检目的是确定应聘者的身体是否健康，是否适合所应聘岗位及工作环境的要求，是人才招聘中的最后一个测评。新职工入职体检除常规检查外，还应对不同岗位人员进行有区别性的检查，如从事影像放射工作人员，由于影像工作环境必然会受放射性的影响，就需进行特殊的检查。

9. 培训

新员工入职培训的内容应包含医院组织结构、规章制度、远景规划、福利报酬、学科专业发展等各方面，培训方式除讲座、授课、观看影片外，还可融合拓展训练等先进培训方式。通过拓展训练，可增加新职工间的相互了解，增强团队合作意识，产生医院文化认同感。

10. 信息储备库

人才信息储备库资料包含通过招聘系统接收的简历、招聘候选人的各项考核记录，以及由于各方原因导致未能成功应聘的优秀人才备案。构建人才信息储备库应把握三点：一是加强与医院高层的沟通，了解医院战略发展方向；二是加强与科主任的联系，及时获知科室人员需求；三是对医院当年的人员离职情况进行汇总分析，有离职原因、离职时间、离职科室等。

11. 评估总结

招聘工作结束后，应对招聘工作的全过程进行活动评估、经验总结。招聘评估包括针对招聘费用的成本效益评估、针对录用人员质量的录用人员评估以及针对招聘合格率和新职工满意度的招聘工作评估。通过评估，总结优秀经验和教训，可促进招聘工作日臻完善。

二、医院人才的选拔

（一）转变传统招聘观念，理顺招聘工作思路

1. 积极沟通，保证人才引进工作的针对性和实效性

招聘工作作为人力资源系统的一部分，其作用在于选人，如何选择正确合适的人对医院的影响是十分大的。结合医院实际和各大招聘专场的举行时间，人事科提前将《人才引进计划表》下发各科室，及时了解及汇总各科室的人才需求情况，包含需求人员类别、人数、学历、专业、工作经验要求等。汇总科室的需求后，人事科还根据医院的实际情况和发展趋势进行初步分析，并结合科室的编制情况和人才队伍梯队配置情况与各科室进行积极沟通，最后编制成详细的年度人才引进计划提交医院讨论。招聘工作不是

人力资源部单个部门的工作，需要各个部门的通力协作才能顺利进行，人事科在工作中始终与各科室保持紧密的沟通，认真做好人事招聘与配置工作，确保了人才引进的针对性和实效性。

2. 工作细致，树立"为求职者服务"的思想

医院是提供医疗服务的场所，每一位应聘者不论能否成为医院的一员，都可以通过努力使他们成为医院的认同者或者宣传者。因此，必须在工作中树立"为求职者服务"的思想。对收到的每份求职简历，无论是电子邮件、信件或其他方式的简历，我们均第一时间进行分类整理并登记，在进行资料筛选与确定初试时间后，提前通知应聘者，便于其做好相应的准备。我们的初试一般是面试，由于种种客观原因，大部分应聘者都有在面试等候区长时间等待的可能。因此，我们尽可能在应聘者到达等候区时告知其面试的具体事项和时间安排，给应聘者简单介绍医院的情况、发展趋势，加深应聘者对医院的了解与印象。同时，对等待时间长的应聘者耐心地加以解释和关心，例如交流互动、提供茶水等。通过细致的工作、贴心的服务感染每一位应聘者，使他们受到充分的尊重，从而接受、认同医院的理念和文化。

（二）扩展招聘渠道，提高招聘效率

1. 针对性选择招聘渠道，吸引各层次人才

近些年，医院的招聘渠道主要是常规的网络招聘和现场招聘，并且逐步形成了"网络招聘宣传先行，现场招聘为主，人才推荐为辅"的招聘模式。将相关岗位的招聘信息适时地发布在专业的医学论坛上，尽量做到多渠道宣传。另外，根据年度的人才引进计划积极参加各大院校的医学专场和综合专场的招聘会、不定期大型人才中心组织的校园招聘会等，现场收集应聘简历，并与应聘者进行沟通交流，扩大对医院的宣传。对于一些急缺人才，医院主动联系专业对口的院校，请导师推荐，同时也接受本院或外院的专家或同学推荐，做到多渠道吸引人才。

2. 联系对口专业学校，建立长期合作关系

学校有培养学生并推荐就业的义务，医院因发展需要逐渐扩大员工队伍，和学校保持长期合作关系是招聘工作的长远目标之一。医院应整理重点医学院校的名单，并与之取得联系，在短时间内建立了良好的合作关系。通过到学校办招聘讲座和在校园网络发布招聘信息等方式扩大医院人才引进的宣传力度，为医院选拔高素质人才打下良好的基础。

（三）细化工作环节，确保招聘流程科学合理

1. 合理确定考官队伍

为了能对考生的综合素质进行考察了解和对考生专业知识和业务能力进行全面考核，面试考官组由医院分管领导、本院专家、人事部门领导、科主任组成，面试选拔事项包括人员基本素养、外语水平、专业知识、科研能力等方面的内容。考官队伍的合理

确定保证了面试公平公正，使各环节高质量、高效率地完成。

2. 合理认定人才

基于胜任力的医院人才招聘与选拔体系是医院人力资源管理的重要环节。我们按每个岗位 1∶2 ~ 1∶3 的比例确定面试人选，筛选的时候从重点院校、专业对口、成绩突出和科研能力强等几个方面进行筛选，先由用人单位对简历进行筛选，再报人事部门。对于特别优秀的人才，在征得本人同意的情况下，能够同时参加多个岗位的面试；而对于没有达到比例要求或者没有合适人选的，我们也宁缺毋滥，放弃面试，尽可能吸纳优秀人才。

3. 科学公平的面谈面试

医院的面试采取面谈的形式进行，包括"自我介绍、考官提问、互相交流"三个环节。考官提问要求提 1 ~ 2 个专业问题，也可就应聘者的个人情况进行了解。同时，应聘者对医院或科室，甚至工作岗位需要更多了解的也可以在面试过程中提出来。总之，面谈面试在一种轻松和谐的气氛中进行，能够较好地达到增强沟通、深入了解的目的，也可彰显医院吸纳人才的诚意。

4. 科学确定拟录取人员

面试结束后，每个考官展开无记名打分，由人事部门汇总面试情况并计算面试分数，经医院领导讨论研究后，确定拟试人员名单。试用期为 2 周，试用后由科室 3 名专家进行考核评分。人事部门汇总面试成绩和试用成绩，再交医院讨论研究以确定录取人选。

人才招聘是医院人力资源管理工作的基础，是促进人职匹配、人尽其才的关键。如何吸引更多的高层次人才，如何做好医院的人事招聘和配置工作，是我们今后的一项长期而艰巨的任务。

三、医院人才的培养

（一）人才效益性的认识

医院人才培养首先深刻认识投资与效益的关系。不难理解，医院人才的知识转化可给医院带来显著的经济收益与社会效益，但值得注意的是这些效益的产生具有间接性与长期性的特点，加上医院管理者任期制影响，一些医院往往对人才培养存在短期效益的思想与行为，采用医院人才的"拿来主义"（主要靠引进人才），"实用主义"（缺什么人才，引进或培养什么人才，什么时候缺，什么时候引进或培养）。人才培养缺乏规划性、目标与延续性。这必然影响了医院人才培养工作的正常开展与医院远期目标的实现。所以医院人才培养应有规划性与目标性，建立完善的人才培养管理制度，并长期开展工作。

（二）实行点与面相结合的人才培养机制

点的培养，即指重点人才的培养，做法一般是从中级、高级职称的中青年人员选择重点人才苗子，其后定目标，给任务，加压力，重投资，强化品德与学术的造就。培养目标是专业学科带头人，培养目的是使其较好掌握新技术，跟上现代医学发展的步伐，使医院保持某方面的先进性。

面的培养是培养医院人才的基础，也是最重要的方面，其理由是：其一，医院人才结构是一种由高、中、初档次医学人才互补形成的合理、稳定的能级结构，只有各级人才的合理存在，功能互补，才能发挥医院人才的最佳效果；其二，由于现代医学专业分工的精细化与病人的疾病、心理、社会因素的复杂化，致使医院人才群体性特征更显重要。医疗工作的完成有赖医院各部门之间的协调合作与有序配合。所以只有搞好面上的人才培养才能使医院功能得到正常发挥，才能提高医院总体服务水平与医疗技术水平。

（三）服务技术型人才的培养

医疗卫生工作突出的服务性要求人才培养必须改变重技术轻服务的传统观念与做法，培养相适应的具有专业技术素质与服务素质的服务技术型人才。服务技术型人才的培养必须注重两个"三基"的训练，第一，"技术三基"的训练，即通过医学专业基础、基本知识、基本技能的训练，提高专业技术素质。第二，"品德三基"的培养，这可概括为：首先，道德基础培养。培养其良好的公民道德意识与职业道德意识，培养其事业心与奉献精神，培养其集体亲和意识，个体互补意识，勤奋钻研精神。其次，法制基础教育。当前医疗卫生、法规正在逐步建立与完善，通过法治教育，尽快提高医务人员法律观念与意识，使之能自觉地依法行医，规范医疗行为已成当务之急。最后，心理、社会基础知识教育。通过医学与社会人文知识的教育，使之懂得病人心理因素的作用，掌握与病人沟通的技巧，提升服务社会、服务病人的意识与水平。

（四）注重临床型医学人才的培养

医院人才培养应面向病人，面向临床，培养大批能解决临床实际的临床医学人才。因为临床医学是一门实践性很强的学科，其人才的成长周期较长，只有在临床第一线，与病人直接沟通，严密观察疾病的发生的全过程，并坚持在诊疗工作中长期实践，不断积累，才能培养出合格的或优秀的临床型医学人才。人才培养的重要性，具体可从以下几点来着手：第一，要想充分认识临床型人才培养的重要性，强调临床能力培养与科研能力培养并重，建立严格的规范的临床培养制度，以有利于临床型医学人才的培养；第二，改革人事有关制度，建立与临床人才培养相适应的新的人事体制；第三，设想建立临床医学人才培养的双轨道模式，即实行临床专业医师规范化临床培养与临床研究生培养同时并存的两种制度。临床研究生培养以临床科研为主要方向，临床专业医师规范化培养以临床技能与水平为主要方向，临床专业医师规范化培养而且与学位制相结合。

（五）注意医院管理人才的培养

观念上，对医院管理干部常看成"脱产干部""非专业人员""不产生效益的行政干部"；人事制度上，未得到专业技术人员的同等待遇，技术职称评定缺乏专门的科学的管理制度，从而产生了轻视医院管理、不安心医院管理的现象，影响了医院管理人才的正常培养。尤其在新的形势下，医院运行机制上明显的市场性与经营性，以及内涵建设上的质量效益的要求，使医院管理作用更显得重要。只有搞好医院管理人才的培养，搞好医院科学管理，才能使医院各系统功能放大，提高医院的医疗技术水平，医疗服务水平，才能给医院带来明显的社会效益，方能使医院正常经营与发展得到保障。

新时期医院管理人才培养工作应做到：第一，充分认识管理人才在医院经营与发展中的作用与地位，使管理人才培养工作的重要性成为共识；第二，把管理人才的培养纳入医院人才培养的规划之中，选择有医学专业基础，有管理素质的人员，进行有计划的目标培养；第三，改革人事管理制度，建立管理人员科学的技术职称评定制度，同时注意提高管理人员的生活待遇与待遇。

四、医院人才招聘对策

（一）树立人才招聘的正确原则

1. 坚持计划原则

必须制定招聘计划来指导整个招聘工作，程序要科学而实用，使招聘有条不紊地进行。

2. 坚持宁缺毋滥原则

一个岗位宁可暂时空缺，也不要让不适合的人占据，全面考察应聘者的政治思想素养、科学知识素养、发展潜力、身体素质等，确保为医院挑选出高质量的合格人选。

3. 坚持公平公正原则

只有通过公平竞争、择优录用，才能使人才脱颖而出，才能吸引真正的人才，才能起到激励作用。

4. 坚持少而精原则

可招可不招时尽量不招，可少招可多招时尽量少招，招聘来的人一定要充分发挥其作用。

（二）掌握招聘的技术方法

为了确保招聘工作的效率、公正性、科学性，招聘人员应当掌握和遵循一定的技术方法。

1. 要掌握获取和比较人力资源信息的方法

要了解符合录用条件的人力资源的主要来源（如学校或人才市场），以及通过何种方式（如媒体或渠道）可有效而低成本地接触这些来源。

2. 要掌握各种招聘所需的人事测量技术

应熟悉招聘中的各种人事测量手段及其技术特点和要求，比如面试要注意评价的客观性和一致性等。

3. 要掌握招聘各环节的技术标准

每一个招聘环节往往都涉及一些特殊的技术标准，如标准条件（环境、场地），必须清楚这些技术要求，才能有效而可靠地实施招聘。

（三）重视招聘的每一个步骤

1. 合理制定招聘决策

对用人部门提出的申请进行深入调研、复核，准确地把握医院对各类人员的需求信息，制定招聘计划，确定人员招聘的岗位、数量、要求及其他事项。

2. 广泛发布信息

发布招聘信息面越广，接受信息的人越多，招聘到合适人选的概率越大。但若应聘人员太多，也应进行一下筛选。

3. 组织好招聘测试

按计划实施测试程序，尽量防止招聘测试中的误区。如招聘一般的护理人员，可能程序比较简单，但招聘高级专业技术人才或学科带头人，则需经过简历评估、能力测试、面试、情景模拟、多方面了解情况等复杂程序，逐步考查，还要写出评价报告。

4. 正确进行人事决策

综合评价与分析测试过程中产生的信息，确定每一位应聘者的素质和能力特点，根据预先确定的人员录用标准与录用计划进行录用决策。

（四）建立和完善合理的人才流动机制

首先，完善聘用协议，充分考虑双方的责、权、利。对用人单位而言，要有明确的试用期和考核制度及培训制度等。其次，逐渐实行人事代理制度，把人才单位所有变为社会所有，实行人事关系管理与人员使用分离，以保证用人单位自主权能落到实处，疏通人才流动渠道，为人才流动创造条件。最后，积极参加社会养老与失业保险，使待岗、下岗人员的基本生活得到落实，为人才流动提供基本保障。

第二节 医院人才激励

一、人才激励机制分析

（一）理论概述

管理就是要创造和保持一种有利环境，使在群体中一起工作的人们能够完成共同的目标，而作出良好成绩的过程。所以管理者必须利用一切方法，用以调动被管理者的积极性。积极性是一个内在的变量，它由内在动力、外在压力和吸引力三部分组成。其中内在动力是由世界观、价值观与个体因素决定的，外部压力是外界有形或无形施加到个体身上的一种力量，譬如管理上的批评、惩罚、竞赛等措施就是给被管理者施加一定的压力。吸引力是外界环境产生的某种引起人们兴趣，满足人们物质或精神需求的力量，比如，管理中的表扬、奖励、奖金、荣誉等等。要激发人们的积极性，就必须在这三种力上下功夫。影响积极性的因素很多，而有效的激励刚好是提高员工积极性的不可缺少的重要因素。

1. 激励的内涵

"激励"一词是从英文 Motivation 翻译而来的，意为"使人产生行动的动机"或"激发人的行为动机"。一般是指一个有机体在追求某些既定目标时的意愿程度，它包括激发动机、鼓励行为、形成动力三方面的内容。激励是行为的发动机，又是行为的按钮，选择什么样的按钮就会产生什么样的行为。根据现代组织行为学理论，激励的本质是使员工产生去做某件事的意愿，这种意愿是以满足员工的个人需要为前提的。激励的核心在于对员工内在需求的把握与满足。而这种需求意味着使特定的结构具有吸引力的一种生理或者心理上的缺乏。激励就是通过精神或物质的某些刺激，使得人有一股内在的工作动机和工作干劲，朝着所期望的目标前进的心理活动。通俗地说，激励实际上就是通过满足员工的需要而使其努力工作、实现组织目标的过程。

需要是动机的源泉、基础和出发点，动机才是驱动人们去行动的直接动力和原因。需要只有跟某种具体目标相结合，才能转化为动机，并在适当的外部条件下显现为外在的可见行为。在不断出现的、未获得满足的需要推动下，人们才会去从事新的追求、活动、探索和创造。需要一经满足，便失去作为动机源泉的功能，行为也终止了，需要的不满足是激励的根源。

生理或心理上的匮乏或不足会产生需要未被满足的一种心理张力，这种心理张力刺激产生个人内在的驱动力，这些驱动力产生寻求特定目标的行为。若目标达到，则需要得以满足，心理张力也就缓解降低。员工受到激励后，就会产生心理张力，为了缓解张力，他们就会忙于工作。心理张力越强，越需要做更多的工作来缓解它。所以，当员工努力工作时，员工是被他们所看重的目标的实现欲望所驱动的。

2. 激励的作用

首先，激励是打开人们心扉的钥匙，是启动人们行为的键钮，激励可以吸引有才能的、组织所需要的人，并使其长期为组织工作。其次，激励可以使已经就职的员工最充分地发挥其技术和才能，变消极为积极，从而保持工作的有效性和高效率。最后，激励还可以进一步激发员工的创造性和革新精神，进而大大提高工作的绩效。

3. 激励机制

激励机制是指组织系统中，激励主体通过激励因素或激励手段与激励客体之间相互关系的总和。也就是组织激励内在关系结构、运行方式和发展延边规律的总和。它包括两个要素：第一，发现员工需要什么，然后用这个事物作为激励客体完成工作的报酬；第二，确定员工的能力是否可能完成这项工作，即需要和能力是激励的两个因素。激励并不是无条件地简单满足激励客体的任何需要，而是要以能在一定程度上促使组织提高绩效的方式满足激励客体的需要，要对需要满足的方式和程度予以控制。

（二）现当代人们对激励机制的有益探索

以往的激励机制虽从不同角度研究了激励问题，但是由于它们的片面性，由于视野和时代的局限，都缺乏系统性和发展性，应用起来效果不佳，范围不广。于是人们在前人研究成果的基础上，去其粗劣，取其精华，将其完整化系统化。其主要观点是：个人努力程度取决于机会、成就需要和个人目标的引导。个人通过努力得到的最终目标，是按照努力 —— 绩效、绩效 —— 奖励、奖励 —— 个人目标的路径展开的。努力能否取得绩效，取决于能力高低和绩效评价系统的公平、客观程度。评估标准影响个人对绩效和奖励关系的认识，而强化组织的奖励也会刺激个人绩效的增加。公平性对个人努力程度产生较大影响，奖励与个人目标之间的联系程度取决于主导需求的满足程度。这一机制融合了前人观点，在实践中取得了较好效果，但却没打破垂直式的操作、调控行为的框框，是单方面的、操纵性的，不能取得长期效果。所以许多企业综合运用这些理论和机制建立了"全方位激励机制""系统的激励机制"，例如，理想目标制度、工作目标制度、分配激励制度、劳动用工制度、业绩考评激励制度、奖励激励制度、晋升激励制度等激励机制。

（三）激励机制的发展趋势

管理者应该把人看成创造者而不仅是劳动力，更不能把人当作挣钱的工具甚至"摇钱树"，必须树立"以民为本"与"以人为本"的思想。医院管理者必须把人当作一切管理活动的出发点和归宿点，要顺人之意、从人之欲、恤人之苦、惜人之力，从而博人之心、取人之信，进而求医院之稳定，谋医院之发展；要"以人为价值的核心和社会的本位，把人的生存与发展作为最高的价值目标；一切为了人，一切服务于人"；关注员工的本质、价值、地位和使命，强调员工个体的自主、自由、利益、人格、个性、幸福等基本权利，称颂员工的智慧、能力和品德，在分析、处理和解决具体事务时要坚持"以人为目的、以人为根本"的价值准则，热忱关怀员工自身的生存境况及生活意义。由此看来，未来管理必将以"以人为本"和"以民为本"为核心，必将是人性化的管理。

人性化管理包括管理目的、机制、手段的人性化以及管理差异化、自主化、规范化等内容，而其核心内容则是激励机制的人性化。人性化激励机制的最大特点是：以人为核心，以重视人的情绪、情感和需要为基础，让员工在工作中保持一种愉悦的心情、满腔热情、向上的激情，以充分发挥人的积极性、主动性、创造性，其基本点就是尊重人的个性，满足人的个性需求。很明显，以往的激励机制都不完全符合人性化管理的要求，为适应人性化管理的需求，势必改变以往那些单方面控制式的、一成不变的激励机制，应该有与之适应的人性化激励机制，而真正的人性化激励机制则是以满足人的个性需求为核心。激励主体与客体之间通过激励因素互相作用，在双向交流，自主选择的基础上实施激励，绝非垂直的调控与操作关系，而应是符合人的个性需求（承认人性差异的）的协商式的、自助餐式的有差异的激励机制。

二、医院人性化人才激励机制

（一）医院内部人性化激励机制的含义

任何有效的激励机制均得符合员工的心理和行为活动的规律。人类的行为是由各自的人性和需要引起的，因此激励机制必须是人性化的，是以满足员工的基本需求为基础的，医院的激励机制自然更应如此。

人性化激励就是以正确的人性观为指导，按照现代人的本性进行激励。医院内部人性化激励机制是在医院组织系统中，以促进医院和员工的共同发展为目标，以满足员工的需求为核心，在细致的调查研究的基础上，通过对医院员工的不同需求特征进行系统的分析，总结出不同的激励因素，并以此为依据设计各种激励措施和方式让员工根据自己的需要进行自主的选择，让员工通过选择适合自身需要的激励措施，激发员工的工作积极性、主动性和创造性，进而达到激励的目的，实现医院的经营目标。这种激励机制完全打破了传统的医院单方面垂直操作调控的关系，而是一种极富弹性的协商自助式的激励机制。

（二）医院内部实施人性化激励的意义

1. 有利于增强医院凝聚力提高激励效果

人性化激励的精髓在于"把人当人看"，按照人的本性及需求实施激励，满足人的要求，从而使员工怀着一种满意或满足的心态以最佳的精神状态全身心地投入到工作中去，进而提高医院的激励效果。实践也已经证明，医院人性化激励将会使医院员工空前团结，成为一个极具战斗力的团队，进而提高医院工作效率。

2. 有利于提高医院核心竞争力

知识经济时代，医疗服务中的技术、知识含量成了竞争的基础和决胜关键，医院的发展对技术和知识等创新承担者的依赖性也将空前提高，医院之间围绕人的竞争也必然加剧。如何提高调动人的积极性，提升医院核心竞争力，应是现代医院管理者的重要研究课题。通过推行人性化激励，满足员工各层次的基本需要，依靠人性化、差异化的激励机制培养员工的责任感、使命感和主人翁精神，把员工的利益和医院利益紧紧捆在一起，重视员工的需求和自我价值的实现，使得人的积极性得到充分发挥，其结果必然是不断提高自身的核心竞争力，并在竞争中立于不败之地。

3. 有利于实现医院的可持续发展

医疗行业是知识分子相对集中的行业，而知识工作者的特点是：有知识，有自尊，追求自我管理，能不断创新，有自主权，不被看作成本而被作为资本。实施人性化激励，真诚地尊重人性与关心人的发展，医院就能发现、培养和造就更多更优秀的人才，并充分调动全部人才的积极性和创造性，使其能量得以充分释放，并不断转化生成新的生产力，从而更加充分地发挥医院高智能、集约化人力资本的作用，最大限度发挥整体人力资源的作用，奠定医院可持续发展的基础，形成竞争优势。激励是否人性化理所当然地被作为医院能否实现可持续发展的决定性因素之一，成为当前医院实现科学发展的一个重要着力点和突破口。

4. 有利于医院文化建设

实施人性化、差异化激励必然影响职工主观能动性的发挥，能充分调动人的积极性，在医院形成"积极向上、和睦相处"的工作环境，让员工怀着愉快的心情工作，形成民主的、突出个性的、鼓励创造的医院文化和制度，使医务工作者成为思想开放、有责任感、富于创造精神的自主人、文明人。最终在医院创建"院兴我兴，院衰我耻"的文化氛围。

5. 有利于缓解医患、医际、医管矛盾

由于人性化及差异化激励机制的建立和推行，医院里一定会形成一种积极向上、和睦相处的氛围，工作环境好，员工工作心情愉快、思想开放、责任感强，必定促使员工为实现促使医院发展和满足病人需求的双重目标而奉献聪明才智，把主要精力集中到工作上去，进而缓解医患、医际及医管矛盾。

6. 有利于医院员工全面发展

人是人性化激励管理的出发点和归宿点，其核心就是尊重人、发展人、培养人。人性化激励充分尊重人的个性需求和自主选择，根据员工的需要设置差异化的激励机制，让员工根据自我需要做自主选择，缺什么选什么。这样就能满足不同员工的不同需求、满足同一员工不同时期的不同需求，最终促进员工自身得到全面和谐的发展。

（三）人性化是设计激励机制的首要原则

激励实际上就是通过满足员工的需要而使其努力工作实现组织目标的过程。激励必须从人本主义思想角度出发，以尊重和满足员工需求为导向进行激励，以争取最大的员工满意度为目标，针对不同的个体进行激励。任何有效的激励机制必须是针对不同的个体需求而综合设计的，人的需求往往是不同的，一个符合员工需求的激励行为才能引起员工的重视，使员工产生共鸣，导致高水平绩效的产生。因此，医院在设计激励机制时必须从本院员工的实际出发。认真分析员工的需求，掌握好员工需求的层次性，分析不同员工到底有何种不同的需求。并在此基础上本着人性化的观点，通过人性化的制度规范员工的行为，调动员工的工作积极性，谋求管理的人性化和制度化之间的平衡，以达到有序管理和有效管理。

（四）医院内部实施人性化激励的必要性

伴随社会的不断发展，管理科学也日新月异，传统的管理方法越来越不能适应现代管理的需要，特别是那些非人性化的管理已走进了死胡同，不仅不能促进企业的发展反而成了其发展的障碍。组织中的每一个人同每一个团体，正好像人体中的一个器官一样，如果眼睛同手之间的协调机制被破坏了，那么无论眼睛或手怎样努力工作，也不能使它们共同的生产率得到提高。组织中的人正是组织的器官，如果管理制度限制了其自由发展，非但不能提高企业的生产率，反而会制约企业的发展，由此可见人性化管理是何等的重要了。

管理界呼唤着人性的回归，于是，人性化管理成了管理发展的新趋势，作为管理核心的激励自然也必须是人性化的。医院虽不同于企业，有其特殊的一面，但因为医院所服务的对象是病人，这就意味着医院的管理更需要人性化，其内部激励机制就更不能例外。

1. 人性的必然要求

人性是人同动物的本质性的区别，是一切社会关系的总和，是自然之性与社会之性的统一。人性受不同历史阶段的生产力水平及生产关系制约，不是一成不变的，是随着人们物质生活条件、生产力和生产关系的变化而发展变化的；它不是抽象的、空洞的存在，在不同时期及环境下的表现是生动、具体而又有血有肉的；它既具共性又具差异性，是共性与个性、特殊性的对立统一，它在不同时期、不同人身上的表现千差万别，人的个性是丰富多样的。那些否认自然性与社会性的对立统一，否认共性与差异性的对立统一，否认人性的变化性的人性观是错误的，是与人性不相符的。所以，管理者在实施激励时就必考虑员工的人性差异，根据他的人性需求实行不同的激励，只有这种能满足人们个性的激励才可以称得上真正的人性化激励。

2. 激励机制发展的要求

由于对人性的认识存在偏颇，对人的需要了解不充分，使得依此建立起来的激励机制存在以下先天性的局限：第一，受视野和时代的局限，缺乏系统性和发展性；第二，剥夺了员工的选择权，而只能被动接受，使得激励起不到应有的作用；第三，由于工资奖金不能无限增加、晋升名额有限使其激励效果难以持久。在这些局限性的制约下激励机制很难发挥应有作用，甚至阻碍了医院的发展。但是，在市场经济条件下，以人才竞争为主的医院竞争日趋激烈，医疗人才的流动性不断加强，医院要在这种白热化的竞争中取胜就离不开人才，医院的存亡全系于人才。因此，医院必须创新激励机制，且新的激励机制必须以满足员工个性需求为目的。

3. 人性化管理发展的要求

随着社会与经济的发展，管理理论也日新月异，未来管理必将趋向人性化。人是管理的出发点和归宿点，是管理的目的，任何组织都离不开人。人性化管理的最大特点是：以人为核心，以重视人的情绪、情感和需要为基础，让员工在工作中保持愉悦的心情、满腔的热情、向上的激情，以充分发挥人的积极性、主动性、创造性。其基本特点就是尊重人的个性，满足人的个性需求。为适应人性化管理的需求，医院势必有与之适应的人性化激励机制，而真正的人性化激励机制则是以满足人的个性需求为核心，激励主体与客体之间通过激励因素互相作用。

4. 医院员工多种需求的必然结果

客观世界是丰富多彩的，个体心理也是千姿百态的，这就决定了人的需求具有多样性。同时，作为客观存在的人，其需求不但是社会存在的反映，而且还受社会现实的制约，这又决定人性及人的需求具有现实性和差异性。所以医院在实施激励时必须把握医院的现实情况，了解员工需求的层次特点和员工需求的差异性，并且依靠这些焦点实施激励，只有有的放矢才能达到事半功倍的效果。

当前医院知识型员工普遍认为的激励因素依次为薪金福利、技能发展、外界认可、工作成就、与上级关系、工作意义、工作挑战性、各类晋升、社会地位、权力授予；稳定因素有职业稳定、工作环境、同事关系、管理监督等。这反映出：第一，技能发展、外界认可等内容成了激励因素，表明当代医务人员积极的价值取向；第二，通常认为只能保持员工工作状态的"薪金福利"却成为激励机制，反映出员工对现有的经济收入尚未满足；第三，通常作为稳定因素的"与上级关系"，在当前中国医院内却成为激励因素，表现出我国知识型员工特有的价值观。也就是说，当前医院员工依然有身心健康、社会交往、获得尊重、自我实现和物质生活等基本需求。既然有多种需求存在，那么实施有差别的人性化激励肯定是十分必要的。

三、医院人才激励机制的构建

（一）建立以学术权力为主导的管理模式

管理模式是在管理人性假设的基础上设计出的一整套具体的管理理念、管理内容、管理工具、管理程序、管理制度和管理方法论体系并将其反复运用于企业，使企业在运行过程中自觉加以遵守的管理规则。在综合型医院这种机构，存在着行政权力与学术权力两大权力主体，正确处理这两大权利主体的关系是整个医院管理体制改革的重中之重。医院医务工作者所从事的工作包含临床医疗诊治，传授医学知识及研究科研课题，这些工作无不体现着学术价值和追求真理的主题，因而学术价值是医务工作者的基本价值，也是他们一切工作基本动力来源。而医院各职能部门的管理行政人员的工作任务，主要是通过履行工作责任来维护和保证学术价值的实现，因此学术价值体现了医院的核心价值。然而，在现行的医院管理模式中，往往是医院的行政权力起了决定权的作用，学术权力占弱势，这就容易导致非学术的行政权力在以学术为主的管理方式上出现偏差，严重地导致学术专业人才的不稳定，阻碍医院学科发展。因此，医院应建立以学术权力为基础的医院文化，创造医务工作者与行政人员平等交流和沟通的环境，促进医务人员和行政人员之间的相互理解与合作，保持学术自由和追求真理的良好传统，进而促进医院学科持续健康发展。

建立以学术权力为主导的管理模式，一是要正确处理行政权力与学术权力的关系，明确划分两者的界限，建立相互制衡的管理机制，坚决杜绝以行政权力替代学术权力；二是建立健全学术组织，充分发挥其作用，加强学术权力管理。如建立健全学术委员会及其制度，明确学术委员会的职责与权限，保证学者专家参与学术事务决策的权力落到实处；第三，增强服务意识，清除管理层群"官本位"思想。医院的管理层应逐步从行政命令向服务转变，彻底消除"官本位"思想，树立"管理就是服务"的理念，为学术活动的开展提供各种服务。

（二）物质激励与精神激励相结合的激励形式

激励形式的运用在人才激励机制中发挥的作用是不可忽视的。物质激励与精神激励相结合的形式对于人才激励机制发挥最大效应，充分调动人才工作积极性，促使人才不断成长，加强学科建设起着非常大的作用。

实例的人才激励机制存在着对人才重物质激励，轻精神激励的问题，赫茨伯格（Herzberg）的双因素理论和马斯洛的需求层次理论指出，满足各种需求所引起的激励深度和效果是不一样的。满足人才物质需求是基本条件，没有它会导致人才不满，但是即使获得满足，它所发挥作用的影响力和时限都是很局限的。要持续长久地充分调动人才的积极性，不仅要注意物质利益和工作条件等外部因素，更重要的是要注意对人才进行精神鼓励。譬如，成绩上给予认可，工作上给予支持，提供个人成长、发展的机会等。在将两种激励形式相结合进行激励时，要能够准确判断人才所处的阶段，针对性地制订以某种激励方式为主体的激励方案。对不同的人才进行不同的激励，使人才充分发挥其潜能，从而有利于医院的人力资源发展。

（三）科学合理地建立绩效评价体系

绩效评价体系是指由一系列与绩效评价相关的评价制度、评价指标体系、评价方法、评价标准以及评价机构等形成的有机整体，由绩效评价制度体系、绩效评价组织体系和绩效评价指标体系三个子体系组成。绩效评价是医院绩效管理的核心内容，它通过对绩效管理工具的充分运用，准确地对人才的工作和成绩进行评价分析，进一步为人才的成长指明方向，同时为学科建设发展培养优秀人才。绩效评价是医院内部管理价值链的关键环节，通过有效的评价，可以有力地促进医院管理水平不断提升。建立科学合理的绩效评价体系，可从以下几个方面入手：

1. 健全绩效评价制度体系

建立完善的相关制度体系，明确人才的范畴，从人才的引进、培养及管理三方面制定人才管理制度。同时制定确实有效的人才培养计划，并定期对人才进行考核，将考核标准量化，与人才的待遇挂钩，有奖有惩，真正达到促进人才发展，加速学科建设的目标。

2. 建立合理的绩效评价组织体系

成立人才绩效评价组织，由医院的学术权威组成，实事求是地对人才进行客观评价。可由单位人事部门牵头，由医务、科教、教学等相关部门组成组织考核机构，并时考核组成员可在医院的学术委员会中选取。

3. 设计科学的绩效评价指标体系

绩效评价体系的指标设计要保证具体化，具有操作性和可衡量性。第一，要具体而明确，即考核指标直接与人才的工作内容挂钩，不同类型的人才评价指标不一样；第二，要操作性强，即每项指标均可采取数学方法进行量化评分；第三，要可以衡量，即各项指标是可以证明并观察到的，其信息具有可获得性。为此，在设置指标体系时，要对各类岗位认真进行分析和评估，对不同技术职务工作内容及要求进行认真分析，明确工作岗位的职责，使人才的工作内容与业绩考核一一对应，从而达到公平公正的目的。而且，考评方法力求多样化。以全方位的、动态的观点来设计考评制度，将定期考评与不定期考评、过程考评与结果考评结合起来，使考评结果与工作实际情况更加接近。通过考评，医院管理人员可按照环境的变化及人才的进步，适时调整目标体系，使人才积极地为实现目标而努力工作。

以省级综合型医院为例，在设计具体的人才考评体系时，一定要区分对待临床型人才与科研型人才，既要注重临床技能及水平的提高，也要保证科研成果的不断创新，提高人才培养质量。同时，要根据医院实际和学科发展的动态，准确判断人才经过努力后可达到的目标，合理设置相应考评分值。在设计临床型人才的考评体系时，将考评标准侧重点放在临床指标上，例如临床治愈增长率、开展新技术新项目数、超手术基数率、抗生素使用率等作为考评项目，将临床指标分数的权重加大，尤其是对于开展高难度手术、新技术新疗法等充分体现人才创造性的指标要给予较大的分值。设计科研型人才的考评体系时，要充分体现人才的科研水平，以所承担的科研课题数及等级，所发表各级文章数量及获得的科研奖励等等作为考评项目。为了充分激发高精尖科研人才的潜能，将国家级或省级重大项目设置较高的分值，一方面大力激励其申报科研项目的积极性，另一方面促进学科科研水平的提升。随着科技发展的全球化以及论文期刊的不断变化，论文水平的体现已不仅是发表几篇文章，更重视发表文章的质量与档次，以及代表论文成果水平的因素，如国外发表和 SCI 引次数的影响力等。通过对以上项目量化考评，可引导人才发表高水平的原创性论文，获得高水平的成果。同时，在整个考评体系中，始终要体现：第一，综合型医院是集医、教、研为一体的医疗机构，医疗、教学、科研是本职工作。因此，任何一种考评体系的指标中都应包含以上三项因素。根据人才类型不同，每项指标的权重不一样。第二，医院以医疗任务为整体目标，科研及教学任务均服务于或支撑医疗工作，在对临床工作的科研型人才进行考评时，注重将科研成果反哺于临床，实现"临床工作一票否决制"，即凡是在临床工作的人才，无论他是否是临床型，必须能够完成日常临床工作任务，不能出现违反医疗规定的行为，强化医院整体目标意识，保证个人目标服从医院整体目标，从而实现人才发展与医院发展的共赢。

（四）医务人才的激励机制需动态长效

人才的激励机制要时刻体现人才在不同阶段和时代所能承担的工作量及创新能力，因此要有能够时刻鞭策人才的作用，而且评价体系中的各因素要紧密相关，这就要求人才的激励要有动态性的长效机制，要根据人才的数量与质量不断予以完善。

在实施人才的激励机制时，能够定期对其设计方案进行评价，并对其中不合理的项目进行修改，以适应不同时间对人才的不同要求的需要。同时，激励机制中的考评体系要有考评周期，在固定时间周期内完成对人才的评价。再者，根据不同的岗位层次，实施分类动态的薪酬管理。同时，要依据人才的不同类型，设立适合临床型、教学型不同人才类型的绩效考评标准。医院管理层依据不同的绩效考评标准，结合绩效考核结果动态兑现薪酬，实行全员动态绩效考核。将考评结果与职称聘用、职务升降、奖励惩处等挂钩，形成待遇能上能下的激励局面，真正达到"岗变薪变""绩变薪变"的动态奖惩目标。同时，绩效考核的侧重点放在医院重点学科建设及发展上，要充分体现医院的发展战略。另外，为了稳定人才队伍，激励人才努力工作，对所有岗位的薪酬按一定的时间周期给予一个正常的增长，致使安心工作的人才都能得到一个薪酬不断增加的机会，形成全员努力工作，形成合力的局面，从而保证了人力资源的持续稳定增长。

（五）为人才提供高效的可持续的发展平台

医院的人才是典型的知识型员工，无论治病救人，传播知识还是科研创新，人才自身的专业必须不断成长与发展。因此，必须建立健全人才培训体系，为人才提供完善的可持续发展的平台，以持续满足人才对知识更新和职业成长的需要。

目前，我国许多医院对人才的在职提高环节普遍重视不足，这就在很大程度上影响了人才及学科的发展。鉴于这种情况，可以根据人才的不同需要，提供不同的培训方式，有效地利用资金，使其发挥最大的作用。增强新进人才的岗前培训教育，使人才通过培训，能够了解医院的现状及发展前景，培养他们的集体荣誉感。了解医院的规章制度及相关业务知识，帮助他们迅速融入医院环境中。对已有的人才，一方面要充分发挥"传、帮、带"作用，要求老专家将其所能传授给这些人才，将医院好的光荣传统传下去。同时鼓励人才继续学习，倡导"干中学"模式，使人才在实践中学习提高。充分利用学习培训机会，加深临床经验和学术交流，提高自身业务水平，将在本院所学的知识与外院学习成果相结合，取长补短，不断提高学术专业水平。另一方面要加强学术骨干的培养，以带动整个学科梯队建设。

同时，要充分利用绩效评价结果作为人才培养的依据。绩效评价结果可为人才培养提供大量的与人才专业成长相关的信息，利用这些信息可帮助管理者较客观的分析人才在思想、学术等方面所处的阶段，以制定相应的激励措施鞭策人才进步。对于绩效较差的人才，经过分析后，发现是因为其所具备的知识和技能水平较低而导致工作完成不够理想，或者在能力提高过程中出现短暂的"高原现象"，就应对他们进行针对性培训，进一步提高其专业知识和技能水平；对于业绩优秀者进行激励性培养，准确分析其专业发展和研究阶段，借助合作项目或课题研究，选派其去发达国家做访问学者开展研究，进一步提升学术水平。在人才的培养中，还要充分挖掘本单位内在资源，努力创建院内培养条件，使人才培养更自主化、个性化。

四、医院人才激励机制的创新

（一）医院激励的基本原则

1. 精神层面激励与物质激励相结合

物质激励，顾名思义便是薪酬、奖金、福利等方面的可以量化的激励措施，精神层面的激励措施如荣誉、鼓励、晋升等是不可量化的激励措施。两种激励措施是一种相辅相成的关系，缺一不可。物质激励是精神激励的基础，精神激励是保持医院持续健康发展的必要措施。两种激励措施应相互结合使用，不可偏废一方。若只重视物质激励措施，那么就会使医务人员过分地看重物质，一切向钱看，当医院由于某种原因，物质给予无法满足医务人员的期望时，那么在医务人员中便会产生不安的情绪，不利于医院渡过难关。如果只重视精神层面的激励，医务人员基本的物质需求无法得到保障，失去了物质基础，医院也是不稳定的。所以物质激励和精神激励要结合使用，不偏向任何一方，才能保证激励机制的平衡。

2. 正反向激励措施相互结合

正向激励措施达到的效果可以是使医务人员的工作积极性及创造性得到很大的提高，也可能造成医务人员的骄傲自满，影响其工作效率。反向激励措施到达的效果可以使医务人员自信心下降，只是为了生存和生机而苟且偷生，丧失了工作的积极性，但是对于有些医务人员可能更是一种鞭策，激发出前所未有的能量，可能会到达意想不到的效果。由于正向激励和反向激励都有可能产生推动力和破坏力，如何能够正确的使用两种激励措施，使医院能够朝着正确的方向发展，就是对两种激励措施要有一个合理度的把握和应用情况的正确判读。正向的激励措施是医院经常使用的，然而并不是所有的医务人员都能够很好地完成任务，这个时候便需要反向的激励措施，但是反向激励措施不可过重。能够使医务人员痛定思痛，并仍然充满信心地继续努力，为了医院的共同目标更加奋发向前，这样的效果才是管理者想要的。所以在医院中，正向激励措施和反向激励措施必须合理正确使用，相互结合才能达到更好的效果。

3. 静态激励措施和动态激励措施相互结合

如果一个医院的激励措施都是静态措施，那么整体医院的激励机制一直都是一成不变的，缺乏创新和活力。而如果一个医院的激励措施都是动态的，则医务人员缺乏安全感，没有明确的目标，是医院一个很大的不安定因素。所以静态的激励机制需要有动态的激励措施作为补充，来提高医院活力，动态的激励措施需要由静态激励机制作为基础，提供一个稳定健康的环境。只有静态激励措施与动态激励措施的有机合理地结合，才能实现医院的不断发展。

4. 短期激励机制与长期激励措施的结合

长期的激励措施能够使医务人员长时间内维持较好的工作态度，对医院的长期发展是非常有利的。短期激励措施则能够使医务人员感受到医院的人性化管理，提高医院凝聚力使医务人员工作兴趣突增。因此如果只是一味地重视长期激励措施，很容易使医务人员在漫长的奋斗时间中产生疲惫感，如果只重视短期激励措施，则会因没有长期的目标而心生去意，难以留住医院的核心人才。

而且两种激励措施对于处于创建初期、成长期、成熟期等不同发展阶段的医院有不同的侧重。所以医院管理者应在实际工作中，根据自身所处的发展阶段，合理地结合应用短期激励机制和长期激励机制，使医院能够较快地发展。

（二）建立全面的薪酬体系

随着医院管理的不断变化，复合的薪酬模式将取代单一的薪酬模式。经济性与非经济性的薪酬有机结合构成了全面薪酬管理体系，它发挥了薪酬的整体作用，可以提高医务人员的满意度，同时增强医院的整体竞争力。

建立全面的薪酬体系，最大的好处就是保持了薪酬制度的活力，而且要与医院整体的发展战略相互适应，全面的薪酬体系包含以下几个方面：

1. 固定薪酬

固定薪酬，顾名思义是指员工完成工作得到的周期性发放的经济性报酬，它具有保障性的特点，同时也应符合国家或当地政府现行的最低工资标准。

2. 可变薪酬

可变薪酬，指员工因达到某一既定的工作目标而得到的奖励，极其具有不稳定性。面向广大医务人员实行可变薪酬计划，能够对医务人员和医院所面临的动态环境作出灵活的反应，不但对医务人员所达成的绩效提供了奖励，而且能有效控制医院的成本开支。多种可变薪酬形式的灵活运用及由此产生的激励性，是全面薪酬战略的一个重要特征。这些可变薪酬主要包括奖金分成、慰问金和补助等等。

3. 间接薪酬

间接薪酬，是固定薪酬和可变薪酬的一种补充，而不是替代者，主要措施就是实行合理的福利成本分摊。这些福利包括：第一，法定福利，用以保障或改善医务人员的安全和健康、维持家庭收入和帮助家庭渡过难关；第二，弹性福利，包括补充退休金，健康保障，为医务人员提供带薪假期，培训费报销、支付交通费用，提供班车、住房福利、饮食福利和弹性工作制等。

4. 非货币性经济薪酬

非货币性经济薪酬，包括安全舒适的工作环境、良好的工作氛围和工作关系、引人注目的头衔、上级的赞美和肯定等。

5. 非经济薪酬

非经济薪酬，实际上就是员工从工作本身所获得的心理收入，即对工作的责任感、成就感、胜任感、富有价值的贡献和社会影响力等。医院能够通过工作设计、宽带薪酬制度及组织扁平化来让医务人员从工作本身得到最大的满足。

（三）改革职称晋升机制

1. 狠抓员工业务培训

通常对新员工进行培训，因为对于医生来说，基本功是最重要的因素，狠抓基础，培养医务人员主动为患者服务的意识。

2. 制定晋升基础要求

根据各科室的工作特点来制定职称晋升的要求，不能千篇一律。提高整体技术实力，加强医院竞争力。

3. 加强学科间学习交流

医院讲究的是一个整体，所以要加强各学科、各科室的交流合作，为开展医院各项活动的顺利进行打下良好的基础。

4. 创造条件促进学习

针对不同人群职称晋升面临的压力，人事部门能够根据不同人群评职称的需求，提前提供计算机、专业培训等相关信息，为晋升人员提供科研的机会。

5. 专家把关监督

充分发挥专家的带头作用，把符合晋升人员的各项综合指标交给专家评审讨论，严格把关，提高职称的含金量。为了做到公开公平公正，评议结果接受全院人员的监督。

6. 奖励先进，破格晋升

对于业绩突出、在专业领域有突出贡献的人员，政策适当倾斜，提供破格晋升的机会。

7. 评聘分开，能上能下

打破职称的终身制，对于达标、病人满意度高的要提拔奖励，对于那些不达标的，可以适当进行惩罚，必要的情况下可以低聘考察。

（四）重视对医务人员的情感激励

医务人员的道德责任感和事业成就感胜过其他任何一种职业的从业人员，所以很大程度上医务人员的执着更多来自道德的激励。通常来说，医务人员所承受的工作压力是最大的，很多员工都有了心身耗竭综合征、职业倦怠、失眠、忧郁症等病症。因此，医院在员工激励方面要加强人文关怀，多为职工想想。

1. 进行心理减压

由党小组、工会、团委等组织座谈等活动，开展多种形式的减压活动，使压力得到释放。

2. 照顾职工需求

了解各层次职工的需求，尤其对"三期"的女职工给予照顾，对年龄偏大的员工适当减轻其门诊工作量，对科研量繁重的职工适当给予调休，对新同志给予生活上的便利等。通过这些情感交流，能够降低员工的顾虑，激励员工更好地投入工作当中。

3. 表彰先进职工

营造"学先进、树标兵"的氛围，表彰先进个人，用先进的事迹感染员工，发挥模范标兵作用，激励员工立足本职工作，在平凡的岗位上作出不平凡的业绩。

第三节　人力资源的测评与科学配置

一、科学测评，尽显人力资源的最大价值

人力资源的测评是人力资源管理的重要内容之一。通过人力资源测评，能够提高人员使用的科学性，并有效地实施一系列控制手段。

（一）人力资源测评的含义与作用

人力资源测评是指对企业各类人员的德、智、能、绩等素质采用定性和定量相结合的方法所进行的测量与评定。它是综合邻近学科的研究成果而创造和发展起来的一种科学考核方法。作为一种专门技术，它具有相对的独立性，有其特定的含义，其中所涉及的最基本的概念有人员、素质、测评。

人员是指各行各业中的在职者，即具有劳动能力而且正在工作的人。企业人员是指企业全体职工，就一个工厂来说，有工人、学徒、工程技术人员、管理人员和服务人员等。

素质是指人的德、智、能、绩四个方面要素的有机构成。

德，即品德素质，是指人的思想品德，通常包括政治立场、政策水平、原则性、工作作风、纪律性、责任感和事业心等。

智，即智体素质，是指人员的智力和体力。它是先天素质、社会历史与受教育因素、个人努力三方面相互作用的结果，通常包括知识水平、思维能力、判断能力、观察能力、意识、工作持久性和身体健康程度等。

能，即能力素质，是指完成本职工作的本领，包含工作能力、处事能力、组织能力、创造能力、设计能力和评价能力等。

绩，即绩效素质，是指工作的质量和数量，包括工作效率、工作成绩、工作质量等。

测评，即测量和评定。人员素质测评是用多种测量技术和统计方法对人员素质所进行的描述，通常用数字表示。人员素质评定则是按照这些描述来确定素质的价值，对素质进行客观的衡量。例如，某人的工作效率测量得分为20分，20分就是对他工作效率的客观描述。根据评定标准，20分属于良好级，那么良好就是其素质的价值。

人力资源测评作为一种科学的考核方法，其作用主要表现在如下几方面：①人力资源测评是人员招聘、选拔任用的依据。②人力资源测评是决定人员调配和职务升降及人员淘汰的依据。③人力资源测评是开展人员培训的依据。④人力资源测评是确定劳动报酬和人员奖惩的依据。⑤人力资源测评是对员工进行激励的手段。⑥人力资源测评是组织对人员绩效考核的手段。

（二）人力资源测评的基本原理

人力资源测评的基本原理是在综合了哲学、系统科学、行为科学、领导科学、心理学、应用数学、模糊数学等科学研究成果的基础上，通过人力资源测评的实践，不断总结和发展起来的。它是对人力资源测评工作中带有普遍意义的客观规律的认识，是指导人力资源测评的理论依据。

人力资源测评的基本原理主要有个体差异原理、测量与评定原理、定性与定量原理、静态与动态原理、模糊与精确原理等。

1. 个体差异原理

个体差异包含能力差异和个性差异。能力差异是指人与人之间在智力和体力两方面的差异，是由性别、年龄、地区、职业、文化的不同而造成的差异。例如，在操纵能力方面，无论是速度还是准确性，一般情况下，女性的能力不如男性；从体力来看，年长者不如青壮年。个性差异亦称人格差异，主要是指人的气质、动机、兴趣、追求、态度、性格、价值观等方面的差异。比如，男性的偏好倾向于理论、经济、政治等方面，而女性的偏好倾向于精神价值、艺术欣赏及关心别人福利等；青年人对新生事物反应敏感，有锐气，而中年人比较稳健，老年人比较保守。

人和人之间客观存在着个性差异，因此，在人力资源测评中，只有摸清人的能力差异和人格差异，才能客观地、合理地测评人的素质。

2. 测量与评定原理

测量与评定是人力资源测评活动中相对应的既相互联系又相互区别的两个方面。测量是评定的基础，评定是测量的继续和深化。没有准确客观的测量，就不会有科学合理的评定；离开了科学合理的评定，即使有准确客观的测量，也难以正确测评人的素质。这两者是一个统一的、不可分割的有机整体。

3. 定性与定量原理

定性是对人与事的本质属性进行鉴别与确定。定量是通过数学符号来表现人的素质的特征。定性通常注重"质"的方面，而定量通常注重"量"的方面。定量是定性的基础，定性则是定量的出发点和结果。定量只能作为阐明定性的客观基础，定性也只能作为定量的前提和归宿。定性与定量原理的实质就是通过人事管理的丰富经验与数学方法相结合，使测评标准和计量方法有机地统一起来，进而提高人员素质与数量之间的一致性。

4. 静态与动态原理

测评各类人员的素质时，既要考察人在一定稳定情况下的行为，又要考察在动态条件下的行为；既要保持测评手段和方法的相对稳定性，又要注意测评手段和方法的动态发展性，即把稳定与发展变化有机地结合起来。

5. 模糊与精确原理

模糊是指由于概念外延的不明确性而引发的判断上的不确定性；精确是指对事物判断的确定性。人员素质测评就是模糊与精确的统一。在人员素质定量化的描述中，既要体现定量化的精确性，并且又要明确地运用模糊原则和方法，使人的素质差异客观地、定量地表现出来。

（三）人力资源测评体系的设计原则与结构内容

人力资源测评体系的设计必须讲究科学与实际。如果不讲究科学，那么，该测评体系的结构内容就不可能合理，其测评的结果也就不会准确，这样必然会给人力资源的开发和利用带来不利后果。

1. 设计原则

（1）针对性原则

测评目的不同，对象不同，选择的测评要素亦不同。在选择时应根据实际情况来确定，要有较强的针对性，以便充分体现出所测对象的特点。如果测评对象是科技人员，其测评要素除了应具备的基本要素之外，还应具备一些特殊要素，如设计能力、实际操作能力等。若测评对象是管理人员，其特殊要素有决策能力、组织能力等。

（2）科学性原则

人力资源测评要素体系应以心理学、管理学、领导科学、人才学等科学原理为依据，以科学的方法，如问卷调查、个案研究等方法为手段，结合我国人事考核经验来确定。

（3）精练明确性原则

每个测评要素都要有明确的内容、定义或解释，从而使测评要素内涵明确。同时测评要素的确定与表达应力求精练、通俗、直观，进而使测评要素既少又精，表达更加规范化、标准化，这样可以保证测评工作顺利进行。

2. 结构内容

人力资源测评体系结构有个体素质体系结构和群体素质体系结构。它们的构成如下。

（1）个体素质体系结构的构成

个体素质体系结构是由品德素质结构、智体素质结构、能力素质结构和绩效素质结构组成的。每一素质结构又由相应的测评子要素组成。

个体素质分值为

$$EA=E_1+E_2+E_3+E_4$$

式中，E_1——品德素质分值；

E_2——智体素质分值；

E_3——能力素质分值；

E_4——绩效素质分值。

在这四大素质结构中，针对具体人员又有相应的结构项目和素质要素，与人的自然性、社会性和能动性相对应，进而组成一个整体系统。

（2）群体素质体系结构的构成

群体素质体系结构是由领导素质结构、人群素质结构及创造素质结构组成的。

群体素质分值为

$$F=F1+F2+F3$$

式中，F_1——领导素质分值；

F_2——人群素质分值；

F_3——创造素质分值。

领导素质由权力性和非权力性两项构成；人群素质由群体合理组成、交往程度、交往效果三项构成；创造素质由创造意识、创造能力两项构成。在这三大素质结构中，针对具体对象可设相应的素质要素。

（四）建立测评机构及选择测评人员

合理建立测评机构及选择测评人员是增强企业人力资源管理的一个重要方面。那么，要保证测评工作的科学实施，就应做好以下几方面的工作。

1. 测评机构的建立

测评机构是企业进行人员素质测评的组织机构。它不是一级权力机构，而是人事考核的工作班子，进行人事决策、参谋咨询的组织。建立测评机构的原则是：测评机构应同人事管理的权限相一致。例如，测评厂长的机构应由任命厂长的上级机关负责组织，吸纳厂长代表、群众代表参加；测评中层行政干部的机构应由厂长负责组织，吸纳厂级干部、人事部门和有关科室的代表参加，以此类推。但是，也不能绝对强调干部是哪一级任命的就一定要哪一级测评，由于管理某一级的干部机关不一定直接了解测评对象，应具体问题具体分析。

2. 测评人员的选择

选择测评人员时，应当从测评角度、测评条件和测评数量等诸多因素来考虑。

（1）测评角度

为了能够全面地、立体地观察了解测评对象，以获得合理的测评结果，应选择多角度的测评者对被测对象进行测评。测评角度通常包括自我测评、同级测评、下级测评、上级测评和组织测评。

①自我测评。自我测评是指被测对象对自己进行测评。它能充分调动被试者的积极性，并能从数据分析中得出其他角度测评所不能获得的信息。

②同级测评。同级测评是指与被测对象共同处事或联系密切的同级人员对其进行测评。这种测评能够比较真实地反映实际情况。

③下级测评。下级测评是指被测对象的下级对其进行测评。这种测评的局限性大应视具体情况侧重某几方面进行测评。

④上级测评。上级测评是指被测对象所在单位的上级领导及直接领导对其进行的测评。

⑤组织测评。组织测评是指被测对象所在的人事组织部门对其进行的测评。这种测评通常可以通过日常的有关原始记录和参照标准进行评定。

（2）测评条件

测评人员应具备的条件如下：①有事业心，勇于改革。②作风正派，办事公道。③有主见，善于独立思考。④坚持原则，大公无私。⑤熟悉被测对象情况。⑥具有一定文化水平。⑦有一定实际工作经验。

（3）测评数量

由统计学原理可知，测评人员数量越多，个人的偏见效应就越小，测评得出的数据越接近客观值。但是符合测评人员条件并熟悉被试者的人数总是有限的，而且，不符合条件的人占的比例越大，测评结果的可靠性就越低，所以，应尽可能选择符合条件的人员进行测评，人数以 20 ~ 30 人为宜，最少不能低于 10 人。

（五）测评要素体系的设计方法

1. 素质图示法

素质图示法就是将某类人员的素质特征用图表描绘出来，然后加以分析研究，从而确定测评要素。这种方法一般将某类人员的测评素质要素按需要程度分档，然后根据少而精的原则进行选取。分档能够是三档（非具备不可、非常需要、需要），也可以是五档（非具备不可、非常需要、需要、需要程度低、几乎不需具备）等。

2. 个案研究法

个案研究法就是通过选取若干具有代表性的典型人物或事件的素质特征进行分析研究，来确定测评要素和要素体系。

个案研究可分为典型人物研究和典型资料研究两种形式。典型人物研究就是根据典型人物的工作情况，通过对其工作情况的观察分析，确定出其代表的测评要素体系，具体表现为研究的直接对象。典型资料研究就是以表现典型人物或事件的文字资料为直接研究对象，通过对这些材料的总结分析，归纳出测评要素体系。在实际应用时，应按照研究情况和条件而定，若能同时具备则更好。

选择典型人物和资料时，可以选择成功的典型人物和资料，也可以选择失败的典型人物和资料，还可以将两者结合起来。

3. 面谈法

面谈法是通过与各类人员，比如被测对象的上级领导、人事干部、被测对象及与被测对象有较多联系的有关人员，进行访问和谈话，从而收集有关资料，以此作为确定要素的依据。它分为个别面谈法和座谈讨论法两种形式。

个别面谈法是指通过走访有关人员，进行面对面的谈话来了解被测人员的各种情况，然后将收集的材料进行归纳总结，找出其中共性的特征，以此作为测评要素。

座谈讨论法就是召集有关部门的具有一定知识和经验的人员，来讨论被测对象的工作性质，根据所需要的知识、能力等，通过讨论集思广益，为要素确定提供依据，参加座谈的人宜为 5 ～ 8 人。

4. 经验总结法

经验总结法就是根据特定时期的用人政策及本单位的具体情况，以及测评单位所积累的经验来确定测评要素，或参照总结一些较为权威性的测评要素，以及兄弟单位的测评要素，再结合本单位的具体情况及研究的目的来确定。

5. 多元分析法

多元分析法是通过因子分析和聚类分析等方法，从较多数量的初选要素中，找出关键性的要素及其某类人员素质的基本结构。这是一种结论性的定量设计方法，它是统计学中的一个重要方法，主要用于对测评信息数据的处理，是一种用于分析较多复杂数据的统计技术，用于研究设计多个自变量和因变量之间的数量依存关系。

（六）人力资源测评的基本技术与方法

人力资源的测评技术与方法是影响人力资源测评准确性或客观性的一个重要因素。因而，要圆满地完成人力资源的测评任务，就必须掌握测评的基本技术与方法。具体来说有如下几个方面。

1. 纸笔测试

在人力资源测评中，标准化的纸笔测试的应用最为广泛。顾名思义，纸笔测试就是一般不借助其他工具和手段，只用纸和笔就能进行的测试。标准化的纸笔测试一般有事前确定好的测试题目和答卷，以及详细的答题说明。测试题目往往以客观题居多，也有不少主观自陈评价题。纸笔测试可以限定时间，也可以不限定时间。被试者只需按照测试的指示语回答问题即可。

在知识测试中，通常主要采用纸笔测试；大多数的智力测试、人格测试、成就测试、能力倾向测试等，也可以采用纸笔测试的形式。纸笔测试方便易行，主试者和被试者都易于接受，尤其是可以对团体施测，从而可以节约大量的精力和时间，在较短的时间内获得被试者的大量信息。

2. 人机对话

标准化的纸笔测试给测评结果的评定带来很大的难度，尤其是有大量被试者时，要达成测评评定的客观性、全面性，必然要付出更多的工作量。这样，人们便自然地想到了在测评过程中引入计算机技术的问题。并且，计算机介入测评过程，也可以使被试者处于较为轻松的环境下，这就为改善测评结果的可靠性奠定了基础。人机对话就是引入计算机后所进行的一种测评方法。人机对话也称系统仿真测评、人工智能专家系统等。人机对话一般要求被试者置身于由计算机技术构成的近于实际系统的动态模型之中，让其扮演特定的角色，用人机对话的方式进行；计算机根据其在规定时间内的全部答案或"工作实绩"来预测其各种潜能。人机对话为测评数据的综合分析提供了很大的便利，而且，人机对话的测评题目主要是标准化的客观题，计算机可以科学地管理时间。需要说明的是，一般的标准化纸笔测试都可采用人机对话的方法进行，只是需要将纸笔测评的计分系统、解释系统、常模等用计算机技术整合在人机对话中。

3. 心理测试

从医学上讲，心理测试有多种方法，这里主要介绍两种。

（1）投射测试

投射测试主要用于对人格、动机等内容的测试。投射测试要求被试者对一些模棱两可、模糊不清、结构不明确的刺激作出描述或反应。通过对这些描述或反应的分析来推断被试者的内在心理特点。被试者主要是进行主观评价和自我陈述，其回答并无正误之分。投射测试的逻辑假定是，人们对外在事务的看法实际上反映其内在的真实状态或者特征。这种类型的测试通常用于临床鉴别。

（2）测试量表

测试量表主要包括以下几种。

①自陈式量表。自陈式量表是测试量表的一种形式。自陈式量表是由被试者自己作答的，是将主观式的自我报告进行客观化和标准化，使其易于评分。自陈式量表的题目一般都是关于人格特征的具体行为和态度的描述。

②评定量表。评定量表是测试量表的另一种形式。评定量表是以观察为基础的，由他人作出评价。一个人的人格特征能够从它所产生的社会效果上去观察，这样，通过他人的评价，也可以转换成对被试者的测试结果。

③社会测量。社会测量就是通过测量团体中人与人之间的关系，来确定一个人在团体中的地位，并评价他的人格。

4. 行为模拟与观察

行为模拟与观察的测评方法可以尽可能接近和观察被试者的各种行为或反应，其是一种有效的测评方法。一般来说，对处于某种情景下个体的真实行为的观察最能反映个体的综合素质。这种方法可以有效地测评被试者的素质和潜能，同时察觉被试者的欠缺之处。

行为模拟与观察的测评方法的技术核心是行为观察法。它是通过安排一定的情景，在其中观察特定个体（或群体）的特定行为，并从中分析所要考察的内在素质或特征。行为观察法又可以分为自然观察法、设计观察法与自我观察法。

（1）自然观察法

自然观察法是指观察者在真实的生活或工作情景中对个体的行为进行直接观察的方法。在自然观察中，观察者不应该对情景做任何干预和改变，被观察者也不应该意识到自己正在被观察这一事实。观察者在观察的过程中对被观察者的行为进行详细的记录，包含利用各种观察、记录设备，如摄录像机，事后根据记录对被观察个体的行为进行分析和评估。

（2）设计观察法

设计观察法是指在需要对真实生活中不易随时观察到的行为进行评估时，采用设计观察。例如，我们通常会想知道一个应聘者在紧张压力环境下的表现，但我们一般很难有机会在自然状态下遇到这种观察机会。这就需要采用设计观察法，即在人为设计的环境中观察特定的行为或反应。

（3）自我观察法

自我观察法是由被试者自己对自己的行为进行观察，并记录自己行为的方法。自我观察有利于被试者对自己行为的监控。企业中常采用的"工作日志"就是自我观察的一种应用。对工作行为的自我观察有助于观察者对自己的工作进行总结和改进。另外，自我观察法也可以用于对员工的考核。有些企业要求处于试用期的员工对自己每天的工作内容进行详细的记录。在试用期结束时，这些记录成为考察员工工作能力的重要依据。需要注意的是，采用自我观察法对员工进行考核，必须建立在员工如实反映情况的前提下。

5. 面试

面试是人力资源管理领域中应用最普遍的一种测评方法。面试主要用来评价应聘者与组织的适合程度，而不是预测应聘者的工作绩效。一般来说，面试考官与应聘者面对面交谈的是自己感兴趣的、与工作有关的各种问题，以此收集有关信息，从而达到了解、评价应聘者的目的。但是，面试的结果常常不能定量化，对结果的评价也不够客观。不过，面试确实可以给测试者和被测试者提供双向交流的机会，尤其能使人了解到从纸笔测试的卷面上看不到的内容。

6. 调查法

调查法是指就员工的某些意愿、态度、观点或感受等认知性或情感性心理状态或行为倾向进行一定范围的信息搜集，并就相应状态或倾向的特性、程度、广泛性等作出分析评价的方法。调查法在实际调查时通常由一系列问题构成，可以是纸笔形式，也可以是访谈形式。

7. 评价中心

评价中心是一种综合评价方法。评价中心是近几十年来西方企业中流行的一种选拔和评估管理人员尤其是中高层管理人员的一种人力资源测评方法。

评价中心技术有以下一些突出的特点：①使用多种测评手段，综合各种测评手段的优越之处，从不同的角度对被评价者进行观察，进而能对被评价者的各方面特点进行较为全面的观察与评价。②多采取一些动态的测评手段，对被试者的某些实际行动进行评价。对实际行动的观察往往比被试者的自陈更为准确有效。而且，在这些动态的测评当中，被评价者之间可以进行相互作用，被试者的某些特征会更加清晰地暴露，从而更有利于对其进行评价。③所采取的测评手段很多是对真实情景的模拟，而且很多情景是与拟任工作相关的情景。④主观性程度较高，制定统一的标准化的评价标准比较困难，对评价者的要求也较高，需要对评价者进行比较系统的培训。⑤费用较高，在时间及人员上的花费较大，不够经济。

通常来说，评价中心中的测评人员是由企业或其他招聘部门内部的高级管理人员和部门外部的心理学家共同组成的，主要是对应聘者进行选拔及对现有人员进行评选考核。

其目的是：测评被试者是否适宜从事某项工作或胜任某一职位；对被试者的能力、潜力和未来的工作绩效进行预测；评价每一个被试者的优点及缺点，为其培训奠定基础。

（七）人力资源测评工具的选择

各种测评技术和测评工具都各有所长，功能不同，适用对象和解释范围不同。如何在人力资源测评的实际业务中合理、灵活地选择适当的工具，解决实际的问题，是提高人力资源测评工作质量的关键环节。

1. 人力资源测评工具的选择及其组合运用

虽然有很多人力资源测评的工具，但实际应用时，就像岗位本身对素质的要求是多元的，工具也很少是单独使用的，而通常是组合在一起共同使用的，以满足实际人力资源测评的需要。

具体来说，需要针对组织的需求，适应个人、组织和职位的特点，通过测评专家对各种测评技术和工具的熟练把握、灵活运用，选择出最全面、有效的测评组合。现实中的测评工具组合有以下几种形式：

（1）针对人力资源管理目的的组合

针对不同的人力资源管理目的，如招聘、选拔、培训等，组合不同的测评工具。例如，招聘可能采取淘劣策略，也可能采取择优策略，这要取决于特定职位和人才市场的供应情况；而一般的晋升都是采取择优策略的，策略不同，测评的内容、工具的选择就可能不同；至于培训，既不必考虑择优或淘劣，也不必过于求全，因此测评内容与工具的组合又是一种类型。

（2）针对岗位与职务的组合

要评价的岗位、职务不同，评价的内容也就会不同，选择的测评工具同样会有所不同，或者即使工具相同，设定的标准也可能不同。很明显，针对管理者的测评不会与针对普通员工的测评完全相同；针对商场售货员的测评肯定不同于针对生产流水线员工的测评等。

（3）针对组织文化的组合

由于许多组织都有自己独特的历史，形成了自己独特的组织文化，因此，各个组织对于员工素质的看法和侧重点有所不同，不同组织即使针对同一个层次的同一个职位的评价，也可能会设定完全不同的内容和标准。

对基本测评工具的组合运用，是人力资源测评的高级技术。任何一个完善的人力资源测评系统，应该具备两种功能：第一，提供足够数量的，满足实用选择的工具。这是人力资源测评系统的基本功能。第二，提供如何组合各种测评工具的技术。这是人力资源测评系统的高级功能。得到一组工具，并不等于就懂得使用这些工具，更不等于就能用好这些工具。要在理解每一个测评工具真正功能的基础上，按照实际诊断、评价的需要，恰当地选择、组合各种工具，满足测评的实际需要。

2. 针对不同目的的测评工具的设计

要建立一套完善的人力资源测评工具，目标设定是第一步。测评目标是指测评工具起什么作用。测评目标不同，所设计的测评内容、测评工具的操作形式、采用题目的形式、题目的范围和难度都会有差异。

在确定测评内容之前，先要确定测评目的是显示个体的行为特点，还是用来预测其将来的行为表现。比如，成熟测试、态度测试就是显示性测评工具，它反映被试者具有什么知识和特点，能完成什么任务。相对而言，许多观察法、调查法都是显示性测评工具。而预测性测评工具可以帮助预测一个人在不同情景下的行为。比如，各种能力倾向测试可以帮助预测个体未来的工作绩效。部分人格测试可以预测个体未来的工作风格。而角色扮演、公文处理测验能够更加直接预测个体未来在同样的工作情景中的工作表现。

根据测评目的的不同，测评工具可以分为以下三种情况。

其一，对于有选拔和预测功用的预测性测评工具，它的主要任务是要对所预测的行为活动做具体分析，被称为任务分析。这种任务分析包括两个步骤：首先，要确定使所预测的活动达到成功所需要的心理特质和行为。例如，职业能力倾向测试的编制，若某项工作包括打字，那么测评工具的编制者可以假定手指的灵活性、手眼协调等能力是必需的。这种确定可以通过参阅前人的工作从理论上分析，也可以通过对在某项活动中已经录用或已经成功的从业人员的行为进行分析。当测试编制者确定某项工作需要哪些能力、技能或特质之后，就能够编制测评这些能力、技能或特质的测评工具。其次，还要建立衡量被试者成功与否的标准，这个标准称为效标。例如，用以确定一名运动员是优秀运动员的标准，就是效标。效标可以作为鉴别测评工具的预测是否有效的重要指标。

其二，如果测评工具用于测评一种特殊的心理品质或特质，那么首先就必须给所要测评的心理和行为特质下定义，然后找出该特质往往通过什么行为表现出来。例如，创造力的测评，有人将创造力定义为发散性思维的能力，即对规定的刺激产生大量的、变化的、独特的反应能力。根据这个操作性定义，创造能力则应该从反应的流畅性、灵活性、独创性和详尽性这四个方面来测评。

其三，如果测评工具是描述性的显示测试，则它目标分析的主要任务是确定所要显示的内容和技能，并从中取样。成就测试就是一种典型的描述性显示测试，它的内容分析可以利用双向细目表来完成。双向细目表是一个由测评的内容材料维度和行为技能维度所构成的表格，它能帮助成就测评工具的编制者决定应该选择哪些方面的题目及各类题目应占的比例。如果要检查新员工培训班的培训效果如何，就需要使用成就测试。这种成就测试的内容就可以利用双向细目表来确定。

（八）人力资源测评的实施

人力资源测评的实施是一项专业性和应用性较强的工作。它是人力资源管理中必不可少的重要手段之一。其过程主要包含三个阶段。

1. 人力资源测评的准备阶段

（1）测评决策

就一个现代组织而言，要在其人力资源管理中引入现代化的测评手段，首先要做的是测评决策。测评决策主要是指组织管理者对于测评重要性的认识，及在组织中实施人力资源测评的决定。

（2）建立测评机构

测评决策以后，接下来就要在组织中建立测评机构。建立测评机构应考虑以下两条基本原则：

其一，测评机构的建立要与组织人力资源管理的权限相一致，即人力资源测评不能超越组织人力资源管理的权限，因为人力资源测评毕竟只是人力资源管理现代化的一种手段。

其二，测评机构人员的构成要符合一定的质量和数量要求。对测评人员的质量要求主要包括：一是有高尚的测评道德，并具有一定的人力资源测评实践经验；二是懂得和掌握心理测试、人力资源管理学、人才学和计算机基本操作等有关基本知识和技能；三是经过严格的测评技术训练。测评机构人员的数量按测评的实际情况而定，通常为4～8人。

（3）调查研究与岗位分析

调查研究与岗位分析是人力资源测评工作的基础。人力资源测评是一项有针对性的专业化工作，要根据测评对象的构成和工作岗位的要求建立测评的要素体系和标准体系，并选择相应的测评工具和测评方法。因此，目的在于了解测评对象基本情况的调查研究和工作岗位基本状况的岗位分析就显得特别重要。

（4）设计测评要素体系和编制测评标准体系

设计测评要素体系和编制测评标准体系是人力资源测评准备阶段的一项基础工作。这项工作是一项专业化的复杂工程，测评要素体系要素设计要反复修订、试用，测评标准体系要借助于大量的被试人群来完成。在实际操作中，测评专家一般借助于成熟的测评技术，成功组合各种测评工具，进而实现测评的功能和目的。

（5）选择测评方法和测评工具

人力资源测评准备阶段的最后一项工作就是选择测评方法和测评工具。就现有的测评实践来看，可以说，确定合适的测评工具是决定测评效果的关键因素。一般来说，知识水平是通过纸笔测试的方法来获得的；智力、推理能力、性格等要素是通过心理测试来进行测评的；而组织能力、决策能力等要素通过评价中心则可以得到更有效的测评。另外，自我认识等要素，则在面试中可以得到更准确的评价。还有些要素如工作绩效等，可以通过人员评定加以考核。

2. 人力资源测评的实施阶段

（1）宣传动员

宣传动员工作主要考虑两方面：一方面是向施测人员介绍测评的内容、要求、注意事项，目的是让他们全面把握和了解测评的方向与程序；另一方面是向被测人员宣传测评的重要性、目标和用途，以得到他们的理解和配合。

（2）选择测评的时间与空间

选择测评的时间时应考虑以下几个方面：第一，各项准备工作的进展情况；第二，测评要与其他工作相互协调，不要相互冲突；第三，把测评放在被测人员精力旺盛的时候（例如，上午8：30～11：30）进行；第四，按照测评方法和目的，合理安排各种测评方法的先后顺序，如先笔试测验，后面试或情景模拟等；第五，尽量安排在被测人员的空余时间进行。

选择测评的空间时应注意以下几个方面：第一，测评环境要安静、舒适；第二，测评场所要采光好、卫生整洁；第三，测评场所内无潜在的干扰源，如电话等；第四，空气新鲜，通风良好，温度适宜；第五，所需设施齐全、好用；第六，租价低，交通方便；第七，有些测评方法需要专门的场所；第八，测评人数要与测评空间相一致，空间不宜太大，也不宜太小等。

（3）实施测评

测评过程的组织实施应当注意以下几个基本问题：①做好充分的准备工作。②测评的组织机构要对测评过程的各环节进行指挥、协调、监督。③制定测评全过程的进度表，并遵照执行。④明确每个测评人员的任务与职责，测评人员要行为举止文雅庄重、仪态端庄，测评过程中不能有任何多余的或暗示的语言。⑤制定相应的操作规则和奖惩措施。⑥保守测评秘密，遵守测评纪律。⑦统一测评要求。⑧避免一些事故或干扰因素发生。

（4）收集测评数据

实际测评完成以后，测评数据要由专业人员负责及时全面收集、保存，不得遗漏；与此同时，测评人员还要注意测评数据的保密问题。此外，对测评数据要及时取样抽查，检查测评是否符合要求。如果发现测评数据出现异常，那么要及时检查原因，能够排除的要尽量及时排除。

3. 人力资源测评结果的统计应用阶段

（1）数据处理

按处理工具来分，测评数据处理主要有两种方式：手工脑力处理和计算机软件处理。前者主要适用于数据少且统计过程简单的测评数据的处理；后者适用于数据多且统计过程复杂的测评数据的处理。随着计算机科学的发展，当前，测评数据处理和管理的计算机化已经发展成为人力资源测评数据处理的主要方法。一般来说，测评数据处理的主要步骤如下：

①测评数据的整理。这一过程主要包括数据的分类、编码、排序、核实等工作。

②数据文件的建立。数据文件目前可以利用数据库软件数据库管理系统（Foxbase）或统计软件包统计产品与服务解决方案（SPSS）、统计分析软件（SAS）等编辑建立。

③处理程序的编制与调试。必须根据数据处理的需要来编制程序，处理程序初步编制好之后，需要用小批量数据进行预试检测与修改，直至输出结果符合所需要的功能要

求为止。

④数据的统计处理。这一过程即程序的运行过程。在处理时，要检查输出结果是否达到了全部测评的目的，有时还需要增加新的功能块。

⑤测评结果有效性和可靠性的鉴定。这是人力资源测评工作的自我检验和反馈，由测评的组织人员对测评的评价结果进行效度和信度的分析，检验测评的目的是否实现。

对于失真的测评结果要主动舍弃，并考虑重新设计测评要素和测评标准进行测评。

（2）测评结果的解释与应用

解释测评结果的方法大体上有顺序解释法、能级解释法和特征解释法三种。

①顺序解释法及其应用。顺序法是对测评分数按其大小顺序进行排列，从中进行比较和选择。它主要适用于人力资源调配、人才选拔和人才流动。

②能级解释法及其应用。能级解释法是用一定的临界点将测评得分划分为若干等级，并对此进行评价的方法。能级的划分可以是测评总分，也可以是结构分或要素分。区分能级的目的是可以依据不同层次的个体和群体开展不同的调整、开发和管理，因而它更加适合于人员素质的调查、培训和后备干部的选拔。

③特征解释法及其应用。特征解释法是根据测评得分的构成特点将被测人员划分成各种类型，并予以评价的方法。它同能级法的区别在于，能级法以一定的临界点划分等级，而特征法则以分数特征来区分类型。它适用于区分被测人员的主要素质特征和类型。

（3）实际应用

实际应用这一工作是测评的最后工作，主要有形成测评报告、将测评结果反馈给有关部门和个人，根据测评结果作出有关人力资源决策、测评总结、跟踪测评的效果等。

（九）人力资源解决测评实施问题的技巧

要解决测评实施问题，除了从宏观上和社会角度努力创造有利于测评实施的社会环境以外，还需要在具体测评实施工作中解决以下一些问题：

1. 保证测评的权威性

人力资源测评是建立在多学科的基础之上，并经过实践的检验所形成的一套科学的、系统的理论体系；而且，每一种测评工具和测评体系的形成（测评的要素体系和标准体系）都是经过长期的专家论证、大量的实验而逐步完善的。因此，人力资源测评绝不同于"算命"，它是一种科学的工具。当然，要确保这种工具的科学性，就要求在实施中要绝对按照各种测评工具使用的实际要求来进行，据此来保证测评结果的权威性。

2. 正确对待测评自身的优缺点

每一种测评方法、每一套测评工具或测评工具组合都有自己的优点和缺点，都有自己的适用范围；而且，测评方法、测评工具本身也有一个准确率的问题。这种现实告诉我们，不能绝对夸大测评结果的可靠性；否则，可能会给人力资源管理者以误导，也给被试者造成不必要的损失和心理负担，从而给组织人力资源管理工作带来负面影响。正确的做法应该是，一方面坚信测评结果的一定程度的可信性；另一方面结合其他考察手段，包含档案分析、绩效评估、证明人等，共同对员工作出合乎实际的综合评价和鉴定。

3. 正确对待人力资源测评的结果

人力资源测评可以全面反映一个人的素质，可以为人力资源的决策、管理、培训提供辅助手段。但是，从组织和人力资源管理者角度而言，要正确对待人力资源测评的结果：一方面要依靠测评结果实施人力资源管理的有关措施，另一方面也不能绝对局限于测评结果来对员工实施相关的人力资源行动。有时，还需要以发展的眼光来看待测评中相对不理想或不适合现有岗位的员工，并通过一系列手段对这些人进行深度培养和重新塑造，以发挥组织人力资源工作的最大效用。

4. 提高被试者对人力资源测评的认识

从组织和人力资源管理者角度正确对待人力资源测评的结果固然很重要，但是，光强调组织和人力资源管理者的认识是不够的，还需要提高被试者自身对于人力资源测评的认识。这主要包括两方面的内容：一是要提高被试者对于人力资源测评可靠性和权威性的认识，让他们主动配合和积极响应组织实施的人力资源测评工作；二是提高被试者对于人力资源测评结果的实际承受力，使他们以一种平常心来对待测评结果。具体来说，要让被试者做到：若测评结果对自己有利，或者测评结果显示了自己的长处，则要坦然处之，并且努力保持和发扬；若测评结果对自己不利，或测评结果显示了自己的短处，也要能够勇敢面对，并努力改进或完善。

二、实现最佳配置，挖掘人力资源的潜能

人力资源的最优配置是人力资源开发的重要手段。它通过人与事的协调，实现人力资源与物质资源的科学结合，从而提高企业的运营效率。

（一）人力资源的科学配置及其依据

人力资源的配置是根据经济和社会发展的客观要求，科学合理地分配人力资源，使其实现与生产资料合理结合，并充分发挥人力资源作用的过程。人力资源的配置可以划分为人力资源的宏观配置与微观配置两个不同的层次。

人力资源的宏观配置是指一个国家把全部人力资源按社会经济发展的客观要求，通过一定方式分配到各地区、各部门的过程。人力资源的宏观配置的客观根据有以下几点。

1. 各地区、各部门经济发展的客观需要

各地区、各部门经济发展的客观需要是人力资源配置的基本依据。一个国家的各个地区和各个部门之间的经济发展往往是不平衡的，人力资源的分布应力求和经济发展的水平相适应，以及与产业结构相适应。

2. 自然资源的分布情况

自然资源的分布情况是宏观人力资源配置的重要依据。在一个国家范围内，各地区的自然资源分布是一个不以人的意志为转移而客观存在的。现代科学无法改变自然资源

分布的格局，因此只能按照自然资源分布的客观要求去分配人力资源。

3. 社会文化发展的客观要求

社会文化发展的客观要求也是人力资源配置的重要依据。一个国家，不仅经济发展具有不平衡的现象，连社会文化的发展也是不平衡的。这是由于受经济、政治、地理和历史的影响，各国都形成了一些中心城市。这些城市往往设施先进，文化教育、科学研究机构比较集中，工业、商业、交通运输发达，因此人力资源分布密集，人力资源质量也很高。而中小城市和农村，社会文化发展水平较低，人力资源不太密集，人力资源的质量也相对较低。

人力资源的微观配置是指一个企业、一个单位如何科学地把人力资源分配到各个部门、各个岗位的问题。任何一个组织都要追求组织效率。组织效率取决于各个部门的效率，而部门的效率又取决于每个岗位的劳动者个人效率及各岗位是否主动、合理、科学地协作。组织内部人力资源配置，其最终目的是提高组织效率。

（二）通过人力资源配置实现人与物的有效结合

人力资源与物质资源在运动过程中既有各自的特性，也有共性。

首先，人力资源是作为主体资源，自动参与到社会运动过程的各个环节的，这是其区别于物质资源运动的最显著的特性。

其次，人力资源本身也是一种客体，也具有对象性，它的运动过程的各个环节也都有客观性。比如，人力资源需要经过开发、配置等环节才能发挥作用，在这方面又体现出其与物质资源运动的共性。

人力资源配置是为了更充分地利用人的体力、智力、知识力、创造力和技能，从而促使人力资源与物质资源的完美结合，以产生最大的社会效益和经济效益。合理的人力资源配置是使企业保持活力的基本要素之一，它不仅可使企业组织内的人力资源结构趋向合理，而且可最大限度地实现人尽其才、才尽其用，使每个人的才智和潜能都能得到充分的发挥。

人力资源是生产与管理的主体，其素质如何，结构是否合理，直接关系到社会经济发展的水平和质量。因此，合理的人力资源配置是保证国家、地区、行业、部门和单位达到既定目标的基础条件。而要实现人力资源配置的合理化，并不是一蹴而就的，它需要有个过程。在这个过程中，对于人力资源的地域和行业分布、结构状况等，都需要进行不断地调整。人力资源的配置过程，实际是一个处于动态变化的过程。保持人力资源配置的动态性，是保证人与物随时处于有效结合的必要条件，也是人力资源自身发展变化的客观要求。它有助于调整组织内部的人际关系和工作关系，也有利于更新员工队伍，优化组织内的人力资源结构，激发员工的工作热情，从而达到人与工作的最佳匹配。

人力资源配置的基本任务是谋求人与事的协调，实现人力资源与物质资源的科学结合。

因此，必须注重人力资源客观存在的不同层次和类型，在进行人力资源配置时，必须全面考虑各种有关的因素。

从客观的角度出发，人力资源配置必须随着社会、经济、生态环境的变化，把原有的不能适应新形势要求的人力资源结构加以调整和重新配置。这种调整和重新配置的需求主要来自以下因素的变化。

1. 社会发展

随着社会的发展，社会结构在不断发生变化，各种社会机构也在持续进行调整。因社会功能的改变而需要增加和发展一些行业、机构和部门的同时，另外一些不适应发展需要的行业、机构和部门则要压缩或撤销，从而引起社会上各种相关工作岗位的变化。因此，必须对原有的人力资源结构进行重新配置或调整，以适应社会发展和社会结构变化的需要。

2. 经济调整和产业结构的升级

随着经济的不断调整和产业技术结构升级，经济的科技含量也在不断提高，新兴的高科技产业和服务业不断涌现，旧的产业逐渐被取代。一方面，经济结构的变化，使那些不适应发展需要的企业倒闭或破产，企业员工失业或转岗；另一方面，产业技术构成的变化，对已经参加生产活动的人力资源和新增补的人力资源有了新的更高的要求，在需要提高所有这些人力资源的素质水平和层次构成的同时，还需要对其中部分人员进行岗位调整。因此，无论是失业人员的重新就业，还是在职人员的工作变动，都必须对原有的人力资源结构进行调整和重新配置，以适应经济与产业发展及升级的需要。

3. 人力资源本身的变化

随着时间的推移，人力资源会出现新增人力、自然减员、人员流动、岗位变化、优胜劣汰等情况。劳动者在不断追求自身素质水平的提高，脑力劳动与体力劳动的进一步分化，以及相应的从业人员比例的变化等，都使人力资源的整体结构、层次、类型等有关方面出现了许多新的情况。因此，需要对不同类型和不同层次的人力资源余缺等状况进行调整，以达到不断优化人力资源结构、解决人力资源供求矛盾的目的。

（三）人力资源科学配置的基本原则

人力资源的科学配置是企业高效运转的重要保证。通常来说，企业人力资源素质的合理配置应坚持以下原则。

1. 个体素质与岗位要求对应的原则

个体素质是指个人的年龄、体质、性别、性格、气质、智能和专业技术等状况。个体素质不仅与岗位要求之间有密切的关系，而且同构成个体素质的各要素之间也存在着一定的制约关系。有关研究和实践证明，人的年龄与体力、能力的关系表现为从某一年龄段体力、能力开始递增，然后趋向平缓，最后又显著下降的过程。从岗位工作来看，一些特殊工种对人员的年龄、体力、性别都有特定的要求，超过一定年龄，其体力就不能适应工作的要求了。不但如此，人与岗位是否相适，还取决于个体的性格、气质、兴趣、能力、专业是否与岗位要求相符合。几乎每一种职业岗位都对从业者的性格、气质提出了特定的要求。性格、气质适合从事某一职业岗位，并且感兴趣，且具备该岗位所需要的能力、专业知识，那就实现了人与岗位的最佳结合，从而为充分发挥个体能力打下了基础。

要实现人与岗位的最佳结合，不仅要全面分析测定个体的素质状况和研究岗位要求，还要有人员能上能下、能进能出、自由流动的配套制度。这是坚持人与岗位相对应原则的基本环境。

2. 群体结构的合理化原则

一个企业的整体效益如何，不仅受个体素质的影响，还受群体结构的影响。所谓群体结构，是指企业各种不同类型人员的配置及其相互关系。企业人力资源的群体结构的合理化是在其专业结构、知识结构、智能结构、年龄结构及生理结构合理化的基础上形成的。

实现群体结构合理化的基本要求有如下几点：

（1）能级原则

能级是物理学中的概念。其原意是指处于束缚状态的微观粒子分别具有一定的能量，把这些能量按大小排列，称为能级。如果把这一概念引申到人力资源开发系统，就可以将每个人具有的能力高低看作能级。所谓能级原则，就是把具有不同能级的人以能力高低为序合理地组合在一起。按能级原则配置人力资源，有利于充分利用人力资源，并且能够使他们的能力在这种合理的组合中得到发展。例如，在一个职能科室中，科长的能力最强，副科长次之，科员比副科长更差一些。他们在不同的岗位上工作，有助于互相协调和学习。人才过于集中，并不都是好事，因为它必然会使一部分人的能力得不到充分发挥，从而影响工作效率和劳动生产率的提高。

（2）互补原则

人的能力不仅有高低之分，而且由于个人生理、心理条件的不同，所受教育培训的程度和内容也不同，因此各人的知识、专长、性格也不一样，即具有质的差异。因此，在人力资源配置中，遵循互补的原则，就是把具有不同技术特点、心理素质、生理素质的人科学地组合在一起，具体来讲，就是通过专业互补、知识互补、智能互补、年龄互补、生理心理素质互补来达到群体结构的合理化。

①专业互补。所谓专业互补，是指一个系统内各专业人员应有一个合理的比例关系。由于科学技术的进步，知识的迅速更新，生产工艺越来越复杂，学科越分越细，不可能用一种专业完成一项较复杂的生产工艺；同时，任何一个人都不可能掌握所有知识，精通所有专业。这就需要将不同专业的人员按一定比例合理配置，从而形成一个互补的专业结构。

②知识互补。所谓知识互补，是指一个系统内各种不同知识或者不同知识水平的人的合理组合。人的知识不可能处在同一水平线上，总是有高、低、深、浅、多、少之分。因此，在一个系统中，不同知识或不同知识水平的人，就有一个合理组合的问题。通常情况下，合理的群体知识结构应表现为不同知识水平的人员按高、中、低三个层次呈梯形分布。

③智能互补。所谓智能互补，是指一个系统内各种不同智能类型的人的有机组合。人的智能有各种各样的表现形式，如开拓型、创造型、组织型、实干型等。只有将不同智能类型的人合理地组合在一起，方能发挥出群体智能水平。

④年龄互补。所谓年龄互补，是指一个系统内应由不同年龄的人按一定比例组合。合理的年龄结构应表现为老、中、青三者结合的有机整体。

⑤生理心理素质互补。所谓生理心理素质互补，是指一个系统内应由不同体质、性格、气质、志趣的人按一定比例构成，从而使个体之间相互协调，发挥更大的群体效能。

由此可见，坚持互补原则，合理地将不同专业、知识、智能、年龄、性格、气质、志趣的人组合在一起，彼此取长补短，形成一个群体的"全才"，从而发挥出群体结构的最佳效能。

3. 效益原则

效益原则实际上是对前几个原则的概括和总结。把企业人力资源配置的出发点和落脚点归结为一点，就是要提高组织效益，保证目标的实现。为此，在人力资源配置中，不仅要坚持个人与岗位之间的对应，而且要使组织的群体结构处于合理状态，这样才有可能使个人能力得到充分发挥，进而获得较大的组织效益。

（四）人力资源科学配置的主要途径

从人力资源的状态来划分，人力资源的配置可以分为两个层次：一是存量配置，二是增量配置。存量配置是指已有人力资源的配置，主要是指已就业人员的重新配置；增量配置是指对新增人力资源的配置，主要是指新就业人员的配置。无论是存量配置，还是增量配置，都可以通过以下途径来进行。

1. 计划配置

计划配置是指根据国民经济发展规划，通过各级计划，将人力资源有组织地配置到各级工作岗位的一种手段。它分两种情况：一种是在职人员通过经济发展规划安排，有计划、有组织调配，它是直接构成存量配置的内容之一，无论是地区、部门，还是行业、职业，都可以采取这种途径；另一种是求职人员按照国民经济计划的安排，进入某种重要行业、职业岗位，这种类型的大多数是在其原居住地区就业，也有一些到其他地区就业，可称为"计划就业"途径。

计划配置曾经是我国传统计划经济体制下唯一的人力资源配置方式，也曾对我国人力资源运营起到过重要的作用。然而，随着市场经济的发展，计划配置已越来越不适应经济的发展，其自身的缺陷使它成为经济进一步发展的障碍。

在社会主义市场经济中进行人力资源配置，不仅要克服计划配置的缺陷，充分发挥市场的配置功能，还要发挥计划配置的优势。这就要求计划必须是建立在市场基础上的计划，充分重视人力资源载体——人的选择，充分遵循价值规律。并且，要对计划与市场进行分工，计划配置主要着眼于宏观人力资源的配置，市场配置主要着眼于微观人力资源配置，只有二者结合，才能保证人力资源配置的效率最大化。

2. 自动配置

具有劳动能力而又要求就业的求职人员自行就业和在职人员受诸种因素的影响而自发流动的过程，称为人力资源的自动配置。自动配置是人力资源能动性的充分表现，它是人力资源供给方自主地寻求实现自身价值最大化的一种方式。从本质上讲，自动配置是一种市场行为，它一般起因于相对利益的比较，如农村的过剩劳动力大量进入城市就业，就是出于城市与农村的比较利益。因此，从广义的市场角度看，自动配置属于市场配置。

由于自动配置发端于比较利益，因而在通常情况下，自动配置会带来较好的微观经济效益和宏观经济效益。

当然，自动配置也有一定的负效用。当通过自动配置实现人力资源配置的规模过大、过于频繁时，将会带来巨大的负效用。所以，我们应该对自动配置加以引导，将其规范化，并逐步纳入劳动力市场（狭义的市场配置）配置中，但是切勿对人力资源自动配置设置障碍。

3. 市场配置

市场配置是指以市场为基础配置人力资源，是现实经济生活中人力资源与物质资本相结合的方式或途径。它既是社会化大生产和市场经济发展的必然结果，又是社会化大生产和市场经济发展的前提条件。

市场配置有广义和狭义之分。广义的市场配置是指供需双方通过谈判实现人力资源配置，它无须固定的场所，只要存在着买卖关系即可。自动配置就是一种典型的广义市场配置。狭义的市场配置是指通过劳动力市场来完成的人力资源的配置。通常，人力资源的配置要由中间机构进行协调、管理与监督，以确保人力资源供给方的权益和劳动雇佣合同的有效性。广义的市场配置通常包含狭义的市场配置，只不过前者还包括自发的、无组织的人力资源配置，劳动力市场配置则更为规范化。

市场配置与计划配置相比较有许多优势，如：

第一，市场配置是建立在自愿基础上进行的，它充分尊重当事人的意愿，尤其是人力资源供给方的意愿；而计划配置则更注重需求方的意愿，无论供给方是否愿意，强制执行，其结果往往造成供给方的逆反心理，降低配置效率。

第二，市场配置成本低、速度快，只要供需双方满意，即可签订协议，完成人力资源配置，无须复杂的手续。

第三，市场配置效率高。由于市场配置由供需双方谈判而成，因而双方可以进行信息沟通，真正达到将合适的人配置到合适的岗位的目标；而计划配置由于信息的不完备，往往出现专业不对口等人力资源配置的扭曲现象。

当然，人力资源配置不仅要注重经济效益，还要注重社会效益；不但要注重微观经济效益，还要注重宏观经济效益。这就要求一方面充分发挥市场配置的基础作用；另一方面合理运用计划配置手段，建立计划配置与市场配置的有效结合方式。

（五）深化改革，加快人力资源配置的市场化

人力资源配置是实现人与物相结合，提高人力资源使用效率和使用价值的主要途径。加快人力资源配置的市场化，是现代市场经济发展的必然要求。

1. 市场在优化人力资源管理配置中的作用

在人力资源配置中不断加大市场机制的作用，是现代市场经济发展的必然要求。在人力资源配置过程中，面对数以亿计的人力资源和数以千万计的用人部门和单位，要达到对人力资源的全面合理配置，确实是一项错综复杂的庞大社会工程。历史上曾有不少国家企图以高度集权的管理体制来完成这项工程，但效果并不理想。伴随社会的发展，已有越来越多的人认识到，在人力资源的配置上必须引入和发挥市场机制的作用。事实表明，与高度集权的劳动人事管理体制相比，人力资源市场机制是最节约、最有效的人力资源配置方式。诚然，市场机制本身也存在着一定的局限性，尤其是发展中国家常常存在着市场发育不完全的问题。因此，单凭市场调节来解决人力资源配置问题，其效果确有不尽如人意的地方，这就需要政府的计划调节来弥补这些不足。尽管如此，市场机制作为人力资源配置的一种最主要形式，是必须坚持和发展的。

2. 市场机制对优化人力资源配置的影响

人力资源市场机制在人力资源配置方面所起的作用，主要是通过价格机制、竞争机制等反映价值规律的内在环节的有效运行来实现的。其中，价格机制不但是调节人力资源所在地区、部门和岗位之间合理配置的强有力的经济杠杆，而且也是激励劳动者不断提高自身素质，以适应生产力发展需要的有效手段；而竞争机制则是调节人力资源再生产和择业行为的重要手段，它有利于将人力资源市场上各种自发的、不合理的、盲目的倾向引向积极的方面，进而促使劳动者按照社会经济发展需要不断提高素质，以增强个人竞争实力。

而对企业而言，则可以促使其不断塑造良好的企业形象，努力提高企业的整体水平，合理使用人力资源，增强对高素质人力资源的吸引力，避免企业在竞争中处于劣势。因此，竞争机制无论是对劳动者还是对用人单位的发展都起到了积极的促进作用。

3. 市场化有利于促进人力资源供求平衡

人力资源配置的市场化有利于保证社会的整体人力资源达到供求平衡。因为在社会经济发展过程中，人力资源供求平衡只是相对的。劳动力的再生产和物质资料的再生产的随时变化，使得由它们所决定的人力资源供求关系也必然不断发生变化，从而也使得人力资源供求呈现平衡与不平衡相互交替发展的运动形式。这种动态关系的转换是通过人力资源市场的无数次交换行为和依靠劳动力价格的波动来进行调节的。人力资源市场机制所内含的价值规律作用使人力资源在部门、地区、企业与岗位之间的配置和供求关系可以较好地趋于平衡。

人力资源配置的市场化可使人力资源配置达到最佳状态。若以社会总产值来表示，则社会整体人力资源的最佳配置就意味着社会上任何一个劳动者的再流动，已不能使整

个社会总产值上升，而只能使之下降。如果人力资源的流动还可以再增加社会总产值，那么就说明当前人力资源的最佳配置尚未达到。因而，凡是可以增加社会总产值的人力资源流动，都有助于人力资源最佳配置地实现的，都属于合理的流动。

（六）需要重视个人的择业自由

自由择业是市场经济发展的一种必然结果，是法律赋予社会每个公民的权利，是社会进步的表现。人们之所以要选择职业，是要满足自身的有关需要，这包括既为了能够在工作和事业中实现自身价值，同时也希望能够为社会作出应有的贡献。由于每个人的文化程度、家庭背景及所处的环境不同，因此各自对职业的看法和要求也有所不同。有的人尤其看重职业的社会地位，有的人则更看重职业的收入。而那些属于闲暇偏好型的人，则更乐意从事较为舒适的职业等。各人的择业动机尽管有异，但总的来看，自我价值的实现、收入高低、社会地位及舒适度是多数人在选择职业时都会考虑的内容。由于实际中存在的每个人的特殊性，人们在考虑上述问题的主次地位时必然会有所不同。对于任何一种偏好的人来说，某一方面满足程度的降低，有可能由另一方面满足程度的增强来弥补。例如，如果改换职业后，造成新的工作收入降低，那么原来由高收入带来的满足感就会降低。但在同时如果新工作带来的实现自我价值的机会更大，社会地位较高，工作较舒适，那么从该职业中获得的总的满意程度仍然是不变的。而这种满意程度的高低，往往是影响个人劳动积极性的重要因素，即这种因素只能由个人来评判，而不可能由组织来确定。

人力资源的配置效益会受物质资源配置状况的影响，而且有时这种影响还是很大的。

但是在物质资源的最佳配置已解决的前提下，实现人力资源的最佳配置则意味着：①具有各种技能的劳动力分别被分配到最能发挥专长的岗位上。②各部门的劳动力数量同本部门的生产资料的数量及其生产要素的技术构成能够相适应。③除了对劳动力的质和量的要求之外，最佳配置还意味着每个劳动者的积极性都得以充分发挥。

实践证明，劳动生产的产量与劳动者的工作情绪有关，而工作情绪又与劳动者对职业和单位的满意程度有密切关系，而这种满意程度又成为影响个人择业的重要因素。因此，要实现人力资源的最佳配置，就应该确保劳动者有选择职业和单位的机会与自由。在现实生活中，由于各种约束条件的存在，人力资源配置的最佳状态只能是实现现有约束条件下的最佳状态。而且当约束条件发生变化时，所谓的最佳状态的实际内容也将会发生变化。

第七章 人力资源管理模式发展与创新

第一节 人力资源管理创新探索

一、人力资源管理创新

（一）人力资源管理的新特点

人力资源管理模式一经提出就获得了广泛的国际重视，短短20年时间，人力资源管理就从一门新兴的学科，一跃成为当今管理科学的一门显学。这在很大程度上是因为它比较好地解决了上述的问题。因为人力资源管理理论和实践工作者的努力，人力资源管理活动和其效益变得越来越可测量，人力资源管理越来越寻找到影响企业利润的切入点，使人力资源管理完全改变了自己的形象，越来越多的专业管理人员的出现，也极大提升了人力资源管理中企业效率的贡献。

人力资源管理的理论研究和在企业的广泛实践，实际上实现了人类在工作地生活的一次革命。人类的生活可以分为家庭生活和工作生活两大部分。在20世纪初，人类就通过婚姻革命解放了在家庭生活方面的束缚，使人类的家庭生活向以人为本的方向迈进了一大步。然而，人类在工作地的生活质量却长期很低，资本家对利润的追求往往是通过对工人的超额剥削实现的。为了改变这种状况，人类有良知的研究者进行了长期的探索,许多开明的资本家也进行了许多有益的尝试,劳动者阶级也为此开展了长期的斗争,付出了惨痛的代价。人力资源管理模式的提出正是所有这些努力的结果。这一模式的提出和广泛地在企业中运用是人类对工作生活进行管理的一次革命,对人类在生活中全面实现以人为本的管理具有重大意义。

人力资源管理使对人的管理在企业管理中的地位获得了一种重新定位。第一,人力资源管理者成了企业战略的参与者和制定者;第二,人力资源管理者成了工作组织和实施方面的专家,成为保证管理的有效性,从而实现降低成本和提高质量的专家;第三,人力资源管理者成为雇员利益的代表者,在高层管理者中积极地为他们代表的利益说话,同时努力增加雇员所做的贡献,也就是增进雇员对组织的效忠和雇员作出成果的能力;第四,人力资源管理部门成为一个持续变革的机构,通过对企业文化管理过程的调整来增加企业实现变革的能力。

如果人力资源管理能够真正实现这些变化,则人力资源管理就真正是在向过去告别。在今天的大多数企业中,人力资源管理所扮演的主要还是政策警察和规章制度看门狗的角色。人力资源管理所负责的只是处理招聘和解雇的文件、执行由别人制定好的薪资决策。在一些企业,人力资源管理也许会被更多地授权,但也不过是监督招聘过程,管理培训和开发项目以及提供提高工作效率的建议。而人力资源管理与一个组织的真正的工作看上去是没有联系的。人力资源管理的新角色意味着人力资源管理的行动将有力地使企业提供的产品和服务更好,使股东的利益得到增长。

企业的人力资源部何尝不愿意实现这样的变化?然而,这不是一个人力资源部自己就能实现的变化。实际上,人力资源角色转化的主要责任不在于人力资源部自己,而在于企业的首席执行官和每一个直线经理。在企业中,直线经理对企业的生产经营过程和结果都负有最终的责任。他们对股东负着增加股利的责任,对消费者负着保证产品(或服务)质量的责任,对雇员负着增加工作地之价值的责任。实际上,正在将人力资源活动整合到企业现实工作中的也是直线经理。因此,这里就必然引出一个问题,即直线经理与人力资源管理者"抢饭碗"或"功能争夺"。为了更好地完成自己的任务,实际上直线经理也必须使自己成为人力资源的管理者。人力资源管理模式的提出,发现了企业上层管理者的人力资源管理功能,这意味着人力资源必然成为一个充满创造的领域。

(二)人力资源管理创新的内容

人力资源管理的创新可以分为理论创新和实践创新两大部分。这一点,长期从事经济学研究的学者有深刻的体会。经济学的创新可以说更多的是从理论这一方向进行的。而在管理学中,实践者的创新往往占据更重要的地位,而且经常引导着理论的发展。理论与实践的相互作用在这一学科中体现得更突出。

国内近年来出版了多部人力资源管理的著作,应该说这当中是有创新之作的。但是大多数著作在概念和理论上有许多混乱,设计的体系缺乏逻辑性和周密性。许多著作只是一种低水平的重复。由于该领域与企业界有比较好的结合点,企业能够为理论研究者提供许多介入机会,这本来是有利于人力资源管理学科发展的好事,但是如果理论研究者不能从这当中跳出来，那么中国的人力资源管理理论就很难有大的进步，将永远跟在发达国家的后面。

因此，我国目前确实需要一部全面梳理国际人力资源管理理论和实践创新的著作。这样的总结有利于我们直接切入国际人力资源管理理论和实践的最新成就，有助于我们根据我国国情进行自己的人力资源管理理论和实践上的创新。

在理论创新方面，最大的成就是人力资源管理模式的出现。在理论上的其他创新还包括对人力资源管理活动和项目效率的测量和评估；诊断性人力资源管理模型的提出；战略人力资源管理的提出；对人力资源管理工作基础的新认识；人力资源开发作为独立学科的出现；人力资源管理与竞争性优势模型的提出等。

自从人力资源管理模式提出后，发达国家在人力资源管理的实践方面进行了许多的创新，从人力资源的招聘、筛选、录用，到人力资源开发（培训与开发），从绩效评估到对产业安全和健康的新认识，从新的薪酬福利的设计到虚拟的人力资源管理等多方面都有创新。

自从出现了独立的人力资源管理学科和部门后，人力资源管理本身一直处在一个快速转变的状态，不论是在理论上还是在实践方面都是如此。

二、我国知识型企业人力资源管理理论创新

（一）人本主义回归

传统人力资源管理的侧重点往往放在有效的工作时间内提高员工的工作能效上，很少注重员工自身的发展和其主观需求。随着社会的发展和进步，新时代的知识型人力资源管理应该不断与时俱进、开拓创新，把管理重点转移到员工的价值实现上来。传统人力资源的管理方式是以教条主义的方式不断设立和健全规章制度，对员工提出工作场地的相关要求、工作时间的相关要求和工作成果的相关要求，这些要求的出发点都在于企业本身，其目的都是维护企业自身利益，如促进企业的生产和销售。虽然这一点也是现代人力资源管理必须注重的方面，但现代人力资源管理更强调在工作中人的全面发展，并以人的发展来推进企业的发展。所以，我们在现代人力资源管理过程中，主要强调人文精神的回归，将人文精神的概念引入人力资源管理。

人本主义主要强调两个方面：一个是根源，一个是根本。根本在古汉语中的意思与结束和末端相对，而人本主义也是由这一意思发展而来的。"以人为本"的思想是根据人本主义的观点提出，其大意是"人"的存在作为事物发生的本源，人比物更加重要。只有对"人本主义"进行深入了解和分析，我们才能更为透彻地将"人本主义"的理论带入现代知识型企业的人力资源管理中去。但"人本主义"发展的目的不是要求企业无条件牺牲自身的发展利益为人的发展创造价值，不是全然放松对人的约束，而是把员工放在企业发展战略的首要位置，关注员工的需求，尊重员工的情感要求，而不是把员工当作劳动的机器。在企业的人力资源管理中实现"人本主义"是对人力资源的理论创新和管理实践，以这种更为创新的管理推动企业的发展。因为人具有社会性，因此其拥有

不同的感情需求，这就更需要企业给员工提供尊重、信任、价值，使人们与企业产生相互作用，愿意为企业作出贡献。企业的发展全面呼唤"人文精神"的回归，而企业为了实现自身价值和战略规划，也必须注重对人才的全面培养。

知识型企业人力资源的管理创新以"以人为本"为前提，对才华横溢的员工不进行硬性约束，尊重他们的独特个性，给他们以更大的发展空间，使他们更好地发挥自己的创造力和想象力。这种"以人为本"的管理创新说到底就是放弃传统人力资源教条化、死板化的管理模式，在工作中实现人性化和弹性化的管理，为员工营造一个更加宽松的工作环境，将更多的企业权利下放到每一位员工手上，使他们热爱工作，享受工作，在一个更加融洽的工作环境里施展才华，努力工作，以实现自身价值和企业价值。

（二）构建"全球化"和"融合性"

随着人这一资本的作用在企业中不断凸显，知识型企业的管理者也越来越重视人为资源管理的重要性，人为资源管理在当下已经成为企业发展战略的一个重要组成部分，并在企业发展过程中具有强大的不可代替性，并能调动员工在工作中的主动性和积极性。

人力资源可以说是知识型企业发展的重要依托，当下在知识型企业发展过程中我们可以从几个角度对人力资源发展战略进行创新性构建。

第一，人力资源全球化。随着经济全球化的发展，知识型企业的市场不再局限于国内，他们要参与到更加激烈的市场竞争中来，这就要求企业所配备的人才不再限于国内，更应从国外引进新鲜血液，了解国外的知识技术和管理方式。但国际人才的成本往往数倍于普通人才，由于其生活习惯和国籍限制，国外人才在企业的发展有着很大的局限性和不确定性，因而企业在实现人力资源全球化战略的同时，应主动考虑各方面因素以实现对人才流动的风险控制。

第二，促进企业中的文化融合。促进企业中的文化融合是未来人力资源的管理趋势，国家文化和社会文化构成了人们不同的文化核心，知识型企业只有充分尊重和承认每一个人所具备的独特文化，并在企业中对这种文化进行包容，员工才能与企业共存。文化的全球化是经济全球化的表现之一，只有实现对文化的包容和融合，并真正给予这些文化生存和发展的空间，企业才能得到良性的发展。

第三，管理结构的网络化。当下网络技术的不断进步，使得企业结构也出现了巨大的变化，如果企业在发展中仍遵循传统模式不肯顺应时代潮流，则会被社会所淘汰。人力资源如果仍然依据以前的习惯，任人唯亲，想靠家族企业来促进发展，不肯正视问题，加强创新，则会效率低下，在竞争浪潮中处于不利地位。

（三）战略性人力资源管理

对企业人力资源管理的战略性研究已经在企业发展中占据越来越重要的地位，这方面研究也已在我国知识型企业中获得一定成果。与传统人力资源相比，战略性人力资源管理具有明显的时代特征：一是将人才战略的制定放在企业首位；二是从人的角度制定企业发展战略，而不是要求人去适应企业的发展。

通过国内外专家不懈地研究，这项理论已经达到相当高的水平，如在系统级理论分析、权变理论、生命周期理论、弹性和配套理论、实施理论等方面都有所涉猎。但这些理论研究却存在一个很严重的问题，即缺乏理论体系，缺乏实际可行性。所以当下我们更应该注重理论性的研究，并对理论的研究体系、指标性、指导性、操作性和实用性进行深层次的研究开发。

当前战略人力资源管理在国内的知识型企业有所发展，但其应用效应却与实际相差甚远，这种现象的原因：一是在于企业的战略性人力资源管理缺乏系统理论，在实际操作中更缺乏经验的指导；二是由于企业缺乏专业的战略眼光和知识，不能有效地使企业发展战略和人力资源管理相结合；三是很多企业无法从传统的人力资源管理模式中发展创新，走出一条属于自己的道路；四是很多企业的战略人力资源管理只存在于理论层面，而没有放在实践中进行检验。为确保企业当中战略人力资源管理的可行性，并能与现代企业相结合，战略性人力资源管理在发展过程中必须注意以下几点：第一是战略性人力资源的管理需要多元化地发展，只有相关理论进行创新实践，才能指导战略人力资源的发展；第二是战略性人力资源是一个不断发展创新的过程，我们只有不停地突破原有局限，对现有资源进行优化，才能达到战略性人力资源的管理创新；第三是扩充战略性人力资源管理的意义，将知识型企业的人力资源管理放在一个大的发展背景下，根据整体规划进行制定发展；第四是企业人力资源管理者应该将企业发展规划着眼于国际舞台，在世界范围内寻找合适人才。

三、我国知识型企业人力资源管理机制创新

（一）人才机制的创新

在知识型企业中，员工的离职往往是因为想更好地实现自身价值，而这对于企业来说也未必完全是一件坏事，企业可以通过人才的流动吸收新鲜的知识和血液。但是稳定的人才基础又是企业发展中不可缺少的一部分，所以如何留住知识型人才对知识型企业来讲颇为重要。

第一，良好的发展通道。在知识型企业中，员工价值的体现依托于企业的发展，企业走得越远，员工的自身需求和价值就越容易实现。所以，若知识型企业想要留住人才，建立完善的人才储备，就应该为知识性人才构建完整的上升通道和发展通道，并将这些通道和员工的个人意愿结合起来，为每一位员工规划职业远景，使员工在工作中看到企业发展的生机和活力，更看到自身发展的空间，并主动成为企业发展中强有力的中坚力量。

第二，积极向上的文化氛围。企业文化是企业运营机制和管理机制的核心，它是凝聚员工最强大的向心力，它是一种约定俗成的力量。企业文化在企业发展过程中起到凝聚、约束、整合和引导的功能。企业文化为企业塑造了一种积极向上的文化氛围，并用这种文化氛围去感染员工，使员工认同企业，加强了员工与企业之间的联系。

第三，完善的心理疏导。知识型企业在发展中对员工的需求进行越来越细致入微的满足，而情感需求和心理疏导就是未来知识型企业人力资源发展中不可或缺的一部分。

知识型员工对企业的情感需求往往比普通员工更加细腻，他们追求丰富的情感需求和情感认可，所以更容易在工作中受个人情绪的影响。现代知识型企业应该对员工提出完善的理疏导方案，解决员工与企业之间的情感交流问题，以增加员工对企业的认同感和依赖感。

（二）约束机制的创新

当代知识型企业中，企业内部架构更加系统化，员工不是开展传统的机械劳动，而是开始根据工作对自身时间进行合理分配，但对知识型员工这种自由的工作规划，企业也应进行有效管理。在传统企业运作中，员工在公司必须遵守严格的管理制度，这种约束机制能使企业向着正规化的方向发展，但在某些层面上也对员工的创新带来了约束。当代知识型企业在发展过程中吸纳了很多高素质人才，这些人才通过数十年的教育，往往形成了较高的自律能力，能在没有监督的情况下自己主动地完成自身工作，而对这类人才如果进行过多约束他们会产生逆反心理，并会作出逆反行为，这样的现象更不利于企业对员工的管理。对于知识型员工的管理，人力资源部门应该建立一个更加适合其发展的管理机制，并促使他们实现内部监督，让他们在宽松的环境下，发挥自身的最大潜能。对知识型员工管理机制进行革新，给他们宽松工作环境的同时又能主动加强其自身约束，有利于建立横向的人员管理平台，更有利于企业的健康发展。

（三）激励机制的创新

我国大部分知识型企业的薪酬制度都是传统企业的延续，对知识型员工并不适用，只有对薪酬制度进行创新，才能真正对知识型企业的人力资源管理产生有利影响，更加容易地进行人才招聘，并将有能力的员工留在企业，激发员工的主动性和积极性，鼓励员工在竞争中发挥自身潜力。因而，现代人力资源管理应该依据传统人力资源管理方法，以留住知识型人才为目的，充分发挥激励机制对人力资源管理中的作用。

对知识型企业的激励机制进行创新可分为两个方面。一方面，使薪酬待遇满足员工生存和发展的需要。在现代企业中，大部分员工都是以收入为基本生活来源，合理设计员工的薪酬福利可以在保证员工基本需求的同时，提升企业的凝聚力，加强员工对企业的依赖感。除开基本工资，员工的薪酬福利还可以包括：养老保险、生育保险、医疗保险、商业保险、失业保险、住房公积金、住房补贴、交通补贴、通信补贴、资助教育、企业补充养老保险等。企业在发展过程中适当地对优秀员工进行薪酬福利分配，可以激发员工的主动性，以更加饱满的心态参与到企业的战略规划和发展中来。股权激励的最大作用是可以将员工的自身利益和企业发展关联起来，一荣俱荣，一损俱损，使员工主动为企业的生存发展作出最大努力。另一方面，非物质激励也是激励机制中的重要组成部分，也是人力资源创新中的重要表现。非物质激励方式多种多样：带薪休假可以使员工对紧张的精神进行舒缓，更好地投入工作中来；荣誉称号可以使优秀员工的事迹被更多人熟知，形成榜样力量；心理疏导能够使员工抒发自身负面情绪，不将私人情绪带入工作中，而企业也能够更加了解员工的真实想法，创造更加和谐的工作氛围。具体来说，激励方式有以下几种。

第一，权力分配式激励。知识型企业的发展，依靠的是人力资本，物化之后就是知识型企业的管理者和付出脑力劳动的知识型员工。因其特殊的属性，故很难对其进行全面的监管和约束，这个时候就只能依靠知识型人员之间的自我调节机制。这种自我调节建立在自我约束和回报收益之上，如果要获得更高的回报收益，则应该付出更多的自我约束，并在此过程中掌握更多的管理权力，以在企业财务分配中获得更多的收入。因此知识型企业往往不是一人独大，而是由多个管理者分别掌控不同区域，而企业的发展业绩也跟全员的收益挂钩，这样的权力分配更有利于企业的发展。个人在获得企业权力的过程中，不仅实现了个人财富的满足，更实现了对企业的自治，更愿意为企业出谋划策。

第二，股权式激励。股权式激励是现在知识型企业中一种行之有效的激励员工的做法。知识型企业中项目或任务实现的基础是知识的共享，而后再由员工组成团队以各种形式来完成，这种分享信息、共创成功的激励方式，成就了他们利益共享的激励模式，而股权的共享，则是把团队业绩的分享扩大到公司业绩的分享。股权的分配可使员工自主对企业进行管理，而股权的升值空间使员工愿意长久持股，这种行为也利于维持员工的稳定性。知识型员工的需求虽然随着经济的发展变得更加多元化，但经济利益依然是他们追求的主要方向，而股权在保证员工经济利益的同时，也赋予了其管理者的意义。在知识型企业创立初期，管理者很难许给员工高额的经济回报，但股权这种随着企业发展增值的资本却可以成为重要的激励手段，企业发展得越迅速，员工对企业的投入就更加丰富，在企业后续发展中股权持有者也获得的越多，因此这种激励方式能够很好地激发员工的主动性以提高企业的经济效益。

第三，知识共享式激励。在知识型企业中，知识取代了劳动和自然资源成了企业最重要的发展资本。按照企业重心的变化，对企业当中资金、劳动力、自然资源的合理调配变为以知识分配为主的管理方式，对知识的收集、挖掘、利用、分类、储存形成企业中有效的知识管理。因为企业的发展变得以知识为依托，而人又是重要的知识载体，所以对人的激励成为人力资源的重要管理行为。在旧的工业经济时代，企业的发展由其劳动力反应，而企业的管理重点往往放在如何提高劳动生产率和如何增加资本增值率上，而在新的经济时代，企业的发展已转变到人的身上。要考核知识型员工，单纯的考核其绩效是不够的，考核机制应该更为丰富和完善，考核重点应放在他们是否为公司带来新的知识，他们在团队中是否起到应有的作用，他们是否愿意向其他员工传授知识，他们是否在工作中发挥了自己的创新能力。这一切就需要在激励机制中引进知识管理，以促进创新研发和知识共享，从而使知识型员工在完成自身工作的同时，将自身知识分享和传授给其他员工，这也是知识型企业在发展过程中一直致力于解决的问题。这就需要企业人力资源建立相关的奖励机制，并加大对知识共享行为的资金投入，培养员工"知识共享"和"利益共荣"的观念，改变传统企业中绩效只与个人工作和个人成果挂钩的局面。只有使员工享受到知识共享带来的福利，认识到集体利益主导个人利益，知识共享行为才能得到延续。为了促进知识共享，企业能够通过鼓励学习小组的创立而实现。学习小组的建立可以使员工获得稳定的知识分享与获取的渠道，并以一定形式规定下来，根据知识和需求的不同类别分组，并还能将所分享的各种知识记录下来，形成系统的知识体系。而这些知识型的文本和媒体在日积月累之后，可以汇聚成企业的知识库，真正实现各类知识资源在企业内部的流通，供员工无障碍学习，这样员工在第一时间就可获得自己工作中所需要的知识，知识型员工所拥有的知识的资源利用率也被提高，这一切的结果就是企业员工的创新能力和工作能力不断加强，企业得以朝着更好的方向发展。这种基于激励机制建立起来的知识共享行为，能够使企业的发展更加扁平化，每一位员工都能获得更好的发展空间，而企业也以最小的投入使员工收获最广阔的学习环境，从而发挥员工的主动性和创造性。

（四）竞争机制的创新

知识型企业人才的培养需要依托良好的竞争机制，如果缺乏相应的竞争环境，企业在发展过程中可能更容易遭受风险的打击。故在知识型企业人力资源应主动建立企业人才的竞争机制，并培养员工的竞争意识，鼓励员工参与到企业的外部竞争和内部竞争中来，以发现他人长处和自身不足，提高自身能力。

建立竞争机制需要给员工提供平等的竞争环境，创造更多公平竞争的机会。平等的竞争环境就需要人力资源对自身工作进行创新，建立更多公平公开的展示平台，使得员工能够主动展示自身能力，企业也能通过这一平台挖掘潜力员工，培养合适人才，这样才能使每一位员工都能获得同等的展示机遇和发展机遇。

设立轮岗机制也是推动员工竞争的一个重要手段，鼓励知识型人员在各个岗位之间流动，熟悉公司各岗位工作流程，不仅能扩大员工之间的内部联系，更能使员工在自己的工作中进行思维发散，考虑多方面权益。员工在岗位流动中还可以激发自身潜能，发掘更适合自身的岗位，企业管理者也能从员工轮岗过程中根据岗位挑选合适的人才。

人力资源的优势主要来自两个方面：一是人员这一资源本身的价值；二是可以对人员资本进行整合从而发挥最大化效益。当企业在发展过程中所获得的技术手段和团队资源优于竞争对手时，企业在人力资源竞争中就占有一定优势。知识型企业的人才由两类人组成：一类是有管理才能的组织管理人才，这类人才负责公司的运营管理工作、宏观指挥；另一类是有专业技术的技术性人才，这些人负责对产品进行创新，保证公司产出的竞争性。人力资源制定战略性目标最大的优势就是要将这两类人才进行整合，发挥他们在工作中的最大效用，使优质的管理推动技术的创新，技术的创新又带来优势的发展，这种对知识型人才的策略整合和利益整合，能使企业更好地凌驾于竞争对手之上。

四、我国知识型企业人力资源管理实践

（一）人员培训手段的创新

世界上流通的知识和信息更新换代的速度不断加快，而以知识作为第一生产力的知识型企业，如果想要谋求更加长远的发展，就必须不断地更新自身的知识资源，以提升企业竞争力。知识型企业的知识来源是人，所以只有对企业中的员工进行培训，并且不断更新培训方式，才能更快地提高企业绩效，促使企业发展。

　　首先，要加大对人才资本的投资，使人才在企业中得到良好的培养。企业应根据员工特质、员工个性与岗位设置，开发适合员工发展的培训计划，加大对人才的关注和投资。而开发这一系列培训计划前，应该根据培训人员、培训时间、培训地点、培训课程、培训考核机制的实际情况进行制订，并对培训过程进行监督，并且对培训结果进行分析，实现培训效率的最大化，并通过培训在提升员工工作能力的同时，满足员工自身需求，为员工的进步和企业的发展创造条件。

　　其次，合理的训练方式。在知识型企业的成长与发展过程中，对企业起到推动作用的员工往往有着较高的文化教育水平，所以他们在自身发展中所追求的不仅仅是物质利益，更是丰富的精神世界和自我价值的实现。而传统的人力资源训练方式往往不能与知识型员工的需求相匹配，这些培训对他们来说往往枯燥而毫无意义。在面对知识型员工训练时，人力资源管理部门应该注重对培训方式的革新，加大对培训的投入，以创新的培训机制吸引知识型员工主动参与其中。人力资源部门可以更多地利用互联网、多媒体、远程教育、云计算等先进手段和平台，实现知识的交互性运用，使员工能够随时随地、不受空间和时间的约束进行自助学习，并且能够通过以上方式与企业进行互动。

　　最后，使培训机制与实际应用相结合。培训员工不是企业发展的最终目的，企业的目的是以培训为手段和通道，在有限的人员配备当中实现人的潜能最大化。要使培训与实际应用相结合，必须了解员工的个人发展需求，并对企业欠缺的部分和岗位作出分析，找出共通点，此为基点，在实现员工自身价值的同时完成企业发展的目标。

　　而在具体的培训手段方面，应该从以下几个方面开展创新。

　　第一，培训理念的创新。如果知识型企业想通过对员工的培养，使员工发挥最大潜能，以促进企业的发展，就应该加大对培训工作的重视。当前很多企业都不注重对新员工的培养，在对员工的招聘过程中，也依据同一经验和同一流程进行招聘，并不根据同一岗位的不同效用进行区分，未将人力资源管理的理论付诸实践。如要改变这一现状，就必须在将员工进入企业之后，对其岗位职责进行培训，帮助其了解企业文化，使其融入团队，真正使培训达到应有效用。

　　第二，各部门对员工培训进行细化。在传统人力资源范畴中，仅仅由人力资源部门担任培训的责任，对新员工进行专业技能、企业文化、工作流程、岗位职责、管理规定等各个方面的培训。但这种培训方式往往会出现很多问题。例如，人力资源部门对员工进行的培训只是表层理论上的培训，很少会对员工的工作产生实际效用，同时人力资源的培训课件也不一定能与部门实际工作相匹配，故培训效率会大打折扣。因此，知识型企业在对员工的培训中，可以选择让人力资源管理部门进行企业文化方向的培训，而将专业技能方向的培训交给员工的相关任职部门，这样有助于知识技能的直接传授，也减轻了人力资源部门不必要的工作。

　　第三，使员工在培训中的角色从接收者变为参与者。在传统的人力资源培训过程中，员工只是被动接受人力资源部门的培训，按照培训师的要求完成各项任务，培训师在培训中扮演主要角色，通过现场培训的方式将相关内容传授给员工，这种情况下，员工往往亦步亦趋，很少有主动性思维，并不愿意主动考虑问题。知识型企业人力资源在发展过程中，强调员工参与培训的主动性，要求人力资源部门在员工培训中起引导作用，使员工主动参与到培训中来，主动学习技能，提高自身素养。在培训中，新型人力资源管理往往会主动调动员工积极性，让员工主动参与到培训中来，并就培训内容咨询员工意见，使员工在培训中得到发展和成长。

第四，改变培训方式。传统人力资源的培训模式是在办公室中利用视频播放器等媒体进行一对多的教学，这种教学方式较为枯燥，不易为员工所接受，员工只是单纯地接受知识，很少进行反思或实践，因此这种培训方式的培训效果往往小于预期。知识型企业人力资源的培训方式应该多元化；并在培训中加强多方面内容，培训地点也可以从室内转变为室外，每一位员工都可以成为培训的讲师，主动参与到企业培训中来。

（二）绩效管理创新

对绩效的管理主要是为了激发员工的潜力，使他们能全身心地投入工作中去，使企业的效能达到最大化，而知识型企业的绩效能力更应该以科学为前提，使员工感受到公平与公正，这样企业的管理才能达到激励员工的目的，鼓励员工发挥自身的最大价值，帮助企业的发展。建立合理的企业绩效管理：第一，必须建立与员工实际需求和企业发展相符的绩效管理制度，并制定详细的细则，在绩效管理的制定过程中，还需要企业的管理者和员工共同讨论，使所制定的绩效能够最大限度地满足企业和员工双方的利益；第二，企业的绩效管理还需要建立良好的工作平台和工作环境，并对员工的合理要求进行满足，以鼓励员工认真工作；第三，绩效管理考核的科学性，合理的绩效考核管理有助于提高员工工作的积极性，促进企业的发展；第四，绩效管理不仅只与员工的薪酬挂钩，在绩效考评阶段，可以通过对员工的各方面评估，鼓励员工纠正自身问题，弥补欠缺，提高不足，以希望其在未来工作中有更好的表现。

在传统企业管理中，财务数据是评估绩效的考核依据，但当下企业的发展受到外部环境的重要影响，企业已不能单单依据财务数据进行评估，因此改变企业绩效的考核方式成为知识型企业人力资源管理的当务之急。随着我国经济的高速发展，社会环境多元化，企业的生存发展与更多的指标息息相关，只有从多方面对企业进行评估，才能更有效地把握企业当前和未来的发展指标，而这些现代化的考评指标包括经济环境、企业状态、行业背景、发展现状、生产能力、财务状况、客户满意度等。

首先，从企业的生产能力评估企业的基础数据。企业的生产能力是基于社会稳定和企业发展的基础能力，是企业生存的基本条件之一。具备良好的生产能力，才能更好地促进企业的长远发展，而要想获得更高的生产能力，企业就必须对设备的数量和质量进行投资。

其次，从企业的盈利情况评估员工的既得利益。从企业月度或季度的财务数据不难看出，企业的发展是否符合企业的战略目标，并真正实现自身的发展。如果资本在企业中得到灵活有效的运转，股东的利益得到了保证，企业在未来的方向也会更加明晰。而财务数据就在企业绩效指标中起到最直观最有效的作用，而一直以来，财务数据也被放在企业中最重要的地位，但随着现代企业管理的发展，企业的发展也不能单单以财务数据为唯一依据。

再次，客户的满意程度是评估企业管理能力的重要指标。企业推出产品或者服务后，顾客是最直观的受众，顾客的体验感与反馈是企业需要重视的地方。通过对顾客对产品和服务的满意程度和使用体验的调查，有利于企业对产品或服务的更新，这便使其更适应市场发展的需求。

最后，企业的学习能力和创新能力是评估企业能否长远发展的重要因素，评估一个企业能否适应激烈的市场竞争，就要看企业是否拥有足够的优秀人才，这些人才是否有足够的学习能力和创新能力。只有自主创新才能使企业树立自身品牌，在竞争中获得不可替代的地位。

（三）人力资源保养与维护创新

人力资源管理的服务范围不仅限于养老保险、医疗保险、工伤保险等一系列国家规定的福利保险，还包括对员工的心理疏导。在企业生产过程中，员工不论是生理还是心理上都会产生疲倦，比如腰部、颈部的疼痛、眼睛的酸涩、整个身体的疲劳和乏力，这些身体状况上的不适都会引起员工精神状态上的问题，从而会对其工作效率产生影响。除开常见的身体疲劳，长时间重复同一种工作而产生的心理疲劳更容易对企业和员工产生不利影响，但员工精神上的疲劳往往得不到企业的重视。企业人力资源管理的缺乏，使企业对员工心理问题不重视，而企业内部劳动组织设立地不合理和对公民心理健康的维护宣传不到位，导致激烈的市场竞争给员工带来更多的压力。

知识型企业如果想对人力资源管理进行创新，就必须注重员工的生理和心理健康，因此需要做到以下几点：第一，将对企业员工的心理健康维护形成条文，定期对企业员工的心理状况进行检查；第二，对企业相关管理制度进行规范，加强对员工劳动时间和休息时间的管理，让员工在工作的而且得到充分的休息；第三，加强对心理健康的宣传，呼吁员工对自身健康的重视，提升员工在工作中的安全意识，保证员工有一个健康的体魄。健康的身体和心理是员工积极工作的基础，只有有了健康的心灵和体魄才能保证企业的长久发展。

（四）管理方式与方法的创新

在当今社会环境下，企业面临各个方面的竞争，其中经济竞争、文化竞争、品牌竞争、市场竞争、人才竞争这几个方面最为激烈。而知识型企业的外部竞争往往推动了其内部竞争的发展，促使企业提高对产品质量和服务理念的要求，以增强自身核心竞争力。当下企业核心的竞争是人才的竞争，知识型企业人力资源管理只有形成良性的管理方法并在多方面进行创新，方能使企业在竞争中占据先机。

第一，对企业文化进行创新。创新是知识型企业人力资源管理的必备前提，更是推动企业发展的不懈动力和强有力保障。随着互联网浪潮的不断发展，很多传统企业的发展也走入了新的模式，如服装行业通过网络进行售卖，餐饮行业依托网络进行送餐，家装行业通过网络进行设计图的规划，传统行业通过互联网又焕发出新的生机和活力。这些发展是人们可以通过数据发现的，通过生活感受到的，而网络对于人力资源的发展更具有深层次的意义。知识型企业发展的先决条件是文化的创新，而文化创新更是企业招聘人才的首要条件。知识型人才往往受过高等教育，有良好的自身素质和自控能力，他们的思维更具有创新意识，他们有更专业的眼光和更强的工作能力，他们敢于为企业开疆破土敢于承担领导的岗位和责任，怎样维护知识型人才并使他们在企业中发挥最大效益，是当今所有企业思考的问题之一。知识型企业应致力于为知识型人才打造一个充满激情和创新精神的工作氛围，为他们提供良好的工作环境和竞争空间，并开通公平的晋升通道，使他们能够参与到企业的管理中来，并愿意为企业奉献自身，使自身价值与企业发展目标相结合，这样方能实现个人与企业的双赢。

第二，增加人力资源管理中的知识性。知识型企业在管理过程中，可向所有员工咨询发展意见，聚集集体的智慧。而知识管理就是要通过管理，使企业智慧的汇聚更加合理，使企业的发展创新更加具有意义。实现知识性管理：首先，要给员工提供良好的知识培训平台，使企业员工的知识能够共同分享；其次，要鼓励员工进行创新，敢于打破传统做法，以新的手段推动企业的发展；最后，人力资源在管理过程中必须对人员的发展进行规划，重视对人员的知识储备，促进个人和企业的发展，达到双赢的效果。

第三，提高人力资源的管理质量和管理效率，使员工在竞争中发挥自身的主动性和积极性。这里就要提到分层竞争法。分层竞争可以划分为横向竞争和纵向竞争两大板块。横向竞争是员工之间在企业内部的竞争，如工作表现、服务态度、学习能力、协作能力，使工的薪酬绩效与这些非直观的数据进行挂钩，而纵向竞争就是各个部门之间在提升业绩方面所做的竞争，并可以提出相应的竞赛管理指标，对同类型部门之间的团队合作能力、创新能力、提升潜力、客户满意度等进行比较，使员工发现相互之间的优势和自身的不足，取长补短，提升自身能力。分层竞争法在实施过程中应该做到按照企业的不同方向提出不同的竞争办法，并且企业的分层竞争法应该覆盖到企业内部的每一位员工，而每一个层次的部门员工所使用的竞争办法也应该根据实际情况有所不同，不能整个企业以一套竞争办法为标准，而在人力资源部门制定分层竞争法的同时，需要咨询员工意见，使考核办法建立在可以实施、可以执行的基础上。分层竞争能够在多方面对企业人力资源管理进行提升，最重要的是能够提升人力资源管理的效率，可以将相关算法引入计算机系统，借助计算机对员工的绩效考核进行核算，以提高人力资源管理者的工作效率，得出更为科学的结论。同时，分层竞争改变了传统人力资源中对不同人才的笼统性评判，多层次、多元化地从各个角度帮助人力资源管理者发掘员工的不足和潜力，提升了员工的业务能力和创新能力。分层竞争还能使企业在国内和国际竞争中处于不败之地，但分层竞争也会造成企业内部员工压力过大，从而引发恶性竞争。因此知识型企业在采用分层竞争的同时，也要对其不断优化，与时俱进。

第二节　网络时代人力资源管理模式发展与创新

一、网络时代的人力资源与传统人事管理的比较

（一）概念上的差异

传统的人事管理，也就是计划经济体制下的人事管理，是一种以政府及其所属的劳动人事部门为核心，由政府统一配置人才，地方、企业与个人属于服从和被动的角色的人事管理制度。这种人事管理是相对稳定的，与计划经济体制相适应。这种管理模式曾有利于中央和地方政府集中有限的人力、财力建设社会主义的物质基础和技术基础，对国民经济的恢复发挥了积极作用。但这一模式的管理过程强调事而忽视人，人的调进调出被当作管理活动的中心内容；管理过程受政治影响较大；强调听从安排，否定个人的需要和个性，扼杀了劳动者的积极性和创造性，极大地束缚了生产力。伴随市场经济的发展，其弊端更加突出，于是，现代人力资源管理的发展与流行便顺理成章。

网络时代的人力资源管理更加重视整个社会人力资源的供需平衡和协调发展，是一种有关资源配置的战略管理活动。网络时代的人力资源管理部门积极与其他部门相协调，共同为企业创造效益。它强调以人为中心，除了具备传统人事管理的内容外，还有着进行工作设计、规划工作流程、协调工作关系等职能。与传统的人事管理相比，现代的人力资源管理是一种更深入、更全面的新型管理形式。

（二）招聘方式的差异

因为传统的人事管理基本上是一种业务管理，其人事的重大决策权集中在政府行政部门，所以，企业在员工招聘方面没有完全的自主权。传统的人事管理仅在需要时发挥作用，因而只是在企业人手不够时补充员工，所以招聘工作主要着力于企业当前的需要。

网络时代的人力资源管理招聘是利用计算机网络进行的，企业可以在网上公布招聘信息，并在线浏览求职者的信息。互联网使人才需求信息成为公开的消息，企业的招聘人员可以在不离开办公室的情况下，广泛开展人才搜索。计算机网络招聘主要包括吸引人才、分析人才、联系人才以及最后达成协议等几个环节。这些环节是通过网上信息发布、网上人才测评与分类、在线联系或电子邮件，并利用人才招聘的一些管理软件处理相关事宜等手段来完成的。计算机网络招聘利用互联网交互性和实时性的特点，不受时间、地域的限制，向任何一台计算机终端的应聘者发出招聘信息，应聘者也能够随时随地与招聘企业联系，获取需要的最新信息。

许多大型企业、跨国公司已把网上招聘作为其招聘员工的主要形式。"到网上找工

作"已成为全国大部分高校校园的流行语。据大学生反映，上网求职比传统的招聘会求职、递交自荐信的方式好得多，它不仅查询方便，信息量大，选择面广，不受时间地点限制，而且还可以节省费用，提高了求职效率。

（三）培训方式的差异

传统的培训因时间和地点的限制，一般都是选定某一段时间，把员工集中到室内或室外进行，这将耗费大量的人力、物力和财力。此外，一个培训师一次可以指导的学员数量是有限的，同样的培训课程每一次都要重新准备，所以，传统的培训方式存在效率较低的缺陷。当然，集中授课的培训方式也有一定的优越性：这种互动式的学习可以让培训师发现学员是否需要更多的帮助。此外，这种培训方式可以使参加者的精力集中在培训课程上。

网络时代的企业培训打破了传统培训的时空限制，各地的员工可以利用计算机网络，在本地接受异地培训。企业将培训内容发布在企业内部网站上。员工能够根据自己的需要，不受时间、地点的限制，在互联网上寻找适合自己的培训内容进行自主学习，以拓展知识与技能的深度和广度。员工之间可以进行在线探讨、交流，企业还可以提供在线疑难解答。这样使企业和员工都可以及时得到培训绩效的反馈，有利于企业及时改进培训内容和目标。然而，网络培训的自助式课程往往会被工作打断，并且网络培训要求组织建立良好的网络培训系统，而这需要大量的资金，中小企业受资金限制，往往无法花费资金购买相应的培训设备和技术。

二、人力资源在网络经济中的作用与影响

（一）人力资源是网络经济增长的重要源泉之一

经济增长是指国民生产总值或国内生产总值在总量上的扩张。为了清楚地反映出每一要素在经济增长中的贡献水平，经济学家们建立了经济增长模型，在这一模型中，一般采用三个要素，即资本、劳动力和技术进步。这实质上是人力资源不同侧面的表现，其量的多少、质的高低取决于人力资源的数量及素质。人力资源的素质高低决定了企业产品的质量优劣和劳动生产力的素质高低，及投入与产出的比例。在网络经济时代，企业的成败取决于对人的管理，学会求才、用才、知才、育才，是每个成功企业管理者的必备素质。

（二）人力资源是网络经济结构优化的决定因素

经济发展既表现为经济的增长，也表现为经济结构的优化。经济结构是否优化，是衡量经济发展与否的重要因素。我们在分析一个国家经济结构是否优化时会发现，经济结构是否优化不只取决于该国自然资源的禀赋，更取决于人力资源结构是否优化。人力资源结构的优化不仅表现为静态的人力资源结构能与经济结构保持协调一致和相对平衡，而且表现为动态的人力资源结构能与经济发展所需的经济结构相适应。经济结构的调整通常是从调整人力资源结构开始的，采取的手段又大多是强烈的市场化手段，即政

府调整经济结构时，先指明经济结构运行的方向，引导具有相关素质的劳动者首先进入这一经济部门，并获取相应的高收入，进而强制或诱导其他劳动者转岗改行，接受新经济部门的素质培训，向这一经济部门配置相应的人力资源，直至人力资源处于饱和状态，经济结构得到有效调整。

（三）人力资源是网络经济下企业的兴盛之本

任何企业都拥有三种基本资源，即物力资源、财力资源和人力资源。对于企业来说，物力资源和财力资源是企业的有形资源，是衡量企业的重要尺度，但二者都具有有限性；而人力资源正好与之相反，它是一种无形资源，具有相对无限性，是可再生资源。企业可以通过教育、培训和开发等活动提高人力资源的品质，增加人力资源的数量，用人力资源代替非人力资源，从而减轻企业发展过程中非人力资源稀缺的压力。同时，企业为提高产品质量、降低成本和在市场上占据优势，纷纷改进工艺，运用先进机器设备，而这些又需要高素质的人力资源来完成。因此，人力资源开发的好坏，在很大程度上决定了企业的兴衰。

三、网络对人力资源开发与管理的影响

（一）网络对人力资源组织的影响

在传统的金字塔式组织结构中，强调命令、控制以及清晰地描述员工的任务，因此，组织对员工的期望是明确的，员工的晋升路线也是垂直的。晋升意味着责任的增加、地位的提高和更高的报酬，人力资源管理的全部信息都集中在组织的最高管理层。

网络时代，由于信息沟通及处理的便捷性，公司的管理层次将急剧减少，所以，扁平式、矩阵式、网络状的结构将变成多数公司的组织架构模式。项目管理小组和在线合作将成为工作中最常见，也最有效的一种方式。组织将鼓励员工扩大自己的工作内容，提高员工的通用性和灵活性。

（二）网络对人力资源管理各职能的影响

1. 网络对绩效评估的影响

网络将遥远的距离拉近，主管可以很快看到来自各地的每个下属定期递交的工作反馈。员工考核及述职也可以在网络中实现。员工的工作地点已经不是很重要了，只要具备工作条件，他只需按计划去完成工作就可以了，员工的满意度将极大提高。

在线评估系统实时录入公司所有员工的评估资料，其强大的后台处理功能将出具各种分析报告，为公司的管理改进提供及时的依据。对于评估结果，系统自动根据权重改进评分进行统计，并将结果与薪酬以及人才培养计划挂钩。

2. 网络对员工培训的影响

网络时代，员工培训的形式更加多样化，已经不再是简单的"我说你听"。网络资源极其丰富，鼓励员工充分利用网络资源进行岗位培训，成为许多公司的一个培训方向。

通过网络的形式进行员工培训，企业不单可以提高效率，更可以节约成本。企业的人才培训可以请专家来公司讲课，也可以让员工脱产外出学习，但这两种方法都是小范围的，而且费用较高，因而仅适用于公司高层人员；对于基层人员的培训，因人员较多，如仍采用上述方法，相应的费用较高，但以网络为基础的虚拟学习中心可以大大节约费用。通过开发远程教育系统，人力资源部门可以选择最好的、性价比最高的培训公司实施培训。

四、网络化人力资源实践

人力资源管理职能在下面几个领域可以采用网络化管理方式：

（一）网络化招聘

与传统的招聘方式相比，网络化招聘的优势十分明显，其优势集中表现在以下几个方面：①扩大了招聘范围。互联网的全球性、交互性、实时性的特点，使企业有可能在世界上任何一台计算机终端上找到其潜在的合格人选。②增强了招聘信息的时效性。企业可以全天候地向潜在的应聘者发出招聘信息，而应聘者也可以随时随地与招聘企业联系，同时，企业可以按照需要及时更新招聘岗位，传递最新信息。③降低了招聘成本。网络化招聘不受时间、地域、场所等条件的限制，供需双方足不出户即可进行直接交流。这样既可以节约传统招聘活动中的各项开支，又可以节省人力资源管理部门的精力和时间，企业还不必向"猎头公司"等中介组织支付高昂的服务费用。

（二）网络化沟通

网络使企业的信息沟通更为快捷、广泛、有效，企业内部的信息交流、情感融合也更为通畅。组织可以在内部网上贴出各方面的情况介绍，还能够建立员工的个人主页，开设论坛、聊天室、建议区、公告区以及企业各管理层的公共邮箱。

网络化沟通方式有助于克服人际沟通过程中的一些人为障碍，使企业的上行、下行及横向沟通更为通畅，为企业员工参与管理、反映问题、发表评论和提出建议提供了更为方便的渠道和途径。这样的沟通方式有利于企业良好心理氛围的建立，有利于员工创造性、自主性、责任感以及自我意识的提高，有助于员工工作生活质量的提高。

（三）网络化绩效考核

网络化绩效考核在一定程度上可以克服人际知觉和判断上的偏差。它可以远距离进行工作实绩和工作情况的客观评价，避免了人与人之间的心理影响，减少了考核中的主观因素，这对建立规范化和定量化的员工绩效评价体系，以代替以经验判断为主体的绩效考评手段有很大的作用，能使员工绩效考评更为公正、合理、科学。

五、网络时代背景下人力资源管理模式改革创新措施

（一）健全人力资源管理结构，完善人事各项规章制度

在网络时代背景下，就要求我们进一步适应时代发展，对人力资源管理模式进行有效的改革创新，要将网络技术广泛应用到人力资源管理模式下的各个工作环节当中，进一步拓展人力资源管理新模式。要建立和完善网络信息应用程序和管理制度，把人力资源管理工作中的聘用、奖罚、考核、培训等各个环节与网络信息应用结合起来，并制定符合实际的操作程序，不仅提高了人力资源管理工作的公平、公正、公开，还有效防止了因为人力资源管理工作产生矛盾的问题，使人力资源管理工作标准化、规范化、信息化。

（二）加强人力资源管理工作人员培养，提高人力资源管理人员专业素质

为了进一步加快人力资源管理模式信息化的发展进程，要加大对人力资源管理工作信息化的资金投入，购置和配备先进的网络信息技术设备，并应用到人力资源管理实际工作中，通过对网络信息技术设备的实际应用，从人力资源管理工作的角度出发，对网络信息技术设备实际应用中所存在的不足开展分析求是地掌握人员的情况，业务发展的要求，并且以此为依据，明确人员的业务经费情况，要权衡内外的各种因素，并且能够预测未来经济的发展方向，要以提高经济为目标，编制具有前瞻性的项目预算，提高预算编制的准确性，总之，经费支出要严格按照项目人员的数量，实施合理分配。

（三）构建企业人力资源管理电子督查系统

一是通过"企业人力资源管理电子督查系统"可以实现企业办公全面信息化与现代化，该系统将企业考评、日常办公与电子信息技术有机融合在一起，实现人力资源管理便捷与高效。二是该系统可以根据企业短期战略目标及长期战略目标、任务指标，对企业各个部门目标完成情况进行客观评估，自动生成初步考核结果报告，避免了人为评估的主观性。同时，企业各个部门可以随时登录督查系统，随时查看本部门或者个人的绩效考核情况，员工考核评估体系将更加公开与透明。三是通过"企业人力资源管理电子督查系统"，企业可以及时将高层管理人员作出重大决议，及时通知到各个部门及其员工，也可以通过该系统将审核决议、执行结果分析等重要文件，及时下发到各部门。四是通过"企业人力资源管理电子督查系统"可以直观、及时、全面了解各部门工作任务完成情况，及时分析产生差距根源问题，有利于将问题带来的危害降到最低程度。企业采用该系统后，可以成功实现由事后监督向全程监督的转变，避免问题扩大化，将问题扼杀在萌芽中。

六、互联网时代人力资源管理创新的对策

（一）借助大数据精准招募人才

大数据技术的可贵之处在于其可以根据海量的数据发现其中深藏的规律，给决策者提供有用的信息。现阶段人才的流动性更强，其个体信息也在不断变化，这就需要用人单位，特别是人力中介、招聘网络平台等，对人力信息进行动态管理，尽量掌握人力的最新动态信息，并基于这些信息进行筛选和云计算，精准实现用人单位与人力的对接。通常情况下，人力资源个体会将自己的信息呈现在招聘平台上，而招聘平台就能够对这些信息进行综合分析，包括个体的基本信息、工作经验、学历、专业等，收集其求职的时间节点，如待业时间、上次就业时长等，并对其经常上网的时间和地点等进行综合分析，也就是会把与求职者相关的已知信息进行全面的、综合的分析。并且，招聘网络平台也会将招聘方的信息进行综合分析，及时有效地清除不合规的用人单位，为合规用人单位推荐符合其需求的人才。

（二）利用信息平台开展绩效管理

人力资源管理的重要工作是对人员进行管理。在传统的管理视角下，绩效管理虽然在一定程度上提升了内控效果，但也因绩效考核本身增加了员工的工作量。而信息技术则可以依靠定位、工作量的完成度等动态地审批员工的工作，有效提高员工的工作效率。同时，采用多元化信息技术进行的人力资源绩效考核，会使考核过程和结果应用更加透明，使得考核更加高效和公平。

（三）强化与员工的沟通

互联网可以使企业员工了解到更多的信息，也使得企业管理者与员工之间的沟通更加便捷。所以，企业的人力资源管理工作者应当加强与员工之间的沟通，及时收集员工的反馈信息，根据员工的心理状态进行情绪、心理抚慰，或者根据其需求开展技术培训。

（四）开展信息化测评，实现人才价值的全面提升

人力资源是社会最丰富的资源，但很多人不知道自己的潜能，不了解自己的优势，由此就造就了资源的浪费。招聘平台借助互联网与相关计算方法，面向个体进行精准测评，使个体能更好地了解自己，并为个体提出更为合理的就业方向建议，还能促进用人企业进行岗位的精准选择。而对于企业内部的人力培训来说，也可以借助互联网信息测评方法，对员工进行全面了解，按照员工的特点和能力，实现最佳岗位分配，实现个人价值的最大化，也实现企业利益的最大化。

在互联网改变了人们生活和工作方式的大背景下，人力资源管理也应该从更加宏观的角度，借助互联网的思维模式，实现对人力的精准认知、精准提升和共享。同时，企业应该在人力资源绩效管理中全面采用信息化技术进行考核，以提升管理的效率和透明性。

第三节　创新视角下的人力资源管理多维探索

一、人力资源管理的创新管理理念

全球化的步伐已经越迈越大，在这样的时代背景下，市场经济的竞争更加激烈，企业之间的竞争逐渐从科学技术的竞争、管理模式的竞争，发展到人才的竞争。21世纪，企业的发展更多依靠的是优秀的人力资源，人才储备才是决定一个企业实力的最大因素。从某种程度上说，一个企业能否在激烈的市场竞争中脱颖而出，依靠的是能否吸引优秀人才，并且利用优秀的企业文化将这些人才留下来。

随着时代的进步和发展，时代的特点与性质发生了巨大的改变，尤其是在互联网时代来临之后，新的时代特点更加凸显。体现在一个企业的运营上，就是人才对于企业的重要性越来越大。在互联网时代，企业要想不被淘汰并在众多企业中脱颖而出，就需要不断地创新，而企业在创新和新产品研发中依靠的就是优秀的人才，优秀的人才能够帮助企业更好地适应激烈的市场竞争。所以，企业应该顺应时代的变化，充分认识人才的重要性，改革企业内部的人才管理模式，为企业不断地注入新鲜的血液，促使企业保持活力，获得长足的发展。

（一）企业中人力资源管理的重要性

随着时代的进步和发展，企业对人力资源管理提出了更高的要求，实施合理的人力资源管理，能够帮助企业形成优秀的企业文化。在市场扩大的情况下，企业之间的竞争更加激烈，企业要想脱颖而出，只能依赖于自身的企业文化对优秀人才的吸引，将优秀的人才资源转化成企业利益。企业各种工作的顺利展开，都是基于对优秀人力资源实施科学的管理。

（二）人力资源管理的创新理念

1. 人力资源管理组织结构优化

以往的企业内部人力资源管理组织结构都是纵向的、等级森严的组织架构。在这样的组织架构下，有着严格的等级制度，即下级只能够向自己的上级进行信息汇报。如果下级越过自己的上级向更高一级的人员传达信息，则会被视为一种不恰当的行为，会引起自己上级的不满。这样的信息传达是低效的、不全面的、不完整的。新时代下的人力资源管理组织结构应该是更加多元化、多方向的，并且是扁平化的一种组织结构，更加有利于信息的传播和直接的沟通。在新时代的背景下，沟通的效率和信息传播的速度决定了企业的盈利空间。

2. 建立相关的人才培养体系

企业与人才之间是双向选择的关系，企业可以建立相关的人才培养体系，培养优秀的符合企业自身发展需要的人才。虽然这与招聘来的优秀人才相比，需要更多的前期投入和支出，但是这样培养出的人才对企业会更有归属感。归属感能够帮助员工更加积极地投入工作当中，对于有归属感的员工来说，工作不再是一种养家糊口的方式，而是其实现梦想和自我价值的重要方式；企业对于他们来说，就是另外一个家。而在培养人才的选择上，刚进入社会的大学生是再合适不过的了，他们刚离开校园，学习力更强，可以快速地吸收并掌握新的知识和技能。

3. 创新人力资源管理方式

进入 21 世纪之后，市场进一步扩大，越来越多的新兴行业在市场中崭露头角，市场对于优秀人才的需求也越来越大。对于在新时代成长起来的年轻人来说，企业能否对他们产生吸引力主要依赖于企业文化。良好的企业文化能够让员工把工作当成一种享受，他们能够更加积极、主动地投入工作当中；而对于文化较差的企业中的员工来说，工作可能是一种无意义的劳动，他们从中得不到快乐。企业文化形成所依赖的岗位是人力资源管理岗位，该岗位的人员最了解员工的需求是什么，并且创设条件对其需求予以满足。因此，企业应该创新人力资源管理模式，促进良好的企业文化的形成。

（三）以人为本的核心管理观念

1. 注重员工的工作环境

以人为本的人力资源管理理念重点在于企业要主动去了解员工的工作需求，并且积极满足员工的工作需求，这样才能够将人才留住。对于企业员工来说，工作环境很重要。员工的大部分工作时间都是在办公桌附近，办公桌附近就是员工在企业中拥有的一片小天地，其环境水平会对员工的工作积极性产生极大的影响。良好的环境更能让员工有一个很好的心情，以更加积极的心态去面对工作中遇到的挫折；而较为恶劣的环境不仅会影响到员工的工作情绪，还有可能引起这种情绪在员工中的传播，不利于和谐工作环境的建设。因此，企业要关注员工的工作环境，为员工营造良好的工作环境、和谐的工作氛围。

2. 注重企业文化的培养和建设

企业应该认识到企业文化的重要性，在新时代，企业文化才是其吸引人才、留住人才的关键。优秀的企业文化能够给员工带来归属感及认同感，能够增强员工的工作积极性。因此，企业应该注重自身企业文化的培养和建设，方能吸引到更多的优秀人才。

3. 满足员工个性化的工作需求

个性化的工作需求是新时代背景下员工普遍存在的工作特点，他们需要更加弹性的工作时间、更加自主的工作模式，这些都是知识型人才的典型需求，企业应该最大限度地满足这种需要。对于知识型人才来说，他们的工作灵感可能来自生活、来自工作以外，所以企业可以建立弹性的工作时间管理机制，只要员工的工作时间满足一定条件即可，至于具体的工作时段分布等，员工可以自行调配。

现如今，人才已经成为企业的一种即时战略资源，企业除了需要认真思考如何通过优秀的企业文化等吸引优秀的人才，还要思考如何将这些人才留住，保证自身的人才资源储备，如此才能拥有较好的发展前景。

二、新经济时代背景下的人力资源管理创新

人力资源管理是管理学中的重要内容，也是企业生存和发展过程中的一项重要工作。在新经济时代背景下，人力资源管理的创新是企业长足发展的灵魂。企业只有持续进行人力资源管理的创新，才能提升核心竞争力。在市场经济竞争日益激烈的形势下，企业需要依靠人力资源管理的创新生存和发展。

科学技术是第一生产力。依靠科学技术的不断进步与发展，我国的经济水平得到了突飞猛进的发展。近些年，随着计算机技术和互联网技术的普及，几乎所有的行业都与网络共享经济模式息息相关，一种全新的经济模式已经到来。相比传统的经济模式，新经济模式通过计算机技术、互联网技术、信息技术与人力资源的有机结合，促进了经济社会的进步与发展。随着新经济时代的深入发展，新经济对企业管理模式提出了更高的要求，特别是在企业的人力资源管理方面，必须要进行相应的改革，以适应时代的需要，为企业的生存与发展保驾护航。

新经济时代对企业的人力资源管理提出了前所未有的挑战，这也是企业变革人力资源管理的一个较好机会。因此，企业要想在激烈的竞争环境中生存和发展下去，就必须注意提升企业的人力资源管理水平，不断优化人力资源管理模式。

（一）新经济时代特征与企业创新特征

为了适应经济时代的发展要求，企业的人力资源管理模式必须由传统的管理模式向以创新为驱动的新型人力资源管理模式推进。反之，若企业还是坚持传统的人力资源管理模式，一味地照搬照抄他人的模式，没有基于自身实际变革与发展创新，企业终将会被新经济时代所淘汰。

1. 新经济时代的特征

通常，新经济时代有广义和狭义两种范畴。广义的新经济时代泛指在全球经济一体化浪潮下，主流经济的发展模式。狭义的新经济时代特指与 20 世纪 90 年代以前传统经济模式的区分，它的显著特点就是能够在具有很高失业率的条件下仍然能维持经济的增长。

2. 创新与企业创新

在新经济时代，创新也有广义和狭义两种范畴。广义上的创新是指一种创新的过程，描述事物的发展、新事物产生与创新的成果。而狭义上的创新不关注创新的过程，只关注创新的成果。因此，在狭义上的创新中，所有具有新的事物形态或在新的时代背景下的特征事物都可以被认为是一种创新。通常情况下，企业创新是基于广义上的创新进行

的。这是因为企业往往是被看作一个独立的法人或者独立的经济体,企业为了追求利益最大化,维持其在激烈的市场竞争中的生存与发展,就必须在管理模式和应用技术上不断创新,研发新产品,开发新模式,这是企业依靠创新自我完善和发展的过程。在我国,伴随市场经济体制的不断完善,企业的外部环境已经发生了较大的变化,企业创新具有十分鲜明的时代特征。

(二)新经济时代人力资源管理创新的必要性

在当前经济社会不断发展进步的大背景下,经济模式改革不断深入,企业的外部生存和发展环境已经发生了本质性的变化。在市场经济全面开展的时代背景下,企业的竞争变得日益激烈,这对于企业创新的要求也变得越来越高。因而,如果一个企业仍然坚持传统的发展思路,单纯依靠自身的业务系统维持企业的运行和发展,则很难适应新经济时代的环境,很难取得长足的进步与发展。反之,如果企业能够认清当前的市场环境,对企业的人力资源管理模式进行彻底的变革,就可以激发企业的活力,获得持续发展的动力。

在新经济时代背景下,企业必须继续强化人力资源管理创新,以充分发挥人力资源管理在企业生存和发展中的巨大优势,全面提升企业员工的综合素质,使员工能够适应当前复杂、激烈的市场竞争环境。企业要尤其注重对核心员工和知识型员工的培养,使其能够为企业的长足发展提供持续不断的动力。企业要充分认识到,改革人力资源管理模式不仅仅是为员工规划了目标鲜明的职业生涯,也为企业的发展奠定了坚实的基础,这是实现员工与企业双赢的举措。

此外,新经济时代与传统经济模式显著的不同在于互联网经济对各行各业产生了十分深远的影响,信息技术已经深入各行各业。企业必须改变传统的经营模式,注重提升自身的人力资源管理水平,充分调动员工的工作积极性,维护员工的利益,实现企业人力资源管理效率的综合提升。

(三)新经济时代人力资源管理创新思路

1. 树立以人为本的基本理念

在新经济时代,企业要想对人力资源管理进行科学合理的优化,先要更新用人理念,从理念层面进行深化改革,要让人力资源管理者充分意识到人力资源管理对企业生存发展的重要性。要将人力资源管理放在企业发展的核心位置,通过对人力资源管理的优化,提升企业整体的发展活力,实现企业有序发展。所以,企业在发展过程中要注重以人为本的用人理念,充分尊重员工、信任员工、维护员工的权益,使员工切实体会到集体归属感,提升企业员工的主人翁意识,促使员工为企业的发展作出更大的贡献。在企业人力资源管理中树立以人为本的理念,还要注意解决原有的单纯停留在理论层面的问题,要深入基层,解决员工的实际问题,在企业运行过程中营造良好的人际关系。

2. 合理运用柔性管理

在新经济背景下,企业的人力资源管理要注重实效性。为了使企业的人力资源管理取得良好的作用，需要制定有针对性的柔性管理措施。在企业人力资源管理过程中，柔性管理能够更好地为员工服务，充分发挥员工的主观能动性。传统的企业人力资源管理过于强调管理的规范化与制度化，管理缺乏弹性。虽然传统的规范化的人力资源管理取得了一定的成效，但却是以牺牲员工与企业、员工与领导间的亲密关系为代价的，不利于企业形成良好的人际关系，容易激化员工与部门领导之间的矛盾，不利于企业的发展。基于传统企业人力资源管理存在的问题，柔性管理在新经济时代背景下企业人力资源管理中的作用就凸显出来，是现代企业人力资源管理的重要方面。柔性管理就是借助各种方式促使企业员工形成相对一致的企业价值观，对企业的发展与稳定具有一定的信心。企业通过实施柔性管理，为员工营造一个相对宽松的工作环境，使得员工能够切实地感觉到自己是企业的主人，积极主动地为企业的发展贡献力量。

3.营造创新文化

新经济时代背景下各企业都在努力谋求发展，在企业发展的过程中，创新已经成为必不可少的发展动力。因此，在新经济时代背景下，企业的人力资源管理要注重营造良好的创新文化氛围。创新不但是企业长期发展的必要条件，更是解决眼前运行中存在问题的有效手段。为此，企业必须在人力资源管理的改革中努力培养一批高素质的创新型人才。在这个过程中，人力资源管理的重点工作就是营造创新文化氛围，使员工人人敢创新、人人能创新，推动企业向创新型企业方向发展。

4.促进企业和员工共同发展

在新经济时代下，企业要做好人力资源管理工作的创新，还要注重企业发展和人才建设之间的关系，促进企业和员工共同发展。只有这样，才能确保人力资源管理切实为企业的发展作出贡献，避免核心人才流失。例如，企业要为员工制定长期的职业发展规划使员工获得归属感，并且员工能够围绕企业制定的职业规划努力提升自己的业务水平，从而促进企业与员工共同发展目标的实现，可以有效地避免企业发展和员工进步之间出现矛盾。

在新经济时代背景下，企业要想获得长足的发展，必须优化人力资源管理工作并进行创新，为企业发展储备必要的人才，为企业的发展奠定坚实的人力资源基础。

三、新常态背景下人力资源管理创新的意义

新常态背景下的经济战略目标的主要特点是经济增长速度转向中高速，发展方式转向质量效率型，发展动力从主要依靠资源和低成本劳动力等要素投入转向创新驱动。企业在新常态的经济环境下起主导作用，对我国市场经济持续发展有重要影响。而人力资源又是企业的重要资源，影响着企业的持续盈利能力。因而，新常态下的企业人力资源管理给企业带来了更多的机遇，也带来了全新的挑战，企业只有不断创新思路，才能更好地应对新常态下人力资源管理的变化。

随着经济的发展，企业传统的经营和管理模式已经不适应当前的经济发展环境，健康可持续发展的理念逐渐深入人心。新常态背景下我国的经济发展逐渐变为以创新为驱

动力，一些新的技术和商业模式被不断地运用到企业的经营和管理当中，有效地促进了企业经济效益的提高，但对于中小型企业来说，在新常态背景下取得较大的发展意味着要面临更大的挑战。企业在发展过程中应充分地认识到人力资源管理对于企业生产要素的能动性作用，并且也是企业当中最为活跃的要素，企业人力资源管理的创新，对于企业的长远发展具有非常重要的意义。

（一）进一步提升人才供应机制的灵活性和便捷性

从企业发展的角度来看，人才始终是企业发展的内在动力和根本力量。在新常态背景下，人才招聘制度、人力资源管理体系应当与企业发展方向保持一致，以保证企业发展的稳定性和持续性。可结合企业的实际发展状况，引进具有高素质、高技能的人才，针对各个岗位需要配置人才，以保障整体的工作效率和质量。此外，在新常态背景下，人才的供应方式应具备简单、灵活的特性，以便实现高效聚集人才的目的。除了常规的人才招聘形式外，还可以利用互联网平台积极拓展招聘渠道。

（二）完善动力激发体系，最大程度地激发员工的积极性

企业放眼于未来发展，必须意识到高质量人力资本是其发展壮大的根本保障。在新常态背景下，应建立企业的动力体系，企业人才的合理配置、人力资源管理与企业的动力体系间存在着密切的关系，完善动力激发体系对企业人力资源管理至关重要。企业人力资源部门应制定必要的人才任用及激发机制，提升员工的积极性，使其自发地、积极地为企业创造价值。

（三）依靠企业创新技术，实现企业的人力资源管理

在新常态背景下，企业发展的信息化、高效化及扁平化管理能力和质量进一步提升，企业内部的社交化人力资源管理制度和模式进一步发展，企业内部的人员交流成为企业人力资源管理发展的关键。企业应通过加强人力资源管理的信息化水平和质量，体现日常管理事务的高效化和信息化。给予员工多种学习方式和渠道，不但会使企业资源得到合理利用，更利于整合企业资源提高企业竞争能力。因此，新常态背景下的人力资源管理，应改变传统的观念，创新人力资源管理方式，以提升企业竞争能力、激发人力潜能为主要目标。

（四）创新绩效考核方式，完善薪酬管理制度

企业员工的薪酬和福利制度直接与企业的绩效考核挂钩，只有制定科学、合理的绩效考核制度，才能真正提高员工工作的积极性和主动性。相关数据表明，薪酬体系与员工对企业和工作的满意度具有直接相关性，但一些企业中实施的薪酬管理方式和绩效考核方式还需进一步完善，也需要人力资源管理部门对薪酬管理制度进行创新，根据各个岗位的情况制定科学、合理的绩效考核方案和薪酬管理制度。在新常态背景下，企业应积极借鉴其他优秀企业的薪酬管理和福利制度，比如给优秀员工、技术创新和研发人员提供更多的薪酬和福利分配方式，可以有效缓解企业在改革和创新中产生的劳动纠纷等问题，促使企业更快更好地发展。

（五）合理构建企业收益分配机制

企业招募优秀人才的目的是希望将企业做大做强，最终实现企业效益和人才双赢的局面。在传统的人力资源管理中，只关注了企业与人才之间的矛盾性，并没有关注其统一性；而现代人力管资源管理创新必须摒弃这一点，合理构建企业收益分配机制，让每个员工都参与企业利益的"大蛋糕"的分配，促进员工不断提升工作能力。

（六）制定人才战略发展规划

企业发展归根结底离不开员工的不断付出和努力，企业应制订合理的人才培养计划，为企业储备优秀的人才。企业不仅要对员工进行培训、培养，还要根据企业的发展战略制定详细的人才战略发展规划。企业在制定人才战略发展规划时，也要为员工的利益作出一定的规划，例如员工的培训及晋升规划等，提高员工的工作积极性，留住优秀人才。

时代在不断发展进步，企业应创新人力资源管理方式，制定科学、合理的战略目标规划，才能在瞬息万变的市场竞争中取得更好的发展。

四、医院人力资源管理的创新路径

（一）创新人力资源战略规划

人力资源战略规划是医院发展规划战略中的重要一环，其创新力度关系到医院的未来。加大人力资源战略规划的创新力度，应当加强对人力资源的综合评估和考核，尤其需要重视其数量、质量、结构和总量配置等，其中主要围绕人员的政治面貌、教育水平、技能经验以及在职人员等信息进行统计和考虑。在对评估结果进行分析后，根据医院的实际发展定位和人力资源发展趋势，厘清其中存在的问题并加以归纳，而后按照人才引进目标和需求，合理制定人力资源开发体系。

（二）拓宽高层次人才引进渠道

人才是医院发展的强劲支撑，高新人才的配比结构直接影响医院学科建设的进程和层次。对于高精尖人才和稀缺人才的引进，需要进一步明确其所享受的优惠政策，结合市场具体情况，在薪酬、待遇、科研等方面制定具有竞争力的条件。同时，还需要明确引进人才所需承担的义务，确保其对医院起到预期的作用。医院中有两种主要的高级人才，即科室骨干和学科带头人。在引进科室骨干人才时，要以其实际科研能力和临床实践为标准，对其学术性质进行综合评价。对于学术带头人可以从学科建设发展的实际需求出发，有层次、有重点制定引进和培养规划，采用外部引进与内部培养相结合的方法，关注人才成长的微环境，进而确保人才培养的质量和精准。

（三）完善人才选拔机制

医院的竞争归根到底是人才的竞争，随着人事政策的不断深化，公开竞争性选拔逐渐成为甄选人才的重要方式。一方面要明确候选人员的选取标准，结合医院与科室的具体情况，分类制定科学的选拔规划和适宜的人才引进制度。并且，要进一步拓宽优选人才的选人视野，逐步扩大选拔比例。在人才特征中，院外人员的思维观念、知识结构和技术经验往往可能更具有创新性，相比之下，院内人员缺乏创新意识，但是更加熟悉医院的实际情况。因而，在充分考虑人力资源的忠诚和稳定的基础上，根据人力资源结构的合理配置，创新医院人力资源的调配措施，加强对外部人才的合理引进。另一方面，要通过自建或者外包的方式完善人才考核和测评机制，强化人才后续的培养和管理，尽可能多地聘用高新技术人才。

（四）实现职工与医院共生发展

职工是医院赖以生存的基础，职工的个人成长是医院健康发展的主要动力，两者属于同一命运共同体。一方面，医院应该帮助职工了解当前医疗卫生行业的就业形势，增强职工就业的紧迫感，从而树立正确的就业观，设立清晰的职业发展目标，合理地对职业进行规划，使其主动地参与到医院的日常工作和培训中。另一方面，医院应当树立大人才观，把人才培养放在首位，持续优化人才政策，着力培养拔尖创新人才，进一步完善人才评价体系。帮助职工对医院的定位和发展进行全方面地了解，努力寻找自身发展和医院发展的结合点，并且不断按照医院发展战略和目标的调整及时校正个人发展的方向，从而实现个人和医院的共同进步发展。

（五）注重管理中"以人为本"

首先，强化职位的分析是当前人力资源管理的重要内容，通过科学合理的分析和研究，加强对个人和职位的合理定位，并且明确其职能范畴和业绩量化的标准，以此对人员进行更高的要求，做好职责和工作目标的考核与评估。其次，实现新技术和新方法的合理应用，发挥综合性医院的学科优势、人才优势、资源优势，从而有效促进医疗服务的合理发展。确保人才的活力得到进一步激发，不断增强职业道德水平。再次，加强人力资源管理战略的合理制定。认清医院发展战略目标方向和内外部环境的变化趋势，加强医院劳动关系管理的法制化，构建和谐的劳动关系，营造良好的医院发展氛围。

五、胜任力分析与人力资源管理创新

（一）胜任力的含义及其特征分析

胜任力之所以能引起企业管理者的关注，企业在进行人员招聘的时候，通常运用智力测验等方式来对应聘者进行评判和筛选，但是这样的手段不能有效地预测应聘者能否在从事复杂的工作和更高层次职位工作时取得成功，这样的评判标准对于某些特定人群来说是不公平的。因此，胜任力的概念被提出后，很多企业用胜任力分析来对应聘者进行评判，大大提高了测试的公平性和准确性。关于胜任力的具体含义，学术界还有争议，尚未达成统一的结论。但一般来讲，胜任力可以理解为绩优者所具备的知识、技能、能力和特质。

一般情况下，胜任力包含如下特征：

1. 个体特征

表明了人的特质属性，决定着个体的行为方式和思维方式。人的个体特征一般包括知识、技能、自我概念、特质和动机，其中，知识和技能是人能够直接对外表现出来的特征，特质和动机则是埋藏于个体内心深处不外显的特征。知识、技能和自我概念都是可以通过培训而改变的，人的特质和动机很难通过外界因素来改变。人的特质和动机恰恰就是评价和认识一个人的重要标准，通过胜任力分析，企业能够清楚地认识到个体之间的差别，是区分绩优者和绩差者的重要标准。

2. 行为特征

个体的行为特征是指在特定情境下对知识、技能、动机等的具体运用。通常来说，人在面临相似情景的时候可能会有相似的行为特征。

3. 情景条件

胜任力需要通过一定的工作情景才能够体现出来，对于不同的职位、不同的行业，胜任力模型都有差异。

（二）基于胜任力分析的人力管理创新

1. 岗位分析

传统的岗位分析将工作的组成要素看得较重，但是随着企业的发展，传统的岗位分析已不能适用于新的人力资源管理模式。基于胜任力分析的岗位分析是一种新型的岗位分析模式，一般是对在某工作岗位上表现特别优异的员工进行分析，根据其优秀特质，来规定此岗位的职责，定义此岗位需要的胜任力。

2. 人员招聘

传统的人员招聘主要依靠面试的方式对应聘者进行评判和筛选，此外也可能会对应聘人员进行知识、技能的考核。但是，基于胜任力分析的人员招聘是在岗位分析的基础上，根据所招聘的工作岗位特征来选拔适合该岗位、能够胜任该岗位工作的绩优者。简单地说，能够做这项工作的人可能有很多，但是能够胜任这个职位并且将该职位工作做得很好的人却不多，因此需要将人与岗位进行匹配，从知识、技能等方面来进行多方面的测评。

在实际的招聘过程中，企业的人力资源管理者要根据招聘岗位的特点和工作内容来对应聘人员设置具体的考察内容。例如，企业招聘的是销售岗位，就要求应聘人员具备很好的亲和力、良好的沟通技巧和强大的心理承受能力，所以从与应聘人员接触开始，考察也就开始了，应聘人员的言谈举止可以表达出很多内容，也可帮助人力资源管理者评判应聘人员是否能够胜任销售这项工作。

3. 员工培训

基于胜任力分析的员工培训是对员工从事特定职位所具备的个体特征实施培养，由此来增强员工的相关知识技能，促使员工在此岗位上能够取得更好的绩效。对于企业来说，员工培训也是一项投资，能够帮助员工学习新技能、新知识，从而促进企业的发展，所以对员工进行培训是非常有必要的。

由于不同行业、不同职位的胜任力特征模型存在差异，企业需要对不同职位的胜任力进行分析、总结，由此来确定员工培训的内容和方向。此外，从人才培训的角度来看，对于那些悟性高、可塑性强的员工，企业应当用最好的培训资源对其进行培训，帮助员工快速成长。

4. 薪酬管理

从薪酬管理的角度来看，胜任力分析能够帮助企业在薪酬管理方面获得新的思路。企业应当对员工的贡献价值、工作重要性等多方面进行评估后再制定绩效考核标准，运用胜任力分析能够更好地帮助企业进行绩效评估。员工不需要通过传统的职务晋升方式，而只需要提高自身的专业水平就能得到较高的薪酬，这种薪酬管理模式更利于企业吸引人才。然后，基于胜任力分析的薪酬管理模式并不适用于所有类型的企业，而只适应于知识型企业，其他类型企业的员工的工作内容比较广泛，不能对其工作成果进行直接评价。

5. 员工激励

通过胜任力分析来对企业人力资源管理的激励方式进行考量，其作用效果非常明显。所谓激励，就是通过一定的方式鼓舞人，来使其产生自信心、进取心，促使人的天赋和潜能得以展现，最大程度地实现自我价值。通过外在不同条件的刺激对人的主观能动性产生调动作用，企业必须建立一套科学的、高效率的薪酬管理体系，加强对员工的激励。建立健全企业的薪酬激励机制，鼓励员工在各自的岗位中努力工作，促进企业凝聚力的提升，实现的企业发展目标。

6. 员工的职业发展

帮助员工进行职业规划是现代企业必须做的工作之一，职业规划让员工对自己的未来充满期待，感受到自己的价值，从而促进企业与员工的共同进步与发展。对员工的胜任力进行分析，可以帮助员工更了解自己的特质，引导员工进行职业规划，并在实际工作中给予一定的支持和引导。对于企业来说，这不但能帮助员工提高个人的工作能力，也是帮助企业长远发展的重要环节，是实现企业与员工共同发展的重要手段。

伴随时代的进步，企业的人力资源管理工作发生了重要变革，企业要创新人力资源管理模式，胜任力分析的出现给企业人力资源管理创新提供了新的思路。通过运用胜任力分析，能够实现企业人力资源的合理分配，促进企业与员工的共同成长，对于完善企业的人力资源管理体系有着重要的意义。

第八章　人力资源管理的创新发展

第一节　人力资源管理角色发展分析

一、人力资源管理角色的内涵

（一）人力资源管理角色的基本概念

人力资源管理角色概念为：在组织战略目标实现与价值创造过程中，由企业人力资源管理部门或人力资源管理人员遵循的行为规范、社会期望和组织地位，以及由此发挥的具体作用。在具体的组织情景下，人力资源管理角色既可能体现为人力资源管理专业人员的角色，也可能体现为业务管理者的人力资源管理角色，还也许泛指人力资源管理职能的角色。

（二）人力资源管理角色发展的基本概念

1. 企业人力资源管理角色发展的内涵

"角色"一词主要是社会学中提出的，并由其下定义，简单来说，角色即特定模式，只是这种模式具备一致性、规范性，"角色"不是简单、虚幻的内容，其中包含着人们对具有特定身份人的行为期望，这个期望是构成社会群体和组织的重要基础。

人力资源管理角色是对社会概念的一种延伸、发展，将其与角色的定义打包合并，即为人们对企业人力资源管理部门和人员的期望。这个期望也可以看作人力资源管理发展的目标。在企业的发展中，人力资源管理部门是极为重要的，研究其在企业发展中的角色变化，旨在分析企业内部人力资源管理的职能，在具体的人员调动上，体现对企业人员的组织职能。人力资源管理在一定程度上影响着企业的战略目标的形成，战略目标的具体实施是在人力资源管理角色转变中实现的。

对人力资源管理角色进行研究，主要是为了明确人力资源管理的位置。角色研究内容主要包括角色形成、角色转换和角色演化等。研究角色的发展过程，深入分析角色的定位，细化角色，能够全面考虑企业发展的路径和主线，并在研究中创新、转变多种形态。人力资源管理角色处在动态变化的过程中，在不同的经济条件下，角色细节会有较大的不同，在企业中也会发挥不同的作用。

2. 企业人力资源管理角色发展的内容

人力资源角色发展，是指在经济全球化的大背景下企业人力资源者在发展中对进行新的角色定位研究的内容。不同的经济环境下，人力资源角色发展情况不同，了解人力资源管理角色的发展情况，有助于提高企业对人力资源管理的认知水平，能够明确定位，制定合适的管理制度、手段，同时也能够提高人力资源管理工作质量和水平。对于人力资源管理角色的发展变化，可以将其看作研究企业职位变化的关键线索。企业中"人"的角色的变化也是职位变化的反映，企业中职能角色变化不是静态的。在很多企业中，人力资源管理角色处在暂时性的地位上，在一定程度上受到确定性角色期望的影响，暂时性变化还会因为人力资源管理部门的需求、个人角色的期望以及某些利益条件的变化而变化。

企业要想促进人力资源管理水平的提高，推动角色发展，可以按照人力资源发展变化的机制从不同的角度观察影响人力资源角色发展的因素，以此提升人力管理决策的准确性。

二、企业人力资源管理角色发展的策略

在经济全球化的大背景下，世界经济竞争日益激烈，在经济竞争中，知识与人才竞争成为现代经济竞争的重中之重，也可以说经济竞争的本质属性就是知识与人才的竞争，企业要想实现发展，就要提高企业的经济竞争实力，经济实力的提升离不开"人才"，企业中人力资源管理则为企业的发展输送高素质、全方面发展的人才。企业的人力资源管理主要是对企业内外的人力资源进行合理的配置、管理，确保各个部门的人力需求，满足企业经济发展的需求。在进行人力资源的运用上，应该坚持"以人为本"的原则，重视企业人才的作用，根据企业经济的发展形势促进人力资源管理观念的转变，促进企业的人力资源管理。

（一）多视角下的人力资源管理角色发展动因

1. 被动接受视角下的人力资源管理角色发展动因

被动接受视角一般认为人力资源管理角色变化是对外界环境变化的被动接受。人力资源在特定的时期会呈现出短暂性的角色稳定状态，呈现出共同的角色特征。但这种稳定性不是恒定的，在纵向时间内，就会发生差异化。在角色纵向发展过程中，人力资源管理职能发生转变，逐步由行政管理向战略合作的角色转变，这是当今的经济世界的外部综合因素的影响。人力资源管理角色发展主要受到以下因素的影响：

（1）技术特征的影响

外部世界的技术＝生产技术＋管理技术＋信息技术，其中外部世界技术是随着自变量而发生变化的，只有生产、管理、信息技术提高，外部技术水平才会提高。

其中，信息技术的应用对人力资源管理角色变化起着重要的作用，会直接影响企业人力资源角色的形成、演进，能够对市场人力资源的信息和流动情况进行控制，能够控制人力资源的结构位置，促使企业管理者能够获得充分的人力资源信息。随着经济全球化的发展，知识经济的地位不断提高，企业人力，知识经济促进企业的竞争。企业要想实现发展，就要重视推进日常管理工作的发展进程，在企业发展中掌握知识管理的主动权，进而掌握经济人才，在市场经济竞争中占据主导地位。但是，信息技术的应用也会受到一些因素的影响，在一定的条件下，信息技术的使用会受到技术系统以及技术使用员工的感知差异的影响，由此在人力资源管理角色的定位上，企业家应该按照组织技术环境的特征不断调整。

（2）产业关系体系

产业结构关系是平衡治理代理人、雇主和雇员关系的重要方式，产业结构在现代企业的发展中，对于人力资源管理角色发展有重要的影响。产业关系的影响主要体现在制度约束上，在一定程度上会阻碍人力资源管理实践活动的进行，在制约的过程中，都是由企业工会组织来实现的。在市场经济关系发展、变化中，工会组织的工作效率高，企业的人力资源管理作用将会显著降低。

（3）劳动力市场结构

根据研究可知，劳动力市场结构（价值观差异）影响人力资源管理结构的组成以及质量。在市场经济中，若出现新生劳动力，就会对企业的人力资源管理角色产生冲击，促使结构发生变化，同时市场雇佣模式的改变也会促使企业的人力资源管理职能发生变化。

2. 主动选择视角下的人力资源管理角色发展动因

主动视角下的人力资源管理的角色发展动因分别是组织战略和组织权力。企业的组织能动性对企业人力资源管理的角色发展具有推进作用，其中组织战略是极为重要的，企业要想发展，制定合适的组织战略，才能够提高企业在市场上的竞争力。一般来说，企业的组织战略包括独立性战略、防御性战略以及依赖性战略等多种方式，企业在市场经济中如何制定合适的战略是当前企业的发展必须要思考的关键问题，同时企业的人力资源管理角色的发展变化也在一定程度上受到组织战略的影响。企业制定合适、科学的组织战略就是极为重要的，企业若出现战略选择性失误，就会对人力资源管理角色发展造成负面影响。

组织权力的影响主要体现在企业人力资源管理的行为以及政治策略等多方面，企业组织权力越大，企业的人力资源的管理层的权利就越大，越有利于信息传递和接收，信息传递、接收的过程会对相关人员的利益价值进行判断，企业能够根据相关评价准则来对人力资源管理的角色价值进行评价。由此看来，企业站在主动接收的视角上，加强组织权力以及组织战略的建设是很有必要的。对组织障碍以及权力的准确性进行研究，可以促进人力资源管理角色的健康发展，因此提高战略的准确性。

3. 共同演化视角下的人力资源管理角色发展动因

在共同演化视角下，主要是从全面的角度对人力资源管理角色的发展进行阐述，将角色变化、发展的动态过程表现出来。

（1）环境不确定性的影响

环境不确定导致企业的人力资源管理的角色呈现出暂时性的特点，随着市场经济的变化，人力资源管理结构也会发生变化。在企业发展的过程中，人力资源管理的职能逐渐从机械式向有机式转变，由集权向分权模式转变，由一体化向业务外包模式转变。企业的人力资源管理角色出现变化，企业的业务、人力资源管理者的角色也会重新分配，在企业发展的过程中，市场变量也会影响业务管理者的管理能力。企业想要实现发展，既要提高业务管理者的综合素质，也要确立明确的企业发展组织要求。

（2）组织文化的影响

要想明确企业的人力资源管理角色变化，就要对企业的组织文化进行了解。企业的组织文化受到人力资源管理能力、氛围影响，其中人力资源管理部门的社会资本影响人力资源管理职能构型，进而将对人力资源管理角色发展产生影响。组织价值结构直接影响人力资源管理职能构型设计，组织文化影响人力资源管理角色发展，如人力资源管理者与业务管理者之间的关系以及人力资源管理部门在组织网络中的地位等是潜在地影响员工对人力资源管理变革接受程度的重要因素。组织文化关系的改变将造成角色发生变化，高层管理人员的支持和开展人力资源管理工作的氛围对角色定位和调整有着重大影响，因此企业应该做好组织文化建设工作。

（二）人力资源管理角色的转换

当前，人力资源管理已成为管理的核心内容，其角色发生了重要转变。在全球逐渐走入知识新经济时代的背景下，旧的人力资源管理模式和定位已经无法处理现今面对的挑战和快速复杂的变化。既然"人才"成为企业最主要的竞争差异因素，人力资源管理就不应该停留于过去执行人事行政事务的配角上，而是应该顺应新时代、新使命的需求，转型成为企业管理的主流，协助高层主管妥善管理企业的人才，并发挥其最大的效益。

1. 人力资源版图的改变

由于新经济时代企业经营大环境的改变，人力资源管理的版图也相应地跟着有所改变。人力资源管理部门应该是被定位为一个服务及咨询的部门，为企业各个职能部门提供人员信息、绩效评估标准、组织及实施培训等，其主要的改变如下：

（1）服务对象的改变

现代人力资源管理的服务对象由个别的员工及其福利变成企业主管、各级组织单位的主管以及企业的股东。

（2）工作重点的改变

工作重点由传统的强调人事政策的制定、执行以及福利措施的行政管理，变成强调、协助企业面对众多具体业务挑战的绩效管理工具，组织效益及发展的咨询。

（3）达成目标的改变

在达成目标上，由传统的强调内部控制、内部平衡以及稳定的工作环境，改变成为强调提供量身定制的不同解决方案、强化组织效能。只有在清楚认识以上这些转变的基础上，方能有效地掌握人力资源管理的新趋势，积极主动地改变和调整人力资源的角色，在协助企业面对新时代的挑战上，扮演积极有效的角色，为企业创造有效的附加价值，赢得最大的经济效益。

2. 人力资源的角色转型

我们在对我国人力资源管理进行研究的过程中发现，要提升人力资源管理的战略地位，实现人力资源管理与企业经营管理的全面对接，人力资源管理必须在企业中扮演战略伙伴、专家顾问、员工服务者和变革推动者四种角色。

人力资源管理通过这样的角色定位，必然能够有效地支撑企业的核心能力，帮助企业在激烈的竞争中获得竞争优势。这样的转变是知易而行难的，首先就要改变人力资源同人们的心态，然后要认真地构建这些新的能力和格局，同时也需要努力与其他企业主管沟通协调。这是一条艰巨但是必经的道路，只有认真执行，才会有所作为，才能协助企业从容面对当今这种大范围并且十分复杂激烈的竞争。

随着社会与时代的不断发展，现代企业面临的竞争越来越大，而人力资源的重要性日益突显。为了适应形势发展的需要，吸引更多高质量人才的加入，现代企业人力资源管理也要不断创新发展，为企业在当前世界抓住机遇、迎接挑战提供保障。

第二节 现代企业人力资源管理信息化

一、人力资源管理信息化概述

人力资源管理信息化，又称为"电子化人力资源管理"，其英文是 electronic-

Human Resource，简称e-HR。所谓的人力资源管理信息化其实就是实现人力资源管理流程的电子化，是指在人力资源管理中运用互联网技术，依靠强大的软件和硬件，以集中式的信息库为支撑，处理信息，达到提高效率、降低成本、改进服务的目的的过程。

任何事物都是在持续发展之中的，人力资源管理信息化的概念也是动态的。目前对它的理解主要包括四个方面。

（一）人力资源管理信息化可以提供更好的服务

通过人力资源管理信息化系统，信息的收集更加快速有效，信息的沟通更加便捷，它能为不同用户提供所需要的信息，为他们的决策提供依据。

（二）人力资源管理信息化可以降低成本

人力资源管理是一项十分复杂的工作，涉及的人员和信息众多，在没有信息化系统的时候，所花费的人力和时间非常多，为企业增加了不少成本，而信息化系统的使用，使信息的收集传递速度大大提高，而且花费的人力物力都很少，降低了企业的成本。

（三）人力资源管理信息化可以革新管理理念

人力资源管理信息化是一种管理方式的改进，通过管理方式的改进达到革新管理理念的目的，进而实现人力资源的优化。

（四）人力资源管理信息化是先进技术的运用

人力资源管理信息化过程中运用了计算机和互联网技术，还有赖于强大的软件和硬件，并涉及数据库的使用，这些都是先进的技术，都有助于做好人力资源工作，提高企业的工作效率，也是企业进步的重要体现。

二、人力资源管理信息化的意义

（一）促进人力资源管理理念变革

人力资源管理信息化不但能为企业进行人力资源管理带来诸多便利，还能带来先进的管理理念和思想。

1. 人力资源管理信息化转变了人力资源管理理念

人力资源管理信息化在管理方面是开放性的，这对企业以往封闭式的管理是一种革新，最终对人力资源也是一种优化。人力资源管理信息化使人力资源管理逐渐走向互动、专业和全面，提高了人力资源管理在现代企业中的地位。

2. 人力资源管理信息化转变了管理角色

在以往的企业中，人力资源管理只是简单地提供人力资源信息，人力资源管理信息化的实现，增强了人力资源管理的战略性，使其对企业的意义和价值也更加重要，通过信息化，可以为企业管理者作出决策提供依据，也能为人力资源管理各项工作提供方法和经验。

（二）有效衔接了人力资源管理与主流管理系统

企业中包含着许多的信息，人力资源的相关信息只是其中一部分，因此人力资源管理信息化也只是企业整体信息化的组成之一。通过人力资源管理信息化，能够与企业其他管理系统衔接，实现人力资源管理的信息与其他信息的融合交流，其他信息可以为人力资源管理工作提供支持，而人力资源管理信息也可以为其他部门的信息提供依据，从而促进企业各部门信息的互通互联，有利于企业整体的发展。

（三）优化了管理结构与信息渠道

市场竞争日益激烈，企业要想在不断变化的环境中及时决策、获得持续发展，离不开企业内部之间的全方位沟通。而企业规模越大，这种沟通的实现就越困难。由于企业存在不同的部门、大量的员工，还涉及外部企业的联系，不论是在时间上还是在空间上都有着沟通的限制。人力资源管理信息化可以成为部门、员工，甚至企业间的纽带，摆脱时空的限制，促进沟通与交流。除此之外，还可以实现信息与知识的共享，提高企业的综合竞争力。

（四）使管理方式更加人性化

人力资源管理信息化的实现，为员工与企业的沟通提供了便捷的方式和渠道，通过这一系统，可以实现管理的实时化，有利于员工与企业利益的互动和统一。人力资源管理信息化是管理与信息技术的融合，带来了先进的管理理念，也使人力资源管理工作更加职业和专业，满足了企业和员工的需求，使得管理方式更加人性化。

（五）提高人力资源管理的效率

人力资源管理工作涉及的内容庞杂，如人员的招聘和培训、薪酬的设置、绩效的评估，这些工作都有着一定的程序，需要花费大量的时间和人力物力。人力资源管理信息化的实现，为员工提供了自助服务以及信息共享等，还有助于无纸化办公的实施，节省了时间和成本，也使人力资源管理的效率大大提升。

（六）更好地适应员工自主发展的需要

员工是具有能动性的，为了生存与生活，他们为企业劳动，创造效益，同时员工也有自己的想法，有着自主发展的需要，他们对薪酬福利、职业生涯等企业的决策都有着自己的意见和建议。人力资源管理信息化，为员工表达相关的意见和看法提供了渠道，有利于他们参与企业的决策，同时通过人力资源信息化，企业能够对员工针对性地安排工作、学习，有利于员工的自我管理以及自主发展。

（七）有力促进企业电子商务的发展

人力资源管理信息化有力地促进了企业电子商务的发展。人力资源管理信息化就是电子化人力资源管理，人力资源管理的各项工作都借由这一系统实现了电子化，因此更加高效。同时，这也为企业建立虚拟组织、实现虚拟化管理创造了有利条件。

（八）提高企业人力资源管理水平，加快企业人力资源的开发

人力资源管理信息化，最直接的效果就是提高了人力资源管理工作的效率，使其更加科学、合理，更加公正、透明，各种政策的制定也更加民主和可行，极大提高了人力资源管理的水平，对于企业人力资源的开发有着积极的意义。

三、我国企业人力资源信息化管理的现实需要

（一）企业发展战略需求

现代化信息社会的部分基本要求已经逐渐延伸到经济社会的各个角落，实际企业对于人力资源管理的信息化需求已经表现得十分明显。此处需要注意的是，企业发展的战略需求所指的并不是单纯的政策调整以及管理模式的对应改变。换言之，企业的战略需求是从实际的需求和对于未来的管理模式进行精密的预测之后所得到的。

人力资源信息化的管理对于正在逐步发展的企业的好处可以简单地分为以下几点：①企业可以依靠逐渐发展的人力资源信息化管理发展出独特的管理特色，依据当前企业所面对的问题和市场的独特需求作出一定的规划。②企业在面对技术管理接轨的时候，其相对的技术接轨成本更低。尤其是对于员工的信息化转换成本也更少。③可以满足员工的潜在发展需求，在员工所能得到的信息反馈上能够满足要求，员工利用信息化要求的转换，获得更高层次水平的反馈和信息总结。

（二）管理水平以及管理层次的需求

当下企业管理之中常常出现管理水平和管理层次上的一系列变革，利用人力资源信息化的趋势，能够有效地针对管理中出现的一系列问题作出及时的调整。在当前的信息化管理之中，利用适当的信息管理可以做到在员工信息、员工考核、绩效考核、总体管理等一系列的综合信息的罗列和展示。对于出现跨地区、员工工种和素质不一样的管理，信息化的管理方式可以提供全局观。综合利用信息化的管理促使整体的改良和发挥。换言之，使在不同时空条件的员工在计算机的核算上有总体的安排规划，对于目前企业的人力资源等都有综合的体现，可以有效地对企业的现状进行管理，适时安排员工的工作，并且针对员工的特殊情况主动性地对综合管理的情况进行调整。

（三）员工的反馈需要

传统的管理方式对于员工的需求反馈有一定的延迟性，而信息化管理在其取代传统的管理方式的同时，还提供了相对直接的员工信息反馈的渠道，为员工改善工作方式方法起到了一定效力。从总体需求来说，企业要求从普通的任务完成开始和出现对于员工态度以及情感上的需求改善，方式方法上获得陆续的发展和潜在需求之中的表现，员工能够及时地利用信息化管理系统，查找相关的企业要求的条理和准则，对于企业变更的要求以及相关信息有良好的把握能力，同时可以依靠当下的信息反馈系统，利用其主要职能了解自我工作状态和相关反馈，对于考核也能够有比较直观和透明的把握。

信息化的管理需求同时还能够表现在其对于个人需求的尊重之上，每个员工都可以

借助信息化管理系统了解到当下规程，甚至是提出自己针对规程的一部分意见。综合来说，对于企业的效力的反馈也有比较好的体现。

四、人力资源管理信息化的实施程序

企业进行人力资源管理信息化要按照一定的程序进行，通常来说，大致分为六个阶段，分别为：总体规划、系统分析、系统设计、选择解决方案、成立项目小组、正式运行。

五、我国人力资源管理信息化建设的发展方向

随着我国经济的发展，企业内部人力资源管理的信息化建设的必要性日益凸显。在我国人力资源管理的信息化建设的未来发展方向上应该注重以下内容。

（一）综合性

由于企业内部常常出现人力资源网络交错的状况，其部门在具体的管理上对人力资源管理的信息化要求有不同的属性，在此方面的建设适当地应该予以避开，转而针对网络化、体系化的人力资源管理结构进行综合的调整，趋向于扩大化和综合化。同时在建立相关的企业内人力资源信息化建设的同时，还应当建立相应的评估机制和反馈机制，提出适当的评估和反馈的标准，作为标准化的参照，提供给员工作为基础的改善意见。

（二）适用性

在经济发展的今天，中国当前正处在复杂的经济局面中，针对其适用性应当服从现实的需求，我国的人力资源信息化的发展起步比较晚，相对企业对其认识也存在一定的不足，这也就要求在未来企业的信息化建设的发展方向应该趋向于企业的实际条件进行适应，避免人力资源管理的信息化发展在中国企业的水土不服，根据我国的实际情况，进行管理的方针和规定条款的制定，优化整体的管理结构，避免隔靴搔痒的情况出现。

（三）安全性

针对目前我国网络信息安全立法的不完善以及相关法律执行的效率有限，这种环境加强了我国对于人力资源信息化安全性能的要求。其建设应当遵循安全性原则，在利用新的管理模式为企业的综合发展提供保障的同时，也应该有力避免公司可能面对的隐形损失，防止员工信息被盗用、泄密等不良影响。

六、我国企业人力资源管理信息化发展对策

（一）电子化数据方面的对策

在人力资源管理的过程中，涉及许多数据，开展人力资源管理信息化，就要对这些数据进行电子化处理。因为数据庞大，进行电子化数据处理时一定要注意相关问题，做好这一工作。具体来说，在进行人力资源管理信息化数据电子化过程中要做到以下方面。

1. 分析电子化数据特点，对症下药

电子化数据的特点是用户多、影响广、规范化难度高，而且要求准确、实时和统一。根据电子数据化的这些特点，就应该采取针对性的措施。如专人负责、规划整理、统一规范。在电子数据化即将完成时，要保证最新数据的更新，避免数据混乱地出现。

2. 评估电子化数据工作，做好人员安排

电子化数据的庞杂性和分散性，决定了这一工作的费时费力。在电子化数据时，一定要提前对电子化数据工作的工作量和工作难度进行明确，并对涉及这一工作的各部门进行分工，并做好相关工作人员的培训工作，确保电子化数据工作的效率和质量。

3. 高层参与，同时项目团队成员步调一致

在现代企业中，任何工作的开展，都离不开领导的支持。在电子化数据工作中，也要及时向领导汇报和沟通，不仅了解领导的要求，还要向领导反映工作的进展与困难，借助领导的力量，使企业各部门给予协调配合，保证电子化数据工作的有序开展。

电子数据化工作内容繁杂，涉的工作人员众多，在工作过程中一定要做好及时沟通，将电子数据化的工作进行情况及时传递给团队成员，使各团队成员的思想得到统一，工作步调维持一致，在工作中形成合力，使电子数据化工作向着正确的方向前进。

（二）认真分析企业是否适合导入人力资源管理信息化

人力资源管理信息化是现代企业人力资源管理的趋势，也是顺应时代发展的要求。于是，有人认为，只要企业具有实力，就应该实施人力资源管理信息化。其实，这种看法存在一定的不合理性的。特别是在我国，企业的性质多种多样，而且内部存在着许多复杂的关系，并且所处的发展阶段和采用的管理方式都存在差异。因此，在考虑人力资源管理信息化时，一定要对企业的情况进行评估，看看实施人力资源管理信息化是否可行。

其实，并不是所有的企业都能够实施人力资源管理信息化并取得理想的效果，人力资源管理信息化对企业也有着一定的要求。

第一，企业要有稳定的人事基础管理体系。若企业的人事管理政策朝令夕改，即便实施了人力资源管理信息化，也难以保证系统能够根据实际情况及时调整，也就难以发挥其价值，甚至会阻碍企业的变革。

第二，企业的人事管理要权责明确。在人力资源管理信息化系统中针对不同的用户，设置有不同的权限，如果企业的权责不明确，甚至混乱，就难以保证人力资源管理信息化系统数据的准确性和及时性。

第三，人力资源管理信息化要求人事管理人员具有相当的水平。人力资源管理信息化的作用是毋庸置疑的，它对企业的变革也是全面的，其中就包括对人工作习惯的改变。操作人力资源管理信息化系统，要按照规范进行，并保证数据正确，这样才能保证人力资源管理系统得出的结果正确，否则，就会导致人力资源管理信息化的效果大打折扣。

以上三点只是对企业是否适合实施人力资源管理信息化的基本判断。即使具备上述

三个条件，也不意味着任何人力资源管理信息化系统都能适用。要选择与自身条件相符的人力资源管理信息化系统，一定要对自己企业的现状进行准确地分析，可以借鉴一些与自己企业情况类似的企业的相关经验，这更有助于作出正确决策。

（三）正确处理好标准化与客制化的关系

在实施人力资源管理信息化的过程中，一定要注意标准化和客制化的关系。所谓的"客制化"就是定制化的意思；人力资源管理信息化系统客制化，就是根据企业的现实情况，调整人力资源管理信息化系统。虽然客制化更能使人力资源管理信息化系统与企业相符合，但是否进行客制化，还是需要认真考量的，这就是要处理好标准化与客制化的关系。对于有些企业来说，其管理方式尚存在许多不合理的地方，人力资源管理信息化系统的客制化虽然适合了企业的需要，但也会让这些不合理规范延续下来，以后就会难以调整，会影响管理的效果。而对于一些企业来说，引入的人力资源管理信息化系统中的一些流程不具备在企业实施的可行性，这时就需要对系统做一些调整，使之符合企业现实。总之，只有做好人力资源管理信息化系统的标准化和客制化的取舍，才能确保系统良好作用的发挥。

（四）实施中的对策

1. 增强员工的信息化意识

人力资源管理涉及企业的所有部门，人力资源管理信息化也是一样，它与每一名员工的利益都密切相关。因而，企业实施人力资源管理信息化，需要增强员工的信息化意识，一方面，有利于人力资源管理信息化建设的进行，另一方面也有利于员工竞争意识的增强与个人技能的提高。

2. 选择合适的软件

人力资源管理信息化需要软件的支持，在选择软件时，要做好与自身条件相符。有实力的企业，可以自主开发相关软件，这样能保证与自身特点相符，而不具备相应能力的企业则要考虑购买软件，这时就要全面分析自身的情况，并且考察软件的情况，有必要时，可以定制人力资源管理信息化系统软件。

3. 保证资金投入

实施人力资源管理信息化，一个前提条件就是有足够的资金支持。人力资源管理信息化不是一个简单的过程，涉及多种因素，多个部门、大量数据。组织必须给予一定的资金投入，但是也要对自己的经济情况有了解，有步骤、有计划地进行，选择合适的人力资源管理信息化系统。

4. 加强人本管理

人力资源管理，是对人的管理，因此一定要注重人本思想，做到"以人为本"。人力资源管理信息化系统依靠软件进行人力资源管理，但软件是死的，人是灵活的，在人力资源管理中，一定要在依靠软件管理的同时，做好人性管理，保证人力资源管理信息化的顺利实现以及工作效率的提高。

5. 提高人力资源管理者的应用能力

人力资源管理信息化不是简单地引入相关软件对人力资源进行管理就完了，还涉及人力资源管理的优化和更新。这对人力资源管理者的应用能力提出了要求，人力资源管理者要具备先进的管理理念，对人力资源管理信息化有深刻的理解，还要具备运用这一系统的技术能力。只有不断提高人力资源管理者的应用能力，才能将人力资源管理信息化的效果发挥得更好。

6. 注重信息化建设的"本土化"

发达国家在人力资源管理方面处于先进水平，积累了相当丰富的经验。我国要向发达国家学习，借鉴其管理经验，吸收人力资源管理，特别是人力资源管理信息化建设中的良好做法，做好人力资源管理信息化的本土化改造。我国的人力资源管理信息化建设应该从企业的实际需要和所处阶段出发，从整体上进行设计，统筹进行安排，有步骤、有计划地进行。

第三节　国际人力资源合作产业的发展方向

一、确立产业定位，协调产业发展

（一）中国国际人力资源合作的产业定位

中国国际人力资源合作产业必须告别小生产作坊式经营模式，摒弃以产品为中心的营销理念，按照市场需求和中国实际，以市场为导向，对外派劳务合作的产业发展方向进行定位。

首先，要开阔视野。国际人力资源合作前景广阔，市场容量巨大。劳动力增长在发展中国家和发达国家很不均衡，与发展中国家"人丁兴旺"形成鲜明对比的是发达国家老龄化严重，人口负增长，劳动力供应日趋紧张。发达国家劳务市场的需求表现为"两多一少"：对高端劳务（包括技术工人、服务业从业人员）需求多，并保持持续增长；对脏、苦、累、险工种需求多；对其他普通劳务需求量少。

其次，要看准市场发展趋势和前景。高端劳务需求的上升，是世界经济、社会发展的必然产物，也是中国人力资源面临的巨大市场。所谓高端劳务，一般讲，达到高学历、高技能和高收入其中一项的，都归为高端劳务，具体包含航空乘务员、机场客服人员、豪华邮轮服务员、海员、酒店服务管理、高档百货店售货员、免税店、高级专卖店售货员、护士、中医、中文教师、中餐厨师、设计咨询、项目经理、IT 设计、技术工人、技师、农技人员等工作。在未来很长一段时期内，发达国家普遍面临着高科技人才，特别是信息技术、生物工程等人才短缺的危机，急需从国际人才市场得到补充。

再次，要分析我们的条件和优势。可以清楚地看到，我们在资源上相对于经济不发达国家具有明显的优势；在收入上境外工资更能满足劳务人员的预期；在语言上汉语优势显现，会说当地语言的中国人更受欢迎；在准入门槛上限制较少；在市场空间上具备广阔发展前景。

综上，开拓发展高端劳务将是中国对外劳务合作发展的长远趋势，是今后的战略发展目标；经营公司担当起国际劳务合作的职责，做国际人力资源中介，是我们的产业定位。

（二）协调产业发展，打造专业化经营生态环境

我国对外劳务合作历经 40 多年发展，已经形成一个产业。人力资源合作经营公司实施的市场调研、开发和项目设计安排属于产业链上游，从事出国资源教育培育、输送的机构处在产业链中游，出国前面试、培训、派遣和境外管理属于产业链下游。各产业链之间存在相互依存、密切合作的供求关系。产业的运行和发展，需要依托具有良好生态环境、具有相关服务功能的平台，使之整合成为一个统一有序、协调发展的产业系统。目前，产业上游势单力薄，缺少足够的力量耕耘开发、获取市场订单，需要自身的努力和政府的扶持、引导；在中游，出国工作人力资源"生产"（组织招聘、培训、供应）是个薄弱环节，应该在以市场为导向的前提下，充分发挥社会上各类教育培训机构的资源，实施有计划、有建制、规模化的生产，供应出国所需人力资源。

根据国家和省市一级政府出台的现行政策，通过发挥、扩大对外劳务合作服务平台的服务、管理功能，建设国际人力资源合作示范产业园，将有助于推进上述目标的实现。

对建设国际人力资源合作示范产业园提出几点设想。

1. 园区功能

整合外派劳务产业链上下游机构，为外派劳务输出机构和组织机构等单位提供各类标准化流程化服务，为对外劳务合作提供出国工作报名、培训咨询，出国培训证考试辅导，"特定技能"考试辅导，出国工作手续办理，金融、法律等方面的服务，打造专业化经营生态圈，为产业链条上不同机构之间的供给与需求及价值交换搭建综合性服务平台，形成国际人力资源合作全产业链的市场集聚效应，打造本地乃至辐射周边区域的国际人力资源的集散中心。

为了扩大园区服务功能和规模，也能够将国内国际人力资源产业园功能合在一起。

2. 入驻单位

入驻单位覆盖产业链上、中、下游有关的各类机构或部门，具体包括对外劳务合作输出机构，对外劳务合作服务平台（可采取政府主管、企业运营模式），以出国前培训和社会招聘短训班为主的出国人员培训中心，相关社会培训机构，院校的招聘部门，其他有资格的出国人力资源中介机构，国内人力资源中介机构，为出国工作求职者提供出国政策、出国手续、出国培训咨询、金融、法律等方面的服务窗口（由对外劳务合作服

务平台承担）。入驻单位需经过政府主管部门审核批准。

入园出国人员培训中心引入优秀出国人员培训学校的培训理念、先进的外语教学课件和"适应性培训＋成才教育"的教学模式，打造成当地出国工作培训示范点，而且作为出国培训证考试点。

3. 示范园区的建设和管理服务工作

示范园区的管理服务机构由政府主管部门选定，负责配合有关部门实施园区的建设并承担国际人力资源合作业务的有关服务工作。园区主要的管理服务工作是实施入驻单位引进和办公场地的安排；为组织出国输出机构与院校、人力资源中介机构、出国求职者搭建交流对接平台，实现出国工作订单与出国求职者合理匹配；组织举办园内机构参加的政策、信息发布会，业务交流会，主题研讨会等多种活动，使之做到信息互通、业务互动，促成资源共享、合作共赢；为园内机构提供各项所需服务，确保园区工作的正常运行。

二、调整产品结构和经营结构，构建新的发展模式

调整产品结构的出发点是立足于国际人力资源市场的需求和中国人力资源的实际，加入差异化竞争概念，积极推进经营创新，驱动中国经营企业结构调整，形成核心竞争力。产品结构调整的主攻方向是发展高端劳务，这是实现结构调整的重点突破口。

调整市场结构是根据新形势下的主攻目标重新布局市场，为调整产品结构做支撑，为降低市场风险做铺垫，为培养经营队伍建平台。调整市场结构的方向是向高工资、经济发达、有发展前景、有利于发挥中国人力资源优势的国别市场转移。

（一）调整产品结构的措施

1. 政府推动，整合大学生就业难与高端劳务资源瓶颈

重点做好以下几方面工作：一是政府宣传、鼓励和支持大学生走出国实习、工作的职业发展之路。大学生出国实习、工作，符合《国家中长期人才发展规划纲要》的要求，是培养国际化职业人才的重要举措，有利于缓解我国大学毕业生就业的严峻形势。二是政府搭建校企合作的平台，解决经营公司招不到人、大学生不知道或找不到出国渠道的矛盾，实现市场与资源的良好对接。三是政府出台奖励政策帮助支持经营公司开发中高端劳务市场，加大宣传发动力度，克服各种困难，推动大学生出国工作。

2. 建立校企合作战略联盟，打造多边合作平台

校企合作高端国际劳务的要求是在政府的指导推进下，着眼于世界劳务市场发展大势，是多职种、高层次、着眼长远的战略合作，而不是临时性、单批次、一校一企之间的合作。根据这样的要求，设计与打造如下功能。

（1）校企统筹规划

按照社会化大生产的方式和多职种、高层次、长远战略合作的要求，总体策划，逐项计划，从前期的高端劳务项目开发、生源招收、教育培训、选人面试到后期的管理服

务指导，全程合作，持续完善，形成良性运行周期。

（2）创新合作模式

建立科学有效的校企合作模式，积极探讨定向开发、对口培训、专业经营、携手共管的方式。校企密切合作，相互配合。校方介入项目的前期开发，参与劳务人员派出后的管理。经营公司要站在长远发展和企业社会责任的高度，积极参与和配合院校的招生、培训和职业规划指导等有关工作，按照项目的具体情况和政府主管部门的要求提出课程设置的意见建议，把大学毕业生作为高端劳务的主要资源。

通过输送职业素质高、外语好的实习生或毕业生，巩固发展海外实训基地，不断开拓服务类和高级技工等劳务市场，打造高端精品劳务项目，实现互利共赢，形成良性循环。校企合作创立"培养国际化职业人才 —— 开发高端国际劳务 —— 建立院校海外实训基地 —— 打造高端劳务品牌"的商业模式，将为劳务企业打破资源瓶颈，更好地开拓国际高端劳务市场，为职业院校与国际人力资源市场接轨，为职业院校学生搭建成长发展的平台闯出一条新路。

（3）多边合作构架

建立多边校企合作战略联盟，发挥联盟平台的作用，在政府主管部门的推动和协调下，做好经营公司与院校、院校与院校、经营公司与经营公司间的多点对多点的交流、合作互动，实现联盟内校企资源的互通、互补和共享，成为信息互通、资源共享和经验交流的平台，项目推介、对接的平台，市场开拓的后台。

（4）职业发展平台

校企合作高端国际人力资源项目，为实训学生或毕业学生提供职业生涯的良好起点和个人成长发展的平台。现有高端国际人力资源派遣项目的情况也一再证明，大学生到国外实习、工作是一条通向多彩职业人生的成功之路。

3. 多渠道多方式开发、培育、储备高端劳务资源

①整合有关部门、各类社会团体和机构的力量，调动各方面积极性，为培养和储备高端生源服务。

②对外劳务经营公司发挥自己培训学校的作用，开展高端劳务招收、培训工作。依托对外劳务合作服务平台对生源的汇集、整合功能，实现机构优势互补和人才有效利用。

③通过电子商务、公司网站、专业媒体等宣传，发动、募集社会高端劳务资源。

通过以上三项措施，重构价值支点，逐渐实现产品高端、市场多元的结构调整目标。

（二）调整经营结构从三个层面展开

1. 突破传统做法，构建全方位国际人力资源合作业务模式

中国的劳务外派经营公司虽然都叫国际经济合作公司，但实际上大都只经营外派劳务业务。

最珍贵的资源不是人才，而是经营人才的人。有的国际机构将人力资源行业列入"最好的十大行业"。由劳务的单向派出向双向、多向流动转变，全方位拓展人力资源的中

介领域，将为我们打开新的视野，可从如下四个方面入手：一是实施国际化跨国人力资源合作经营。以国际人力资源合作公司的身份，以海外分支机构或者海外合作伙伴为依托，开展跨国中介服务。二是面向对外投资企业和工程承包企业提供人力资源输送、管理等专业化服务。三是为国内用人单位引进外国人才。通过整合现有优势，开发新的渠道，为中国用人单位引进急需的外国工程技术、管理人员，实施全方位国际人才派遣服务。四是延伸劳务中介服务链，把回国人员介绍到国内适合岗位工作，开展国内人才、劳务的中介业务。

2.突破业务经营自我束缚，构建国际大经贸合作的经营格局

国际劳务合作不应该是国际经济合作公司经营范围的全部。应是在多年开展国际劳务合作的基础上，实现向国际经济合作、国际贸易的延伸发展，将为经营公司打开广阔的业务合作前景。

在国际经济合作和国际贸易领域，经营公司具备一定的基础和优势。海外合作机构和劳务雇主是拓展投资合作、咨询、中介的潜在客户；海外分支机构、业务相关机构以及对海外法律、市场情况的了解，是开展国际合作的有利条件和依托。

3.突破国际经济合作领域，构建集团化经营的战略配称

具备一定实力的经营公司，根据各自的实际情况和业务优势，在教育产业、商业服务业或农业等领域建立中小规模实体产业，开辟劳务经营公司战略发展的新战场，是做强做大企业的长远之策。

发展实体产业，既能拓展经营公司的发展渠道，壮大实力，又能够为劳务外派提供实习、培训基地，为回国的劳务人员提供发展、创业的机会。以教育产业中国国际人力资源合作创新发展为例，大多数经营公司有自己的培训机构，可以此为基础通过独资或合作的形式，在国内或海外建立产业化教育培训机构，定向规模化培训国际劳务市场急需的中高端生源，形成与主营业务紧密连接、协调一致、相互加强和投入最优化的战略配称。

综上所述，在调整产品结构、市场结构的基础上，实施"三个突破"，建立全新商业模式，形成综合竞争优势，是中国国际人力资源合作公司实质性转向国际经济合作公司的长期而艰巨的战略选择。

参考文献

[1] 沙文文.基于大数据背景下人力资源管理模式创新研究 [M]. 长春：吉林出版集团股份有限公司，2023.11.

[2] 戴一鸣.中国人事科学研究院学术文库人力资源管理实践与创新基于双元理论视角 [M]. 北京：经济科学出版社，2023.11.

[3] 张洪峰.现代人力资源管理模式与创新研究 [M]. 延吉：延边大学出版社，2022.07.

[4] 梁金如.人力资源优化管理与创新研究 [M]. 北京：北京工业大学出版社，2022.07.

[5] 马海刚.HR+ 数字化人力资源管理认知升级与系统创新 [M]. 北京：中国人民大学出版社，2022.02.

[6] 郑磊磊.人力资源管理从入门到精通 [M]. 北京：民主与建设出版社，2022.10.

[7] 焦艳芳.人力资源管理理论研究与大数据应用 [M]. 北京：北京工业大学出版社，2022.01.

[8] 徐祥芸.战略人力资源管理与企业竞争优势研究 [M]. 青岛：中国海洋大学出版社，2022.12.

[9] 王君萍.现代企业人力资源管理实操教程 [M]. 上海：同济大学出版社，2022.12.

[10] 范围，白永亮.人力资源服务业管理理论与实务 [M]. 北京：北京首都经济贸易大学出版社，2022.02.

[11] 靳豆豆，王军旗，蒋杨鸽.多维视角下人力资源管理模式研究 [M]. 长春：吉林出版集团股份有限公司，2022.09.

[12] 尹秀美.人力资源管理新模式 [M]. 北京：中国铁道出版社，2021.01.

[13] 陈春花，徐少春，朱丽.数字化加速度工作方式人力资源财务的管理创新 [M]. 北京：机械工业出版社，2021.06.

[14] 彭良平 . 人力资源管理 [M]. 武汉：湖北科学技术出版社，2021.09.

[15] 彭剑锋 . 人力资源管理概论第 3 版 [M]. 上海：复旦大学出版社，2021.12.

[16] 郎虎，王晓燕，吕佳 . 人力资源管理探索与实践 [M]. 长春：吉林人民出版社，2021.07.

[17] 张利勇，杨美蓉，林萃萃 . 人力资源管理与行政工作 [M]. 长春：吉林人民出版社，2021.11.

[18] 金艳青 . 人力资源管理与服务研究 [M]. 长春：吉林人民出版社，2021.11.

[19] 郎虎 . 人力资源管理与行政工作 [M]. 长春：吉林人民出版社，2021.11.

[20] 孙鹏红，王晖 . 现代人力资源管理优化研究 [M]. 长春：吉林人民出版社，2021.09.

[21] 马燕 . 人力资源管理与区域经济发展分析 [M]. 长春：吉林人民出版社，2021.11.

[22] 李修伟 . 企业战略管理视角下的人力资源管理探究 [M]. 长春：吉林人民出版社，2021.06.

[23] 薛丽红，丁敏，宗娜 . 战略性人力资源管理对组织效能的影响研究 [M]. 长春：吉林科学技术出版社，2021.08.

[24] 任广新 . 人力资源优化管理研究 [M]. 北京：北京工业大学出版社，2021.10.

[25] 李蕾，全超，江朝虎 . 企业管理与人力资源建设发展 [M]. 长春：吉林人民出版社，2021.06.

[26] 赵晓红，臧钧菁，刘志韧 . 行政管理与人力资源发展研究 [M]. 长春：吉林人民出版社，2021.05.

[27] 李业昆 . 人力资源管理 [M]. 北京：电子工业出版社，2021.03.

[28] 李俊霞 . 战略人力资源管理 [M]. 徐州：中国矿业大学出版社，2021.12.

[29] 刘娜，邱玉琢，吴崇 . 大数据人力资源管理 [M]. 南京：河海大学出版社，2020.12.

[30] 许云萍 . 现代人力资源管理与信息化建设 [M]. 长春：吉林科学技术出版社，2020.